AF309701

LANFRANC

ARCHEVÊQUE DE CANTORBÉRY

SA VIE, SON ENSEIGNEMENT, SA POLITIQUE

PARIS. — Typographie Charles UNSINGER, 83, rue du Bac.

LANFRANC

ARCHEVÊQUE DE CANTORBÉRY

SA VIE, SON ENSEIGNEMENT, SA POLITIQUE

PAR

J. DE CROZALS

Papali animatus et armatus favore
et regali.
MATH. PARIS.
Lib. de Abbat. S.-Albani. p. 29.

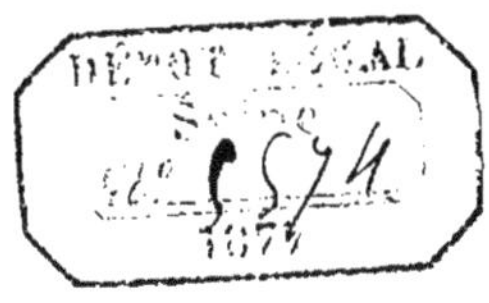

PARIS

LIBRAIRIE SANDOZ ET FISCHBACHER

33, RUE DE SEINE, 33

1877

A M. FUSTEL DE COULANGES

MON MAITRE A L'ÉCOLE NORMALE SUPÉRIEURE

Hommage de respectueuse affection

J. C.

INTRODUCTION

Lanfranc a sa place marquée dans l'histoire religieuse, littéraire,
politique du xie siècle. Italien par la naissance, Normand par
adoption, Anglais par droit de conquête, il appartient à l'histoire
de ces trois pays. La politique le dispute pendant la dernière partie
de sa vie aux lettres et à la religion qui avaient paru devoir le
garder tout entier. Pendant plus d'un quart de siècle, il est cité
comme un maître incomparable et sa renommée atteint les limites
mêmes de la chrétienté. Plus tard, il gouverne une Église particulière et l'Angleterre le reconnaît pour son chef spirituel. Par ses
talents, par les honneurs qui en furent la récompense, les services
qu'il rendit à la cause chrétienne et l'autorité qu'il exerça, il s'élève
bien au-dessus de la plupart de ses contemporains; ce n'est pourtant pas un des grands noms de l'Église; en lui assignant sa place
au second rang, l'histoire n'est que juste et nous n'aurons garde de
protester contre cet arrêt.

On peut même se demander si, après avoir été réduit par le
temps à sa véritable importance, ce personnage mérite encore les
honneurs d'une étude particulière, et si une simple notice ne don-
nerait pas plus exactement la mesure de son œuvre. Nous avons
connu ces scrupules; ils ne nous ont pas arrêté. Pour prévenir
cette critique et donner, avec le plan, l'esprit véritable de ce travail, qu'il nous soit permis de faire connaître comment nous en
avons conçu le dessein et fixé les limites.

Pour quiconque étudie l'histoire de la conquête de l'Angleterre
dans un ouvrage trop favorable aux vaincus, le nom de Lanfranc
ne rappelle que la complaisance souvent criminelle d'un homme
d'Église à un pouvoir oppresseur. Guillaume condamne, dépouille,

frappe; Lanfranc imagine des prétextes, excommunie, consacre au gré du roi; c'est un agent de spoliation et de violence. Ainsi présenté, le personnage de Lanfranc ne mérite pas qu'on s'y arrête; on l'ajoute à la liste trop longue des serviteurs complaisants de la violence qui a réussi. Il n'y a pour l'esprit aucune surprise; à la condition toutefois que le lecteur ne sache rien de la vie antérieure de Lanfranc, de ses études, de ses succès. Mais si l'on connaît, même sommairement, ce que fut l'archevêque de Cantorbéry avant son élévation, on hésite à recevoir tout fait le jugement des historiens dont le gémissement des vaincus a trop profondément ébranlé l'âme. On croit trouver dans cette existence qui s'ouvre par l'étude, se continue dans le recueillement du cloître et l'agitation austère du professorat, qui se termine dans la complicité d'un système de spoliation sans excuse, comme un défaut saisissant de logique et une inexplicable contradiction. Il ne faut pas demander aux personnages réels de l'histoire cette unité de sentiments et cette logique que l'esprit aime à trouver dans les héros de la scène; mais devant ces brusques changements sans motifs apparents, il n'y en a pas moins pour l'esprit une surprise douloureuse; il cherche à refaire cette unité brisée du personnage; il interroge ses premières années pour y trouver la raison des dernières; c'est un problème qui s'impose à lui.

Cette unité, on la retrouve dans la vie de Lanfranc. Pendant les dix-neuf ans de son pontificat, bien qu'il ait été à plusieurs reprises investi d'une autorité presque souveraine, il est resté exclusivement homme d'Église : il en a tous les caractères, les vertus, les desseins, les préjugés, les talents; il est sincère, quand il condamne le clergé saxon au nom de la croyance et des mœurs plus austères qu'il représente; et ce n'est point de sa part servile docilité aux ordres du pouvoir temporel. Mais pour bien établir cette vérité, ce n'est pas assez d'étudier la vie de Lanfranc en Angleterre; on aurait de la peine à tenir pour réel son mépris pour la grossièreté du vaincu, si l'on n'avait vu dans son admirable école du Bec le professeur dont la renommée attirait les étudiants des extrémités de l'Allemagne et de l'Italie. Quand on a compris, à voir ses efforts, ce qu'il avait voulu faire du clergé normand, ce qu'il exigeait de science, d'amour des choses de l'esprit et de la religion, de moralité, des hommes que l'Église appelait à elle, on est moins porté à ne voir dans ses rigueurs contre le clergé d'outre-mer que les complaisances d'un évêque, instrument du pouvoir politique. Il faut même l'avoir vu pendant les premières années de sa conversion, avoir pénétré dans sa cellule, pour rendre à l'archevêque tout-puissant de Cantorbéry son vrai caractère : il resta moine jusqu'à la fin.

Ainsi toutes les parties se tiennent ; on ne saurait comprendre l'administration de Lanfranc archevêque sans avoir étudié la première moitié de sa vie.

Il nous a semblé que cette partie de l'histoire de la conquête méritait de fixer encore l'attention, et que les historiens français n'avaient pas mis en lumière toute la vérité. C'est donc à cette étude plus générale que nous nous étions tout d'abord appliqué ; mais la nécessité de comprendre le vrai caractère du principal personnage nous a fait remonter dans son passé ; nous avons étudié cette existence, aujourd'hui oubliée, qui fut pourtant éclatante ; cette unité du personnage a frappé notre esprit ; et une monographie de Lanfranc ne nous a pas paru indigne de servir de préliminaire à des études générales sur cette époque. Elle sera peut-être utile à qui voudra voir de près et raconter l'histoire de la Normandie et de l'Angleterre sous Guillaume le Conquérant.

Après avoir essayé de justifier le choix de notre sujet, il nous reste à dire quelques mots des sources de cette histoire.

La vie de Lanfranc a été écrite par le moine Milon Crispin, chantre au couvent du Bec. Il n'est pas probable que Crispin ait connu Lanfranc ; il était plutôt contemporain du pontificat de saint Anselme : on en juge par un passage du chapitre XIV de sa *Vie*. Toutefois on peut attribuer à ce document toute la valeur d'un document contemporain. Milon Crispin écrivait à une date où le souvenir de la vie de Lanfranc était encore présent à tous les esprits, à la fois sous l'inspiration et le contrôle de tous ceux qui l'avaient connu. Les préoccupations du moine du Bec l'ont mis en garde contre le danger de développer outre mesure la dernière partie de sa vie ; il insiste de préférence sur le séjour de Lanfranc au Bec et sur le caractère pieux de ses œuvres. On y voit revivre le moine. Ces pages contiennent en outre des renseignements précieux : on les lit avec profit et non sans charme.

Il est naturel que Lanfranc ait sa place dans toutes les chro-

niques ou vies qui se rapportent aux trente premières années de
l'histoire du Bec. On doit consulter la *Vie de saint Herluin*, la
Chronique du Bec, dont les indications confirment ou complètent
le récit de Crispin.

Il faut clore ici la liste des ouvrages qui s'occupent directement
de Lanfranc. Mais comme il a été mêlé à la plupart des grands
événements de l'histoire de la Normandie et de l'Angleterre, toutes
les chroniques qui se rapportent à la seconde moitié du XI\ e\ siècle
doivent être lues avec soin. Le moine Eadmer, qui a laissé sous le
titre d'*Historia novorum* une histoire du règne de Guillaume le
Roux et des débuts d'Henri I\ er\ , peut prendre place dans le groupe
des historiens particuliers de Lanfranc. Moine du couvent de
Cantorbéry, ami de saint Anselme, plein d'admiration pour les
services rendus par Lanfranc à l'Église de Cantorbéry, il a
consacré quelques pages à cette partie de sa vie; peu d'écrivains
nous font mieux connaître la politique de Guillaume le Conquérant
vis-à-vis de son clergé, les luttes de Lanfranc pour la défense de
son Église.

La Chronique saxonne, malgré le caractère de son origine, est
précieuse à consulter. Elle est d'un secours inestimable pour bien
comprendre le vrai caractère de Lanfranc; dans les quelque
cent lignes qui lui sont consacrées, elle le considère comme un
homme d'Église. Sauf un passage, diversement interprété, son
texte n'accuse pas Lanfranc.

L'archevêque de Cantorbéry représentant le grand mouvement
de réforme du clergé saxon et l'élimination de la plupart des
hauts dignitaires, la question de la légitimité de ces mesures de
rigueur s'offrait à nous. Pour la résoudre, il fallait consulter les
historiens de la conquête : O. Vital est une mine de la plus grande
richesse; Guillaume de Malmesbury, dans ses deux histoires des
Rois et des *Pontifes*, fournit des documents du plus haut intérêt.
Mais ces deux auteurs veulent être lus avec la plus grande attention; car leurs témoignages semblent parfois se contredire à quelques pages de distance; si la lecture était incomplète ou hâtive,
on croirait pouvoir trouver chez ces deux écrivains des arguments
pour les thèses les plus contraires.

Nous n'avons donné notre confiance qu'aux textes du XI\ e\ et du
XII\ e\ siècle. Quand il s'est trouvé qu'un écrivain postérieur offrait

des renseignements intéressants, nous les avons recueillis, à la condition qu'ils ne fussent pas en contradiction avec les écrivains de l'époque contemporaine.

Mais si l'esprit de critique nous faisait un devoir de ne citer pour l'histoire générale que les auteurs d'une époque voisine de la conquête, il était légitime, dans un ordre de faits tout particulier, d'apporter quelque tempérament à la rigueur de cette règle. Quand il s'agit par exemple de l'histoire d'un couvent, d'une fondation pieuse spéciale, il est naturel d'ajouter quelque foi au témoignage de ses historiographes particuliers. Même postérieurs de plusieurs générations à l'époque sur laquelle on les consulte, ils furent bien placés pour recueillir sur son histoire un certain nombre de faits indifférents aux écrivains occupés de l'ensemble. S'ils ne fournissent aucune indication nouvelle, l'esprit même de leur récit, leurs préférences et leurs haines éclairent utilement les temps déjà éloignés. Il est nécessaire, pour connaître sous tous ses aspects un homme illustre, de recueillir jusqu'aux accusations passionnées de ses adversaires, de prêter l'oreille au dénigrement de l'esprit de parti et de pénétrer jusque dans ces coteries où l'intérêt est la seule mesure de la justice. Amis et ennemis sont également précieux à entendre ; il y a un égal avantage à les laisser se répandre librement devant soi en éloges ou en attaques. A ce titre, nous avons fait une place discrète, malgré leur date, à Gervaise, à Thomas Stubbs, à Guillaume de Thorn. Quant aux écrivains généraux d'une époque postérieure, nous n'avons cité leurs témoignages que lorsqu'ils reproduisaient l'opinion des auteurs contemporains ; en certains cas, il y avait avantage à établir par ce rapprochement que, malgré le progrès du temps, telle ou telle tradition s'était conservée et que le jugement des descendants n'avait pas contredit les jugements antérieurs.

CHAPITRE PREMIER

Naissance de Lanfranc. — Sa famille. — Son éducation. — Il étudie le droit à Bologne. — Son retour à Pavie. — Ses succès comme avocat et comme jurisconsulte. — Fut-il, un des premiers, professeur de droit des écoles d'Italie ? — Il quitte sa patrie et passe en France· — État de la France au commencement du xɪᵉ siècle. — Les mœurs. — Les études. — Les couvents. — La Normandie : son état politique et social. — L'école d'Avranches. — Enseignement de Lanfranc à Avranches. — Sa retraite. — Comment il est conduit au monastère du Bec.

La plupart des hommes qui se sont fait un nom dans l'histoire de l'Église ont eu d'obscurs commencements et une origine sans illustration. Il ne paraît pas en avoir été de même pour Lanfranc. Son biographe Milon Crispin, chantre au monastère du Bec, rapporte qu'il était sorti d'une famille noble : « Ses parents passaient auprès de leurs concitoyens pour puissants et de bonne race. » (1).

Milon Crispin n'avait jamais vu Lanfranc, mais il avait entendu raconter la vie du prélat par ses contemporains eux-mêmes; il avait passé de longues années dans le monastère où avait commencé la réputation de son héros, et où le souvenir de sa vie était pieusement conservé comme un patrimoine d'honneur. Le témoignage de Crispin peut donc faire autorité.

D'autres documents le confirment. Robert du Mont, dans sa chronique du Bec (2), rapporte que Lanfranc était de famille sénatoriale; et tous les écrivains qui ont parlé de lui sont d'accord sur ce point. L'embarras ne vient que d'une ligne de Lanfranc lui-même ; mais sans doute il ne faut pas le croire sur parole quand il écrit que le fils de son frère est sorti d'une obscure famille (3); et c'est en vain que l'humilité du prélat voudrait en imposer à son correspondant et à l'histoire. Sans accumuler plus de preuves, il

1. *Vita*, chap. 1.
2. Rob. de Monte, ad ann. 1042.
3. Iste humili loco sit natus. *Epist. Lanfranci*, xʟv.

faut remarquer que la noblesse de sa naissance était de son temps un fait en dehors de toute discussion. Saint Anselme, dans une pièce de vers sur Lanfranc, dit :

> *Natus in Italiá, Papiensi de regione,*
> *Civibus egregiis et honestá conditione.*

Son père Hambald était un des officiers municipaux de Pavie : il comptait parmi les magistrats chargés de veiller au maintien des lois et des priviléges de la cité. Lanfranc naquit à Pavie ; mais on ignore la date exacte de sa naissance. La plupart des auteurs donnent l'an 1005. On sait avec précision la date de sa mort : 1089. Il mourut très-vieux, et d'Achéry (1) n'hésite pas à croire qu'il avait plus de quarante ans quand il arriva au Bec. Ce fait nous obligerait à reporter la date de sa naissance aux dernières années du xe siècle ou aux premières années du xie. On peut, sans crainte d'erreur, placer sa naissance dans les environs de 1005.

Lanfranc était jeune encore quand il perdit son père. Il semble que dès sa première enfance il eût été destiné à recueillir la succession de sa charge : son éducation fut dès le principe dirigée dans ce sens, et, arrivé à l'âge où l'enfant prend le sentiment de la responsabilité, pour mieux se rendre digne de cet honneur, il tourna vers l'étude toute l'activité de son esprit. Pavie et Milan se disputaient alors la primauté dans le nord de la Péninsule ; il y avait à la fois grand honneur et grand péril à prendre part à l'administration de ces républiques. Pavie, fière des souvenirs de la résidence des rois lombards, des avantages plus solides de sa position, également éloignée des Alpes de Suisse et des Alpes de Ligurie, maîtresse du passage du Tésin, assise au centre d'une admirable vallée renommée pour sa fertilité, au croisement de toutes les routes, pouvait justement alors disputer à Milan la dignité de ville maîtresse de la plaine lombarde ; mais, centre politique et militaire, Pavie n'était pas devenue en même temps un foyer d'études ; et pour se préparer à jouer un rôle dans la puissante cité qui l'avait vu naître, Lanfranc dut en sortir et chercher ailleurs ces ressources de travail qu'il enviait. Il quitta Pavie, se retira dans une ville voisine, et après une absence de plusieurs années, revint dans sa ville natale.

1. Note 89 sur la *Vie de Lanfranc.*

On a beaucoup discuté pour savoir quelle est la ville où Lanfranc alla chercher des maîtres et la science. Mabillon se prononce pour Bologne (1) ; cette opinion n'a rien d'invraisemblable; il y avait à Bologne des écoles de philosophie et d'éloquence. Bologne était même alors la ville savante par excellence ; l'épithète *Docta* accompagne invariablement son nom dans les écrits de tout genre des contemporains (2) : dans le panégyrique, dans le simple récit, c'est même chose. Il y avait là un centre d'études considérable ; on y venait de toute l'Italie pour y recevoir les divers enseignements distribués à cette époque, et on n'avait le renom d'homme instruit qu'au sortir de ses écoles.

Mabillon se contente de faire une hypothèse ; Dom Ceillier (3) affirme que Lanfranc alla à Bologne étudier l'éloquence et les lois.

L'étude des lois n'était pas nouvelle en Italie, et il est hors de doute que dès la première moitié du xie siècle, toute une classe d'hommes se livrait avec ardeur au commentaire des anciens textes de lois romaines ou des vestiges des différentes législations barbares. Tiraboschi le fait remarquer avec raison (4) : dans un siècle de grande crise politique, alors que les villes italiennes commençaient à secouer le joug impérial et s'essayaient peu à peu à cette indépendance que devait consacrer la paix de 1183, les consuls, les juges, les magistrats des cités émancipées, appelés à rendre la justice, à étudier des procès, à débrouiller des questions de droit, ne pouvaient rester étrangers à l'étude de la jurisprudence. Les citoyens qui connaissaient les lois, qui avaient l'art d'éclairer un débat obscur, de présenter dans les cas difficiles une solution à la fois conforme à l'équité et confirmée par l'autorité d'une loi écrite, devinrent insensiblement des agents nécessaires d'administration ; ils prirent place au premier rang parmi les magistrats de la cité, et le double exemple de leurs services et de leur succès engagea dans cette voie nouvelle tous les hommes

1. *Annales Benedict.*, IV, liv. LVIII.
2.   *Docta* suas secum duxit Bononia leges ..
        ...*Docta* Bononia venit, etc., etc.

De bello Mediolanensium adversus Comenses, vers 211 et 1848, ap. Muratori, *Rerum script.*, vol. V.
3. *Histoire des auteurs ecclésiastiques*, t. XXI.
4. Tiraboschi, *Storia della litteratura italiana*, t. III, p. 416.

jaloux de se distinguer par leur mérite ou de justifier par leur
savoir les avantages de leur naissance. L'étude de la jurisprudence devint alors comme l'étude propre des républiques italiennes ; dans l'arsenal des lois romaines, peut-être encore incomplé-
tement connues, on trouvait des armes pour défendre toutes les
études nouvelles et pour repousser les droits anciens condamnés à
s'effacer : il s'établit un lien étroit entre la politique et les études
nouvelles, et c'est surtout dans les villes appelées alors à l'honneur de donner le signal d'un mouvement politique, que l'étude de
la jurisprudence fut le plus répandue. A Pavie, dès le commencement du xi⁰ siècle, c'était le complément nécessaire de toute éducation libérale ; et il y a erreur autant qu'injustice à retarder jusqu'au xi⁰ siècle la renaissance de ces travaux. Sans doute c'était
plutôt une curiosité passionnée des esprits qu'une étude régulière;
des maîtres illustres n'avaient pas encore donné à l'enseignement
du droit cette précision et cet éclat qu'il devait avoir un siècle plus
tard ; on peut même douter qu'il y ait eu alors un enseignement
méthodique ; mais il n'y a pas lieu d'être surpris quand on lit dans
Milon Crispin que Lanfranc fut élevé « dès son enfance dans l'é-
tude des arts libéraux et des lois civiles, comme c'était la coutume
dans sa patrie. » (1)

Il est tout naturel que Lanfranc, destiné à remplir dans sa cité
les fonctions de son père, se soit livré à l'étude des lois ; son esprit
subtil et exact (2) devait s'y plaire. De retour à Pavie, il plaida et
servit de conseil dans les affaires civiles. Son chroniqueur rapporte
que, dès ses débuts, il se montra supérieur à ses adversaires et que
les vétérans lui cédèrent le pas. Il apporta dans ces occupations
nouvelles toute la fougue d'un esprit encore jeune : on parle de sa
torrens facundia (3). Ces deux termes ne semblent guère convenir
au personnage tel qu'il se révéla plus tard dans l'âge mûr; mais son
éloquence se distinguait déjà par un soin de la forme et un sentiment littéraire bien rare alors : *accuratè dicendo ;* on reconnaît

1. *Vita,* chap. v.
O. Vital dit aussi : « Sœcularium legum peritiam ad patriæ suæ morem
intentione laïcá fervidus edidicit. » *Hist. eccles.*, IV, 6.
2. O. Vital dit de lui : « In utràque nodos quæstionum solvere peritissimus erat. » *Ibidem.*
3. *Vita,* chap. v.

mieux Lanfranc à ce dernier trait. En même temps, il donnait des consultations de droit, et ses avis étaient reçus avec déférence par tous ceux qui s'occupaient de l'étude des lois, de la justice, de l'administration des affaires de la cité. On dit même qu'il publia sur la jurisprudence un petit traité qui fut d'un grand secours aux jurisconsultes et aux magistrats. (1)

Sur cette première partie de la vie de Lanfranc, Milon Crispin ne nous apprend rien de plus. Mais, comme il arrive toutes les fois qu'il s'agit d'un homme qui a tenu une grande place dans son temps, le roman s'est mêlé à l'histoire ; et, sur la foi de textes d'une autorité douteuse, Lanfranc est devenu, pour quelques auteurs, le promoteur des études juridiques en Italie, et le premier, en date comme en célébrité, des professeurs de droit du xie siècle.

Si l'on en croit, en effet, les savants auteurs de l'*Histoire litté-raire* (2), Lanfranc ne se serait pas contenté d'étudier les lois à Bologne (3); mais de retour dans sa patrie, il aurait ouvert une école de droit et donné le premier l'exemple de cet enseignement qui devait être au siècle suivant l'honneur de l'Italie. Ils ajoutent même que Lanfranc expliqua les codes de Justinien avec le savant Garnerius. Le biographe de Lanfranc, d'ordinaire si exact et si bien en mesure d'être informé avec précision, ne dit pas un mot de ce grave événement ; on ne peut interpréter dans ce sens les quelques lignes où il rappelle ses succès comme avocat et son crédit à Pavie comme jurisconsulte. Le témoignage sur lequel s'appuient les Bénédictins de Saint-Maur est loin d'avoir la même autorité que celui du chantre du Bec. C'est dans une phrase du moine Robert du Mont qu'ils ont trouvé le principe de cette erreur : « *Lanfrancus Papiensis et Garnerius socius ejus, repertis apud Bononiam legibus Romani Justiniani imperatoris, operam dederunt eas legere et aliis exponere* » (4). Sans tenir compte d'autres invraisemblances, ce passage n'indique pas que Lanfranc ait professé à Pavie ; Bologne est au contraire clairement désignée. Mais ce texte mérite-t-il plus de confiance sur le point

1. *Hist. littér. des Bénédictins*, art. Lanfranc.
2. T. VII, p. 151.
3. Gfrörer (*Grégoire VII et son temps*), t. III, p. 272-273, ne croit pas impossible que Lanfranc ait enseigné le droit à Bologne.
4. *In accessione ad chronicon Sigibert. Ad ann.* 1032.

principal du débat? Le nom de Lanfranc et celui de Garnerius ou Irnerius sont rapprochés contre toute vraisemblance ; Garnerius ne vivait guère que soixante-dix ou quatre-vingts ans après Lanfranc, et il est impossible que le futur archevêque de Cantorbéry se le soit associé dans l'œuvre qu'on lui attribue. On ne connaît pas exactement la date à laquelle fut composée la chronique de Robert du Mont; mais on sait que ce moine vivait dans la seconde moitié du XIIᵉ siècle. Il fut envoyé au Concile de Tours, en 1169, par le pape Alexandre III. Il mérite à tous égards moins de confiance, sur ce point particulier, que M. Crispin, presque contemporain de Lanfranc : près d'un siècle s'était écoulé depuis la mort du prélat, quand Robert du Mont dut commencer à écrire, et les souvenirs de cette première partie de sa vie, assez mal connus même du vivant du personnage, devaient avoir singulièrement perdu de leur précision. Robert ne s'intéressait pas d'une manière spéciale à Lanfranc, dont il n'avait pas entrepris d'écrire la vie; c'est dans une chronique générale qu'il parle incidemment de lui et qu'il a glissé la phrase, objet du litige. Les partisans du système des Bénédictins ont renoncé à soutenir que l'école de droit dont ils rapportent à Lanfranc la fondation se fût ouverte à Pavie ; l'absence de textes sur ce point précis les a mis dans la nécessité de modifier leur système. Il reste établi par tant de témoignages que la première chaire de droit fut créée à Bologne, que depuis longtemps déjà aucun écrivain n'y contredit. S'il est question parfois d'une école de Ravenne antérieure au XIIᵉ siècle, sa réputation fut si mince et son influence si réduite, que la primauté de Bologne n'en est pas sérieusement atteinte. Ceux qui, comme le Gatti (1) et le père Sarti, ont continué à faire de Lanfranc le prédécesseur d'Irnerius, n'ont pas dépossédé Bologne de l'honneur d'avoir eu les premières écoles de droit. Les savants d'outre-mont qui ont révisé le débat au siècle dernier, n'ont prêté aucune confiance au témoignage suspect de Robert : Muratori (2) l'accueille avec la plus grande réserve, et Tiraboschi déclare qu'il ne peut se résoudre à partager l'opinion des Bénédictins. Le nombre et l'autorité des écrivains qui font d'Irnerius le premier professeur de droit à Bo-

---

1. *Hist. gymnasii Ticin.*, chap. XII.
2. *Antiquit. italicæ*, vol. III, dissert 44, p. 886.

logne lui semblent concluants ; et il réduit le rôle de Lanfranc à de
plus modestes proportions. Entre ces deux systèmes qui vont, sans
preuves suffisantes, de l'affirmation à la négation, il y a place pour
une théorie moyenne. L'auteur de l'histoire de l'Université de Bologne, l'abbé *Fattorini* (1), s'en est fait le représentant. On ne
saurait admettre toutes les raisons qu'il donne pour établir l'autorité de Robert du Mont. Sans doute, on ne peut accuser le moine
Robert d'avoir voulu nous tromper ; Fattorini fait remarquer que
Robert vécut au couvent du Bec, tout plein encore du souvenir de
Lanfranc ; il rappelle cette société d'Italiens de distinction que le
couvent avait comptés longtemps parmi ses hôtes : le futur pape
Alexandre II, Anselme, et bien d'autres, qui avaient pu, à défaut
de Lanfranc lui-même, fournir des indications sur la vie de ce
personnage. Le neveu de Lanfranc, avec lequel Fattorini met le
moine Robert en relations, peut à peine compter au nombre de
ceux dont il lui fut possible de recueillir le témoignage.

Si le texte de Robert était en contradiction avec des autorités
solidement établies, s'il y avait à l'admettre quelque invraisemblance, il serait contraire à toute critique d'appuyer sur une base
aussi fragile la moindre conjecture. Sans lui attribuer une importance exclusive, il n'y a pourtant aucun défaut de logique à l'admettre, au moins en partie. L'erreur grave contenue dans la première partie du texte ne saurait compromettre absolument la seconde : les deux moitiés de la citation ne sont pas connexes à tel
point, qu'on ne puisse sacrifier l'une et retenir l'autre. En vain
a-t-on voulu établir que le personnage désigné par Robert sous le
nom de Garnerius est distinct du célèbre Irnerius ; Garnerius devient ainsi un personnage de fantaisie, dont aucun texte ne permet
de supposer l'existence. Il convient donc de tenir pour indiscutable l'erreur de la première moitié de la citation.

Fattorini admet comme un fait hors de toute discussion qu'il y
eut une école de droit à Bologne avant Irnerius. Il ne s'arrête pas
au texte de l'abbé Conrad (2), d'après lequel Irnerius aurait le premier, « à la demande de la comtesse Mathilde, renouvelé l'étude

---

1. *De claris archigymnasii Bononiensis professoribus*, a sæculo XI
usque ad sæc. XIV. 1769. *Bononiæ*.
2. Conrad. abbas Urspergensis, *Chron. ad ann.* 1126. (Libros legum
qui dudum neglecti fuerant, nec quisquam in eis studuerat...)

des lois depuis si longtemps négligée. » Il soutient, non sans raison, que par les gloses dont le premier il donna l'exemple, par la méthode, Irnerius fut en réalité comme le créateur de cet enseignement en Italie : créateur par l'importance des services rendus, sinon par la date même de son œuvre. L'éclat de cet enseignement rejeta dans l'ombre tous ceux qui avaient paru avant lui (1). C'est dans ce sens qu'*Odofredus*, professeur à Bologne, vers 1250, a pu écrire qu'« Yrnerius fut en Italie le flambeau du droit : « *Apud nos lucerna juris : id est primus qui docuit in civitate istâ.* — *Primus illuminator scientiæ nostræ* (2). »

Fattorini n'admet aussi qu'avec réserve le témoignage d'Odofredus sur un autre point : Odofredus dit en effet que les livres des lois (*libros legales*) furent apportés pour la première fois de Ravenne à Bologne à l'époque de l'enseignement d'Irnerius. Cet argument est-il décisif? Non sans doute ; car il ne saurait s'agir ici que des *Pandectes*, et non du *Code*, des *Institutes* et des *Novelles*, dont les exemplaires, même alors, n'étaient pas rares.

Ainsi le fait de l'existence d'études juridiques à Bologne avant Irnerius étant admis, tout nous autorise à ne pas repousser le témoignage de Robert du Mont, dans sa seconde partie. Il est probable que Lanfranc enseigna le droit à Bologne : on ne saurait toutefois s'empêcher de remarquer avec quelle facilité le souvenir de cet enseignement se dissipa ; et ce seul fait commande la réserve dans l'affirmation. Deux siècles après, Odofredus rapporte à Irnerius son maître tout l'honneur de cette création : on ne saurait en être surpris ; mais pourquoi faut-il qu'il fasse, avant Irnerius lui-même, une place à un légiste inconnu, *Pepo*, et qu'il se taise sur le prétendu novateur de Pavie (3)? Pepo n'avait pas laissé une grande réputation, de l'aveu d'Odofredus lui-même : son nom s'était pourtant conservé ; tandis que Robert du Mont est le seul à mentionner Lanfranc.

Instruit à Bologne dans les différents ordres de connaissances cultivées de son temps, porté vers l'étude des lois par le caractère propre de son esprit et par un secret instinct qui lui faisait entrevoir dans cette étude un moyen sûr de se distinguer

---

1. *Fattorini*, p. 6 et seq.
2. *Odofredus*, in libro : Jus civile, § De justitiâ et jure.
3. *Odofredus*, In dig. Lib., jus civile, 6.

et de se rendre nécessaire, peut-être professeur de droit à Bologne même, Lanfranc revint à Pavie, où il espérait trouver un théâtre digne de son activité. Dès qu'il y parut, on l'y remarqua; il conquit rapidement sa place parmi ceux dont les décisions faisaient autorité, et il est vraisemblable qu'à une époque où l'enseignement régulier et méthodique du droit n'était pas organisé, il se plut à diriger de ses conseils les jeunes esprits que les nécessités de la politique ou le goût désintéressé d'une science vraiment italienne engageaient dans cette voie. Sans doute, c'est à ce rôle plus modeste, d'un caractère tout à fait intime, qu'il faut ramener le prétendu enseignement de Lanfranc à Pavie; mais si, privé du retentissement de la parole publique et de l'éclat qui s'attache à un enseignement reconnu nécessaire et longtemps désiré, ce rôle eut moins de grandeur, il n'en eut peut-être pas moins d'efficacité. Ainsi, par un travail secret dont l'histoire n'a pas gardé le souvenir, se préparait ce mouvement de la renaissance des études juridiques qui est le grand fait littéraire et, en partie, politique du siècle suivant. On peut admettre, sans faire violence aux textes et sans attribuer un mérite d'emprunt à Lanfranc, qu'il eut plus que tout autre sa part dans ce grand travail préparatoire. Il faut, pour qu'un enseignement nouveau soit créé et prospère, que depuis longtemps déjà les esprits souffrent de son absence et soient préparés de longue date à en mesurer l'importance et à en recueillir les fruits. Les hommes qui ont contribué à répandre le goût d'une étude particulière, qui en ont fait goûter l'attrait et comprendre la nécessité, sont rarement appelés à l'honneur de l'enseigner publiquement : mais ils ont préparé un auditoire, ils ont façonné un public, et il n'y a que justice à reporter à leur mémoire quelque chose de la gloire qui s'attache au nom des premiers professeurs d'une science dont ils ont rendu possible l'enseignement.

En suivant M. Crispin, qui est le seul guide pour cette époque, il est impossible de dire combien dura ce nouveau séjour de Lanfranc à Pavie. Aucun fait digne d'être rapporté ne semble avoir interrompu le cours paisible de ses succès : à moins que le récit de cette première partie de la vie du bienheureux prélat ne parût à son chroniqueur un larcin fait à la vie du cloître, et qu'il n'ait eu hâte d'en terminer le sec abrégé. Il y eut alors, dans le cours jusque-là régulier de cette existence, un brusque changement de direction. Lanfranc s'arracha tout à coup à tout ce qui avait embelli sa vie ; il avait conquis à Pavie et dans le nord de l'Italie une réputation des plus brillantes, et près d'un siècle après son départ le souvenir de ses talents s'y était encore conservé (1). Renonçant à tous les avantages qui pouvaient rendre sa vie honorée et facile dans sa patrie, il quitta l'Italie pour n'y plus revenir qu'en voyageur et passa les monts.

Ce départ soudain, ce renoncement à tout ce qu'il avait souhaité obtenir, d'autant plus surprenant que rien ne semble l'avoir fait prévoir, aucun écrivain du temps n'a eu la pensée ou les moyens de nous en révéler la cause véritable. Faut-il l'attribuer à quelqu'un de ces événements intimes, presque toujours ignorés de l'histoire, qui changent subitement le cours d'une vie, ou, comme on peut le deviner à certains indices, était-ce le désir de visiter ces savantes écoles de la Gaule qui, quelques années auparavant, avaient donné Gerbert à l'Italie ? On avait vu déjà, aux siècles précédents, des Italiens porter dans des contrées voisines la science puisée dans les écoles de la Péninsule (2), et ce mouvement d'extension reprit alors avec plus d'activité que jamais. Mais, à la distance où nous sommes des événements et dans le silence presque complet des textes, nous sommes réduits aux conjectures, et l'obscurité la plus profonde nous dérobe les véritables motifs d'une résolution dont les suites devaient avoir tant d'importance.

La France semble avoir exercé alors sur les pays voisins une influence et une sorte d'attraction qui mérite d'être remarquée. Si l'Italie était restée, comme le croit Hallam sur la foi d'un texte de Gerbert (3), le principal dépôt des trésors de l'antiquité, et si les manuscrits commençaient à peine à être importés de ce côté des Alpes, nulle part le mouvement imprimé par Charlemagne aux études ne s'était continué plus qu'en France ; l'activité des esprits n'était nulle part plus grande. Quelques écoles d'Allemagne, qui avaient tenu le premier rang au xe siècle, Paderborn, Hildesheim, Fulda, luttaient encore d'importance avec les écoles de la France,

1. *Meminit horum Papia. Vita*, chap. v.
2. Tiraboschi, t. III, p. 289.
3. Hallam, *Hist. de la littér. de l'Europe*, t. I, trad., chap. i.

elles ne leur étaient pas supérieures; bientôt même leur éclat allait
être éclipsé par leurs rivales d'outre-Rhin. On est quelquefois
trop porté à confondre dans un dédain commun les deux siècles
qui précèdent Charlemagne et les deux siècles qui le suivent.
L'âge de Charlemagne n'est pas un âge isolé dans le temps, que
rien n'a préparé et que rien n'a suivi; presque tout était à faire
avant lui, mais son œuvre de rénovation littéraire ne disparut pas
avec l'organisation politique qu'il avait conçue et un instant imposée au monde. De toutes les créations de son génie, ce fut même
peut-être la plus durable, et le nom du grand empereur domine
l'histoire littéraire comme l'histoire politique de l'Europe occiden-
tale. Si l'on veut déterminer le moment du plus grand affaissement
de l'esprit humain depuis la chute de Rome, c'est au viiᵉ siècle
qu'il faut le placer : Hallam a appelé ce siècle le *Nadir* de l'esprit
humain en Europe. Mais, dès le viiiᵉ siècle, un mouvement de
réforme, presque insensible d'abord, s'accentue et va croissant
jusqu'à l'époque carlovingienne ; et, avec des alternatives de
rapidité et de lenteur, que des causes diverses produisent, il se
continue jusqu'au siècle d'où il est d'usage de dater la renaissance
de l'esprit moderne et la reprise des sérieuses études. Il n'est pas
surprenant que les pays immédiatement soumis à l'influence de
Charlemagne aient donné les premiers l'exemple d'une activité
littéraire relativement considérable, et qu'ils aient même devancé
dans la voie des études des pays appelés à prendre plus tard une
glorieuse revanche. Heeren (1) remarque que l'Italie perdit dès le
ixᵉ siècle le goût des sciences et des choses de l'esprit ; les guerres
des ducs de Frioul et de Spolète, plus tard la réunion des États italiens sous la domination d'Otton Iᵉʳ, et les expéditions réitérées du
César allemand arrêtèrent tout développement et empêchèrent
toute culture. Si l'on ajoute les invasions incessamment renouve-
lées des Sarrazins, qui ravageaient tout ce que les bandes du Nord
avaient épargné, on comprendra aisément que malgré l'héritage
du passé et les avantages que semblait lui assurer son histoire,
l'Italie n'ait pas tenu à cette époque le premier rang parmi les
nations où la vie de l'intelligence se révélait à certains indices. En

1. Heeren, *Geschichte der Classischen Litteratur in mittelalter*,
2 buch., p. 191.

France, au xe siècle, le nombre des hommes voués à l'étude est plus grand qu'en Italie ; les esprits sont moins inertes, les livres plus soigneusement recherchés et mieux étudiés ; un siècle plus tard, rien n'est changé, et, en donnant l'exemple de la grande réforme monastique à laquelle le salut des études était attaché, la France garde sur l'Italie et sur l'Allemagne elle-même l'avantage que l'impulsion de Charlemagne lui avait assuré. Aussi faut-il accueillir avec réserve le témoignage de ce moine qui écrivait aux environs de l'an 1000 : « En France, il y a de la science, mais peu : c'est en Lombardie qu'est la source de la science ; c'est là que j'ai le plus appris (1). » Il oubliait que le pape dont le nom est l'honneur des sciences de ce siècle s'était formé aux écoles d'en deçà des Alpes, et que la France avait vingt noms à opposer au nom de Bobbio. Il semble d'ailleurs que le départ de Lanfranc et son arrivée en France n'aient été autre chose qu'un hommage rendu à cette supériorité. C'est peut-être la façon la plus naturelle et la plus vraie d'expliquer cette brusque résolution.

Cette supériorité des écoles de la France au commencement du xie siècle nous paraît un fait établi ; mais il ne faut ni l'exagérer ni s'abuser sur la valeur des mots. L'homme qui, désireux de trouver la science, quittait alors l'Italie pour la France, passait de la demi-obscurité à une lumière douteuse encore et confuse. Depuis la mort de Charlemagne, les peuples avaient eu des temps bien durs à traverser : dans ce tumulte des guerres de prince à prince, de nation à nation, dans ce va-et-vient de barbares, où trouver ce repos, cette sécurité du lendemain sans laquelle l'étude est impossible ? L'esprit, possédé par la crainte continuelle de la mort, ne garde pas assez de liberté pour cultiver la science : il en perd le goût, jusqu'à la pensée.

C'est dans les couvents, seule barrière devant laquelle la force brutale de ces temps s'arrêtât quelquefois, que trouva un refuge tout ce qui restait alors de science et de culture intellectuelle. On ne doit pas méconnaître le service que l'Église rendit alors à la cause même de l'esprit humain. On peut discuter et multiplier les textes pour savoir si les études de différents genres, telles qu'on

---

1. In Franciâ est sapientia, sed parum ; nam in Longobardiâ, ubi ego plus didici, est fons sapientiæ. *Ademati Cabanensis epist.*, anno 1028, ap. Bouquet, X, p. 508.

les pratiqua dans les cloîtres du IXe au XIIe siècle, étaient bien dans l'esprit de la règle conçue par Benoît de Nursie. Brucker (1) cite le nom des érudits qui, prenant la lettre même de la règle et certains faits connus de la vie de saint Benoît, s'efforcent de prouver que l'ordre fut le protecteur de la science en dépit de son fondateur et de ses statuts ; ils font remonter jusqu'au patriarche du monachisme occidental le reproche d'avoir proscrit le savoir profane et volontairement méconnu la dignité et l'excellence de l'esprit de l'homme. Brucker ne prend pas parti dans le débat ; il se contente de remarquer avec justice que, infidèle ou non aux intentions de son chef spirituel, l'ordre de Saint-Benoît servit la cause de la science dans ces âges de ténèbres : les couvents sauvèrent en effet d'une ruine peut-être complète tout ce qui ressemblait à la science, à la littérature, à la philosophie : « Astres, dit l'historien de la philosophie, mais astres sans clarté, incapables de faire parvenir leurs rayons à travers l'épaisseur de la nuit et la profondeur des ténèbres. » Les lettres, devenues alors le patrimoine presque exclusif du clergé, suivirent sa fortune ; elles eurent comme lui, et pour les mêmes causes, leurs alternatives d'éclipse ou d'éclat. C'est aux historiens ecclésiastiques qu'il appartient de redire dans le détail à quel degré de corruption étaient tombées les

---

1. Brucker. *Historia critica philosophiæ*. T. III, p. 573.

L'accusation vaut la peine d'être recueillie. Malgré l'autorité des noms qu'invoque Brucker (entre autres Conring, *Supplementum*, xxx), nous ne pouvons souscrire au jugement de ces critiques trop prévenus. Il importe peu que Benoit ait songé d'une manière toute spéciale à favoriser les études profanes, et que le texte de la *Règle* fasse allusion seulement aux lectures et aux méditations pieuses. Par le seul fait que dans le règlement de la vie du moine une part déterminée était mise en réserve pour un travail autre que le travail des mains, la porte du couvent s'entr'ouvrait aux étules profanes, à l'insu et peut-être en dépit des fondateurs de l'ordre. Cela seul suffisait à sauver l'avenir. Le texte cité par Brucker est assez intéressant pour être reproduit :

« Ex Gregorii Papæ dialogo secundo. *Antoninus* Summæ historialis scriptor : Benedictus nobiliore genere ex provinciâ Nursiæ ortus, Romæ liberalibus studiis traditus a parentibus fuerat. Sed quum in eis multos ire per abrupta vitiorum cerneret, eum quem quasi in ingressu mundi posuerat pedem retraxit : ne si quid de ejus scientiâ attingeret, ipse quoque postmodum in immane præcipitium totus iret. Despectis itaque litterarum studiis relictâ domo rebusque paternis, soli Deo placere desiderans, sanctæ conversationis habitum quæsivit. Recessit itaque *scienter nescius* et *sapienter indoctus*. »

mœurs du clergé séculier ou régulier. Il n'entre pas dans les limites de notre sujet de peindre sous leurs vraies couleurs la grossièreté et la corruption des gens d'Église dans ces temps barbares : il nous est utile cependant de savoir pourquoi une réforme était nécessaire en France, comment elle fut possible, et dans quelle mesure elle profita au progrès des études et de l'esprit humain.

Depuis longtemps, au commencement du xe siècle, le clergé avait oublié les traditions de science léguées par les gens d'Église de l'âge précédent. Les évêques n'avaient de leur dignité que le nom, sans en remplir les fonctions. Ils ne prêchaient plus ; ils en étaient réduits à faire composer des homélies sur la religion que le clergé inférieur pût lire aux fidèles. Le nombre était grand de ceux qui, dans l'Église même, arrivaient à la vieillesse sans être instruits des vérités de la religion, incapables de réciter jusqu'aux paroles du Symbole et de l'Oraison dominicale. Moines et clercs, participant à la grossièreté générale, n'étaient guère moins ignorants que le vulgaire. On leur reprochait, avec trop de vérité, de s'adonner passionnément à la chasse, de porter des armes, de s'en servir en toute occasion comme des gens de guerre, de trafiquer comme des séculiers, de faire l'usure, d'avoir des concubines et de transformer en lieux de débauches leurs cloîtres et leurs maisons. Les assemblées provinciales du clergé, les conciles généraux essayaient vainement de porter remède à ces maux, dont l'Église se mourait presque, et c'est dans les actes authentiques des conciles que l'on trouve le texte des accusations les plus graves à diriger contre la société ecclésiastique de ces tristes temps. Les actes du concile de Trosley, tenu en 909 dans le diocèse de Soissons, sont particulièrement instructifs ; on lit dans le préambule : « Quant à l'état des couvents, ou plutôt quant à leur ruine, nous ne savons que décider, que faire... Un grand nombre a été détruit, brûlé par les païens..., et ceux dont il reste encore quelque chose n'ont rien conservé qui rappelle l'institut d'une vie régulière. Les moines semblent avoir complètement oublié le but de la vie monacale ; ils sont tout entiers aux intérêts terrestres... Il est écrit dans les Capitulaires que les abbés doivent lire et commenter mot pour mot la règle des moines, la bien comprendre, avec l'aide du Seigneur, et s'efforcer de l'appliquer dans toute son efficacité, eux et leurs moines. Mais comment la commenter? comment la lire? comment la comprendre? Si on vient à présenter le texte de la règle à un abbé, il vous répondra par ce mot d'Isaïe : *Je ne sais pas lire : Nescio litteras* (1). »

Tout d'ailleurs avait semblé conspirer contre le progrès, contre la simple conservation de ce que l'on avait connu de culture intellectuelle : les ravages des barbares, les guerres civiles déchaînées sur toute l'Europe, les Normands, les Hongrois foulant le Nord et l'Orient sans répit, tandis que les Sarrazins infestaient le Sud. Ce qu'il y eut alors de manuscrits livrés aux flammes et perdus à jamais, qui peut le dire? Tout manquait à la fois, et les moyens de s'instruire et le temps d'étudier.

Lorsque la France sort de ce chaos, ceux qui ont conservé le goût des études, ne croient pas pouvoir faire à un couvent de don plus précieux que le don de livres : livres relatifs aux choses saintes, comme il convient à l'esprit du temps : Recueils de Conciles, ou de Décrétales, Commentaires de saint Ambroise sur saint Luc, de Raban Maur sur saint Jérôme. — Tel était le prix de dons de cette nature qu'on les déposait sur l'autel même : quand l'ouvrage était précieux entre tous, on choisissait pour le déposer un jour sacré entre tous, le Jeudi saint par exemple. Par la nature de l'ouvrage, par le mode de consécration, la science et la religion étaient intimement unies, jusqu'à se confondre. Le progrès devait être lent; la société laïque, une des plus grossières qui fut jamais, avait si bien envahi le monde ecclésiastique et l'avait si complétement fait à son image, qu'avant la réforme dont l'ordre de Cluny donna le signal, les monastères eux-mêmes étaient à peine un asile. Il n'y avait plus d'études, tout avait péri, jusqu'à la langue; le latin était oublié, les moins ignorants des évêques savaient à peine l'écrire; et l'Histoire littéraire en cite plus d'un exemple. Ce sont non-seulement des mots barbares, mais aussi des fautes multipliées contre la syntaxe; le nombre en est si grand qu'on ne les compte plus.

Cependant, vers le commencement du x⁰ siècle, après tant de bouleversements, une sorte de calme se produisit enfin. Le désordre extrême des couvents provoqua une réforme générale; et

1. Ap. Labbe, ıx, p. 521.

cette réforme, en arrachant les moines à la vie du siècle et à la domination exclusive du corps, les prédisposa à la reprise des études et les rendit peu à peu à la vie de l'esprit. Ce fut Odon de Cluny qui commença cette œuvre nécessaire ; l'exemple fut rapidement suivi. Le moment était venu, en effet, où pliant sous le poids de teurs vices et de la barbarie, les couvents devaient disparaître entièrement, ou renaître à une vie nouvelle, au prix d'un glorieux effort vers des mœurs plus pures et des études plus hautes.

Alors, autant de monastéres réformés, autant d'écoles établies. La réforme commença par Cluny, se continua par Aurillac, où Gerbert se forma ; et se répandit de là dans toute la France, pour rayonner aussi en dehors du pays qui s'honorait d'en avoir donné l'exemple. Ce fut le grand fait social, littéraire et politique du Xe siècle. Otton le Grand, qui ne s'y était pas trompé, voulait confier au troisième abbé de Cluny, Mayolus, une sorte de surveillance sur tous les couvents de son royaume d'Allemagne. Sous l'influence de cet esprit nouveau, on vit bientôt les écoles déjà anciennes, et autrefois d'un grand renom, reprendre quelque importance, des écoles nouvelles se fonder, autour des églises, à l'ombre des cloîtres. Les écoles de Lyon, qui avaient autrefois emprunté tant d'illustration à la présence du savant Leidrade, et où Mayolus avait étudié, reprirent leur ancien rang ; en parlant du saint abbé auquel il succédait, Odilon le loue d'avoir été puiser la science dans cette ville qui est la « nourrice et la mère de la philoso phie (1). » L'Église de Reims, le couvent de Fleury avaient eu leurs jours de gloire ; ils les retrouvèrent ; et ce fut alors dans toute la France un mouvement d'esprit, une fièvre d'études, dont le spectacle repose l'historien au sortir de l'engourdissement de l'âge antérieur. Sur tous les points des écoles sont ouvertes ; à Chartres, l'école épiscopale reçut de l'enseignement de Fulbert, plus tard évêque, une célébrité alors sans égale ; le nombre des étudiants qui se pressaient pour recueillir sa parole vers l'an 1000, fit donner à cette école le nom d'Académie. Là se formèrent, sous la direction du savant professeur, quelques-uns des hommes dont les noms doivent marquer dans l'histoire littéraire du XIe siècle . Bérenger est au premier rang. Liége, Gemblou, Metz, Toul, Verdun,

---

1. Brucker, III, p. 606.

Cambrai formaient des légions d'élèves; vers l'Est et le Sud, de Besançon à Saint-Victor de Marseille et à Lérins, en passant par Dijon, Langres et la Chaise-Dieu (1), les écoles se multipliaient, moins célèbres toutefois que celles du Nord et condamnées à n'exercer sur la direction du mouvement littéraire de ce temps qu'une médiocre influence. Le Centre et l'Ouest offraient Saint-Martial de Limoges, les écoles de Périgueux, de Poitiers, de Tours, de Noirmoutiers, le collége de la *Porte de fer*, fondé à Angers en 1031, l'école de l'Église du Mans, Fougères, Saint-Gildas : — pour ne citer que les plus florissantes. Leur réputation, vers la première moitié du xi° siècle, ne fut pas contenue dans l'enceinte du royaume de France : les étudiants y venaient des pays les plus éloignés : les Anglais les visitaient déjà depuis long-temps. Ce fut sans doute cette réputation et le désir de s'illustrer par ce talent de parole déjà éprouvé à Pavie qui attirèrent Lanfranc de ce côté des monts.

On peut fixer aux environs de l'année 1040 l'arrivée en France du futur professeur au monastère du Bec. Il est à remarquer qu'il n'y vint pas seul : son biographe raconte qu'il amena avec lui plusieurs élèves du plus grand nom, enfants des plus nobles familles (2). Sans doute, il ne faisait qu'obéir à l'impulsion donnée en tout pays par l'opinion générale, et suivre le mouvement qui entraînait en France tous les esprits désireux de trouver la lumière, ou assez confiants dans leurs propres forces pour espérer pouvoir la répandre eux-mêmes un jour. Il se mit à la tête de cette caravane studieuse, composée peut-être de quelques-uns de ces jeunes gens qu'il avait initiés à Pavie au secret de ses études personnelles. De tous ceux qui, avant et après cette époque, émigrèrent en France, Lanfranc est peut-être le seul qui se soit présenté avec ce cortége ; indice à peu près certain de l'influence qu'il avait déjà exercée et de l'autorité qui s'attachait à son nom. — Nous ne savons pas s'il séjourna quelque temps dans les provinces qui s'offraient à lui tout d'abord, ou s'il entra en France avec le projet de faire de la Normandie sa patrie nouvelle. Mais il ne paraît pas s'être arrêté avant d'être parvenu à ce terme de son pèlerinage ; on

1. Le monastère de la Chaise Dieu, entre le Puy et Clermont, ne fut fondé que vers 1046.
2. *Vita*, ch. I. — *Chronicon Beccense*, 2.

ne retrouve nulle part ailleurs des traces de son séjour; il y a tout lieu de supposer qu'il se rendit directement en Normandie.

Le moine qui a écrit la *Chronique du Bec* raconte que Lanfranc se décida pour la Normandie parce que les études y étaient moins en honneur que dans les autres provinces de la Gaule : « Il comprit, dit-il, par une inspiration secrète de la Providence, que c'était là qu'il y avait pour lui le plus de gloire à recueillir, le plus de profit à faire; et il s'y rendit avec quelques compagnons (1). »

Il est hors de doute que nulle part en France, au xie siècle, les lettres ne furent cultivées avec plus d'éclat qu'en Normandîe; mais un siècle auparavant nul n'eût été en droit de l'espérer. O. Vital dit d'une façon trop exclusive peut-être : « Sous les six premiers ducs de Neustrie, presque personne en Normandie ne se livra à l'étude des arts libéraux; on n'y trouvait aucun docteur, jusqu'au jour où Dieu qui pourvoit à tout fit aborder Lanfranc aux rivages de Normandie (2). » Et la chronique du Bec n'est guère moins sévère quand elle appelle les Normands au début du xie siècle une nation barbare : *barbarica gens*. Peu de princes avaient pourtant fait plus d'efforts et montré plus d'esprit de suite dans une administration intelligente que les six premiers ducs de Normandie, de Rollon à Robert le Magnifique. Rollon avait fait de la Normandie la province la mieux policée de l'Europe à cette époque; Walsingham en cite maint exemple intéressant (3). Grand justicier, souvent brutal, il n'en avait pas moins fait connaître à la province un calme tout nouveau et une sorte de sécurité relative. Les conditions semblaient être les meilleures que l'on pût souhaiter alors pour la reprise des études. Son fils Guillaume Ier se fit remarquer par sa libéralité, souvent sans mesure, envers les moines. Cet homme que le trouvère anglo-normand Benoist représente avec sa longue épée, telle que :

> Une plus belle arme ne meillor
> Nait quons, ne reis, n'empéreor! (4)

1. *Chronic. Becc.*, 2.
2. O. Vital. IV, 6.
Il dit aussi dans le prologue du livre III : « Usque ad Guillelmi Nothi tempora magis bellare quàm legere vel dictare laboravcrunt. »
3. *Ypodigma Neustriæ*, p. 7.
4. Cité par M. Labutte. *Hist. des Ducs de Normandie*, ch. II.

et qui en a gardé le surnom héroïque, fut possédé pendant une moitié de sa vie du désir de se faire moine. Le calme et la vie solitaire de l'abbaye de Jumiéges exerçaient sur cette âme à la fois impétueuse et faible un irrésistible attrait. Quand il reçut la visite de douze moines du Poitou qui venaient rendre leurs devoirs à la duchesse de Normandie, princesse poitevine, il leur fit serment de prendre le froc. L'abbé qui conduisait la députation et l'abbé de Jumiéges mirent tout en œuvre pour le retenir dans le monde où il servait efficacement les intérêts de l'Église. Ils ne purent empêcher que Guillaume n'emportât le froc et la coulle enfermés dans une cassette, dont il suspendit la clef d'argent à sa ceinture (1). Tel fut pendant plus d'un siècle l'esprit commun à tous ces princes, sous la protection desquels le clergé normand gagnait tout d'abord de grandes richesses et fortifiait son autorité, en attendant le jour où la dignité de ses mœurs et son instruction allaient légitimer sa puissance. Plus qu'aucun de ses prédécesseurs Richard II se distingua par sa piété et ses bonnes œuvres : ses riches offrandes s'adressaient, en même temps qu'aux églises de son duché, aux établissements religieux du monde entier, et on rapporte que tous les ans, des moines du mont Sinaï se rendaient en Normandie pour prendre leur part des libéralités de ce prince (2).

Mais, si grande qu'ait été l'aptitude des Normands à se transformer au contact de races moins incultes, ils étaient encore trop près de l'âge barbare pour que la brutalité de leurs mœurs et leur ignorance puisse nous surprendre. Un siècle s'était à peine écoulé depuis qu'ils pouvaient se considérer comme établis définitivement aux bouches de la Seine. Chrétiens, leur religion était encore mêlée de superstitions grossières, empruntées à la mythologie du Nord ; le nom de Thor était parfois invoqué dans les combats ; et leurs évêques même n'échappaient pas toujours à la réputa-

1. Walsingham. *Ypodigma,* p. 9.

Voir aussi Dudon de Saint-Quentin. *De moribus et actis Normannorum,* liv. III.

On peut aussi consulter, particulièrement sur les couvents et les écoles fondées par Guillaume Longue-Épée, un mémoire de M. Estrup, dans le 17e vol. des *Mémoires de la Société de littérature scandinave.* « Sur la civilisation en Normandie du Xe au XIIIe siècle. »

2. *Hist. littér.,* vol. VIII.

Mabillon. *Acta,* tome VIII, p. 374 et seq.

tion de sorciers. L'archevêque de Rouen, Mauger, si tristement célèbre par l'incroyable licence de ses mœurs, s'était fait un renom de magicien ; on lui attribuait le pouvoir de soumettre certains esprits ; il avait son lutin familier, qui le servait comme son esclave.

Quand les esprits sont encore embarrassés dans des superstitions aussi naïves et aussi tenaces, il serait peu logique d'attendre des mœurs quelque dignité. Nous aurons occasion de dire ailleurs à quel degré de dégradation, que l'on pouvait craindre incurable, le clergé normand était descendu. O. Vital a beau distinguer entre le clergé indigène et le clergé normand ; il est difficile de ne pas les confondre. Tout ce que la barbarie autorisait de licence, on le retrouve dans la vie des moines et des clercs ; « prêtres et évêques ... vivent à la manière des *anciens Danois* (1) » dit l'auteur de la vie de saint Herluin. Le mot est exact et, dans sa simplicité, vaut toute une description. La religion n'avait pas encore pénétré les âmes ; elle ne les avait qu'effleurées : sous le froc, sous la chappe, le barbare était resté.

Mais si sous les premiers ducs, l'esprit normand n'avait pu faire qu'une chose, se dompter et s'assouplir, devenir peu à peu apte à la culture, les nombreux établissements fondés par les princes étaient naturellement désignés pour devenir, au moment de l'épanouissement, des centres de travail. Dès le règne de Richard le Bon (996-1026) des savants grecs et arméniens attirés par les libéralités du prince firent plusieurs fois le voyage de Normandie (2) ; et purent déjà signaler à l'Europe que les lettres trouveraient dans cette province une hospitalité bientôt digne d'elles.

C'est alors que fut fondée à Rouen l'abbaye de la Trinité, où une école s'ouvrit presque aussitôt : l'abbaye de Saint-Ouen eut la sienne à la même époque ; l'Église de Rouen paraît même être la plus ancienne des trois. Peu à peu la province vit se multiplier ces centres d'études; il y en eut à Jumiéges, à Fontenelle, à Fécamp, à Avranches.

---

1. Rarus in Normanniâ tunc recti tramitis index , aut pervius erat, sacerdotes ac summi pontifices liberè conjugati, et arma portantes, ut laïci erant, veterum ritu Danorum universi adhuc vivebant. (Gisleb. Crispinus. *Vita S. Herluini*.)

2. Mabillon. *Acta*, t. VIII, p. 374.

On a quelquefois attribué à Lanfranc la fondation de l'École
d'Avranches ; c'est le fait d'une confusion qu'il est aisé d'expliquer. Lanfranc fit la célébrité de cette école, mais elle existait
avant lui ; on s'est habitué à voir le fondateur dans celui qui en
avait révélé au monde l'existence. On connaît en effet le nom du
grammairien Robert ; c'est lui qui dirigeait l'école d'Avranches,
suivant toute vraisemblance, à l'arrivée de Lanfranc. Vers cette
époque, Robert quitta la ville où il était né et où il avait professé,
pour diriger, en qualité de scolastique, l'École épiscopale du
Mans (1). L'existence de l'École d'Avranches, quelques années
avant l'arrivée de Lanfranc, peut donc être affirmée avec certitude. Malgré l'éclat qui s'est attaché pendant quelque temps à son
nom, l'École d'Avranches n'a pas eu la bonne fortune de trouver
un chroniqueur ; nous n'en connaissons guère que le nom, et les
documents précis font défaut. On sait que Lanfranc et Anselme y
ont paru avec honneur ; mais avant leur arrivée et après leur
départ, le silence s'est fait sur les destinées littéraires d'une ville
qui ne devait avoir qu'une heure d'illustration. L'évêque Hugues
gouvernait alors le diocèse d'Avranches ; sous son épiscopat, cette
église, que les Normands encore païens avaient dévastée, commençait à renaître. Après 128 ans, pendant lesquels le diocèse n'a-
vait conservé le souvenir d'aucun prêtre, d'aucun évêque, d'aucun
fidèle, l'évêque Norgot renoua la tradition religieuse en 990. En
1028, Hugues fut élu évêque, et sept ans après, le duc Robert
jetait les fondements de l'Église cathédrale (2). Avranches avait
donc repris quelque importance, lorsque l'évêque accueillit Lanfranc et lui permit d'enseigner. Cet enseignement dura deux ans
environ, et déjà le nouveau professeur avait acquis une réputation
des plus brillantes : nous aurons occasion de rechercher plus tard
les raisons de ses succès et les caractères particuliers de son professorat. Le nom de Lanfranc devint rapidement célèbre dans toute

---

1. V. Lebréton. *École d'Avranches.* — D. Piolin. *Hist. de l'église du
Mans,* tome III.

Launoy, dans son ouvrage *de Celebrioribus scholis* ne se prononce pas :
« Lanfrancus vel erectam invenit scholam, vel ut eam erigeret ab episcopo
vel a duce admissus est. »

2. V. *Annales religieuses de l'Avranchin,* dans les *Mémoires de la Société des Antiquaires de Normandie,* vol. XIVe de la collection.

la Normandie, et au delà ; on accourait pour l'entendre « de France, de Gascogne, de Bretagne, de Flandre. » Peut-être même eut-il l'occasion de prendre part dès lors aux controverses religieuses qui agitaient déjà ces contrées ; peut-être connut-il alors Bérenger, et engagea-t-il avec lui quelqu'une de ces joûtes oratoires auxquelles se plaisait l'esprit du temps.

Malgré l'absence de textes précis, on peut se rendre compte de l'influence exercée alors par les maîtres renommés, tels que Lanfranc. On retrouve chez tous ceux qui en ont parlé une émotion qui anime les lignes de ces chroniques parfois si sèches. A une époque où la rareté et le prix trop élevé des livres restreignaient singulièrement les facilités de l'étude, le rôle du professeur était bien autrement important que de nos jours. Toute la science qu'on ne pouvait puiser dans les bibliothèques, il la distribuait par la parole : il était l'intermédiaire obligé entre la science, inaccessible au plus grand nombre, et cet auditoire de jeunes gens ou d'hommes déjà mûrs, avides de s'instruire : sans lui, même au prix des plus grands efforts, on ne pouvait goûter à ces ondes bienfaisantes que lui seul pouvait répandre. Ajoutons à la science elle-même, la puissance de la parole qui la manifeste, cet attrait de la voix humaine, plein de charme pour les natures à demi frustes comme pour les natures cultivées, cette communication intime qui s'établit entre le maître, sorte de prêtre de la science et ses fidèles : et nous réussirons à peine à nous former une idée de l'enthousiasme qu'il inspirait. C'était comme une royauté intellectuelle ; le nom du professeur était cité partout, et le lieu consacré par son enseignement devenait un but de pèlerinage pour tous ceux qui sentaient le besoin de se soustraire, par la culture de l'esprit, à la grossièreté du siècle où ils vivaient. Ces sentiments, que nous ne connaissons plus aujourd'hui, nous permettent de comprendre pourquoi les éloges prodigués par les chroniqueurs à des maîtres, parfois ignorés, nous semblent hors de toute proportion avec les mérites du personnage. Nous les jugeons déclamatoires et fades, nous mettons en doute ou la sincérité ou la compétence de l'écrivain qui les a prodigués, sans songer que c'était l'expression naïve d'une admiration que nous ne connaissons plus, et que nous sommes mauvais juges de sentiments qu'il ne nous est plus donné d'éprouver. Sans doute il faut faire la part du mauvais goût propre à l'époque ou à l'écrivain ; mais quand O. Vital parle des « torrents de cette éloquence qui terrassait même les vieillards les plus habiles ,» quand M. Crispin, au début de son récit, rapporte que « la Latinité tout entière reconnaît Lanfranc pour son maître, et lui accorde et les honneurs et l'amour qu'elle lui doit, » peut-être est-il permis de voir dans ces paroles autre chose que la recherche du style et d'y retrouver les traces de cette émotion produite par le seul souvenir d'une parole savante et religieusement écoutée. C'était vraiment l'âge d'or du professorat, si, à ne pas regarder la nature même de l'enseignement et le prix de la science distribuée, on s'attache seulement à considérer la passion du maître pour l'exercice de sa profession, la reconnaissance enthousiaste des disciples, et des nations même chez lesquelles l'enseignement était donné. On doit pardonner beaucoup à ces temps grossiers, parce qu'ils ont retrouvé le respect de la science et le culte de l'esprit.

Rien n'était plus varié que l'enseignement d'un même professeur. Il est probable que Lanfranc enseigna à Avranches ce qu'on enseignait alors partout, les belles-lettres, la dialectique, la théologie. Nous n'avons aucune raison de croire, comme on l'a dit quelquefois, qu'il y joignit l'enseignement de la jurisprudence. Les villes italiennes, qui préludaient alors à l'exercice de leur liberté, presque toujours en contestation avec le comte, l'évêque, l'empereur, avaient mille occasions de rechercher dans les vestiges des lois romaines et dans les lois barbares des moyens d'appuyer leurs prétentions. On comprend que l'étude du droit n'y ait jamais totalement disparu : aussi trouve-t-on, même au XIe siècle, en Italie, des personnages que les historiens du temps appellent : *Doctor legum et causidicus; peritus legum et prudentissimus judex* (1), *etc.* Les magistrats de la ville devaient examiner et juger les procès, débrouiller les questions de droit, punir les coupables, et suivant les besoins, promulguer de nouvelles lois.

En France, en Normandie surtout, où le pouvoir du chef féodal était plus respecté, où les affaires étaient le plus souvent réglées par la force, ou d'après les principes d'un droit qui n'avait pas ses racines dans le droit de Rome, le besoin n'était pas le même :

____

1. P. Damien. *Lettres,* liv. VIII, ép. 7, 8, 9 et seq.

il est probable que la jurisprudence ne faisait pas partie de l'enseignement de Lanfranc. On trouve bien çà et là cet éloge, qu'il était *« juris civilis... humani atque divini juris peritus. »* Mais il se rapporte sans doute plutôt à l'époque où il avait à diriger un grand diocèse, et à régler des affaires importantes, relatives à l'administration, à la hiérarchie, à la politique.

La meilleure preuve que l'on puisse donner de l'éclat de cet enseignement, et de la solidité des études dirigées par Lanfranc, c'est que ce succès se continua très longtemps encore. Il s'établit pendant quelques années, grâce à l'exemple et à la réputation de Lanfranc, comme un courant de l'Italie vers la Normandie. Un peu avant 1048, Anastase quitta Venise, sa patrie, et se retira au mont Saint-Michel, changeant par amour de la science, le ciel de l'Italie pour les brumes et les tempêtes du monastère bien nommé : *« In periculo maris. »* Peu de temps après, il se réfugia à Tombelaine, où il vécut en ermite pendant plus de vingt ans. Il fut, malgré la distance, l'un des clercs les plus assidus de l'École d'Avranches (1). Plus tard, digne émule de Lanfranc, il écrivit une réfutation de la doctrine de Bérenger.

Dix ans après, vers 1058, un autre Italien, Anselme, renonçant à l'espoir d'une vie brillante, quittait aussi sa patrie, traversait la Bourgogne et venait s'établir à Avranches. Depuis longtemps déjà Lanfranc n'y était plus ; mais ses traditions s'y étaient conservées, et l'évêque Hugues, qui l'avait autrefois accueilli, gouvernait toujours le diocèse. Anselme ne devait quitter Avranches que pour rejoindre au Bec son compatriote, à ce moment encore plus illustre qu'il ne l'était lui-même. « Anselme ne séjourna que peu « de temps à Avranches ; puis il se retira au monastère du Bec ; il y « était attiré par la réputation de science de Lanfranc qui avait « alors un grand nombre d'élèves (2). »

Nous ne pouvons citer tous les Italiens qui firent alors de la Normandie leur patrie d'adoption. Il suffit de rappeler les chefs, pour bien établir les rapports qui unissaient les deux pays. Un Italien devint quelque temps après évêque d'Avranches : il se nommait *Michel,* et vers 1061 il succéda au célèbre Jean, devenu arche-

<hr>

1. Bollandistes. *Acta,* vol. VIII, p. 1128.
2. *Gallia Christiana.* Vol. XI.

vêque de Rouen. « Michel, Italien de naissance, versé dans l'étude des lettres, digne de vénération par sa piété, fut élevé par une élection en bonne forme à la dignité d'évêque d'Avranches. Pasteur digne d'éloges, il gouverna son église pendant plus de vingt ans, et mourut vieux sous le règne du duc Robert (1). » Michel faisait peut-être partie de ce cortége de jeunes gens de noble origine, qui suivit Lanfranc à son arrivée en Normandie. On doit remarquer que malgré la vraisemblance de cette hypothèse, on ne trouve les traces d'aucun rapport entre lui et Lanfranc, pendant la longue partie de son épiscopat antérieure à la promotion de Lanfranc à Cantorbéry. Mais ce fait ne prouve rien ; on peut l'expliquer de bien des manières, et il ne peut infirmer notre conjecture.

Au milieu de tout l'éclat de ses succès, Lanfranc allait entrer dans une période critique de son existence. Rien ne faisait présager, dans cette première partie de sa vie, la subite conversion qui l'arracha au monde et l'amena dans un cloître. Tous les auteurs qui par hasard disent un mot plus significatif sur son enseignement, parlent des *Belles-Lettres*, de la *Dialectique*. Les sciences humaines semblent y tenir plus de place que l'étude des choses saintes. On ne peut pas admettre pourtant que la théologie n'y figurât pas ; elle faisait partie de tout enseignement ; elle en était le point essentiel : tout le reste n'était qu'une préparation ou une diversion. Mais ce dut être pour Lanfranc une étude à peu près nouvelle quand il arriva à Avranches. M. Crispin le représente quand il vint à Pavie, après une longue absence, « parfaitement instruit de toutes les connaissances *du siècle* », « *sæculari scientiâ*, » — à moins que la théologie étant alors l'étude inévitable, il ne parût superflu d'en faire mention. Il n'y a pas de témérité à prétendre que, professeur à Avranches, il dut se livrer avec ardeur à cette étude, et que sans doute il y fut passé maître. Il paraît même que la pratique des saintes Écritures ne fut pas seulement pour lui une étude froide de textes inanimés ; son âme s'échauffa à la lecture des livres saints ; et au milieu de ses succès il eut tout à coup son illumination du chemin de Damas.

« Cet homme, ce prodige de science, en vint à considérer qu'il

1. O. Vital. IV, 2, in fine.

n'y a que vanité à rechercher les suffrages des hommes; et qu'à l'exception de Celui qui a tout fait, qui est éternellement, et de ceux qui tendent à lui, tout tend au néant. Alors, il changea son esprit et ses désirs, pour obtenir l'amour de cet être suprême. Comme il avait trouvé dans les saintes Écritures le meilleur moyen de faire son salut et de plaire à Dieu, il résolut de s'en saisir, et, quittant tout, renonçant même à tout droit sur sa personne, il suivit celui qui a dit : « Si quelqu'un veut venir avec moi, qu'il se renie lui-même, qu'il porte sa croix, et qu'il me suive ». Et plus il avait été grand, plus il mit tous ses efforts et toute son ambition à être plein d'humilité (1). » C'est ainsi que M. Crispin rapporte la conversion de Lanfranc. S'il faut l'en croire, son cœur était déjà changé, quand il quitta Avranches ; il fuyait le monde, incertain encore sur le choix de sa retraite. Le voilà donc s'arrachant à ses succès, fuyant sa réputation. Il part, suivi d'un seul compagnon, et prend au hasard la route de Rouen. Un jour, à la tombée de la nuit, il s'engage dans la forêt d'Ouche. Il est arrêté par des voleurs, dépouillé de tout ce qu'il portait, lié à un arbre les mains derrière le dos, le capuchon rabattu sur le visage; les voleurs l'avaient entraîné au plus profond du bois où ils l'abandonnèrent. Dans cette extrémité, au milieu du silence de la nuit, Lanfranc élève son âme à Dieu ; mais le savant professeur, dit son biographe, ne trouve dans sa mémoire aucune prière : « Jamais, jusque-là, il n'avait mis ses soins à prier Dieu (2) ». Honteux d'avoir perdu tant de temps à l'étude des lettres, et de n'avoir pas su trouver une heure pour rendre à Dieu les devoirs obligés, il fait le serment de réformer sa vie, et, s'il échappe à ce danger, de vivre pour Dieu seul. Au petit jour, ses cris attirèrent des voyageurs qui passaient non loin de là; on le délivra. Il demanda à ses sauveurs de lui indiquer le monastère le plus misérable de la région : on lui nomma le couvent que construisait alors au Bec un homme de Dieu : Lanfranc prit aussitôt le chemin du Bec.

Le récit de M. Crispin est des plus simples. La chronique du Bec en donne un autre plus piquant, moins exact peut-être, mais

1. *Vita*, ch. I.
2. Voluit Domino laudes debitas persolvere, et non potuit, quia ad hoc antea non vacaverat. (*Vita*, I.)

qui n'est pas en désaccord avec l'idée que d'autres documents nous permettent de nous faire du personnage.

« Un jour (1), Lanfranc se mit en route avec un seul de ses disciples : il tomba dans une bande de voleurs qui lui enlevèrent tout ce qu'il avait sur lui, et le renvoyèrent, ne lui laissant qu'un mauvais manteau. Il se rappela alors le trait d'un saint personnage qui avait été arrêté par les Lombards. Ceux-ci lui avaient pris son cheval ; revenant vers eux et leur tendant le fouet dont il se servait pour l'exciter : « Prenez, dit-il, il faut bien que vous ayez de quoi le presser. » Et aussitôt il se remit en prières. Les voleurs arrivèrent au fleuve appelé le Vulturne, et ne purent en aucune façon le traverser. Ils comprirent alors qu'ils expiaient le crime d'avoir dépouillé un serviteur de Dieu. Ils revinrent aussitôt sur leurs pas, et non-seulement ils rendirent à Libertinus ce qu'ils lui avaient enlevé, mais ils le replacèrent malgré lui sur le cheval d'où ils l'avaient fait descendre, se retirèrent et le laissèrent librement continuer son voyage. « Oui, se dit Lanfranc, voilà ce que je ferai ; j'irai vers eux, je leur offrirai ce qu'ils m'ont laissé ; et ainsi ils me rendront tout ce qu'ils m'ont enlevé. » Il le fit ; mais mal lui en prit ; le résultat fut pire. »

« Comme il avait coutume de le raconter lui-même, « Libertinus avait agi dans une intention bien différente de la mienne ; il rendait sans arrière-pensée, pour que les voleurs gardassent le tout ; moi au contraire, dans ma conduite pleine de calcul et de ruse, je rendais, mais pour que tout me fût rendu. » En effet, quand il leur offrit le manteau qu'ils lui avaient laissé, les voleurs entrèrent dans une grande colère, ils le lièrent nu à un arbre, le fouettèrent longtemps, attachèrent son élève à un arbre voisin et se retirèrent. Quand il se vit privé de tout secours humain, Lanfranc se mit à réfléchir à la fragilité de la gloire du monde et à la vanité de tous les travaux de l'homme sur la terre. Il promit à Dieu de renoncer tout à fait aux honneurs périssables, et de se placer pour toujours sous son joug, si doux et si léger pour ceux qui l'aiment, si Dieu daignait l'arracher à ce péril. Aussitôt, comme en un clin d'œil, ses liens se détachèrent, il fut délivré, rendit grâces

1. *Chron. Beccense*, 2.

à Dieu, délia son clerc, et se dirigea vers le Bec pour y accomplir son vœu. »

Il n'y a de commun entre les deux récits que le fait de l'arrestation : mais, suivant Crispin, Lanfranc avait déjà pris le parti de renoncer au monde avant l'accident de la forêt d'Ouche, et le danger qu'il y courut ne détermina que le choix de sa retraite. D'après le chroniqueur du Bec dont le drame est plus varié et plus complet, le coup de théâtre aurait eu lieu dans la forêt même; la conversion est soudaine, le miracle manifeste, et Lanfranc passe tout à coup de la légèreté d'esprit de l'homme qui essaye de tourner à son profit un acte de la vie d'un saint, à la renonciation totale du moine. Le second récit est évidemment supposé. Lanfranc, on l'avoue, aimait à raconter cette histoire ; n'aurait-il pas à plaisir inventé quelques traits pour en faire une sorte de moralité ou de conte édifiant? Il y a d'ailleurs quelque gloire pour un homme d'Église à être l'objet d'un appel spécial de Dieu; c'est être estimé bien haut que d'avoir mérité un miracle. Les imaginations populaires sont toujours prêtes à admirer ces coups soudains de la grâce, et il leur déplait de suivre ce lent travail d'esprit, ces luttes intérieures, ces hésitations, ces triomphes sur soi-même ignorés de tous, qui précèdent et préparent une conversion définitive. Il est naturel que Lanfranc ait voulu donner créance à ce récit, en le rapportant souvent lui-même : mais ce n'est pas par ces illuminations soudaines que le jour se fait dans un esprit, et ces changements dont le surnaturel seul rend raison ne conviennent qu'aux époques de naïve croyance.

O. Vital rapporte aussi, dans le même esprit : « Comme il était occupé à la philosophie dans une contrée étrangère, de même qu'autrefois l'académicien Platon, une flamme éternelle embrasa son âme, et l'amour de la vraie sagesse éclaira son cœur (1) ». Le récit a beau être en grande partie supposé, il n'en est pas moins piquant, et Lanfranc courant après les voleurs pour leur offrir son dernier vêtement, ressemble un peu à Lanfranc qui plus tard ira trouver Guillaume sur un cheval boiteux. C'est le même esprit, « *Callidus, facetus* », italien enfin dont parlent tous ses biographes.

1. O. Vital. IV, 6.

Un écrivain anglais indique incidemment ce qu'il regarde comme la cause de la conversion de Lanfranc. « Il se promenait sur les bords de la Seine, et s'était écarté de ses compagnons pour méditer plus profondément sur les personnes de la Trinité et sur l'essence de ce mystère. Il aperçut un enfant qui puisait de l'eau avec une cuiller dans la Seine et la versait dans un petit puits : Lanfranc lui demanda ce qu'il faisait : l'enfant lui répondit qu'il voulait faire passer toute l'eau du grand fossé dans le petit. « C'est un amusement puéril, répliqua le maître ; tu n'en finiras jamais ». — « Il en est de cela, dit l'enfant, comme des méditations que tu agites dans ton cœur. » Et aussitôt il s'évanouit. Lanfranc ne voulut pas sonder plus longtemps la majesté du mystère de peur d'en être accablé ; et aussitôt il entra au couvent du Bec, sous l'abbé Herluin (1). »

Après ces témoignages, entre lesquels le désaccord n'est qu'apparent, où chercherons-nous le vrai motif d'une résolution aussi grave ? Si l'on se pénètre de l'esprit du temps, est-il si difficile de l'entrevoir ? Le cloître exerçait alors sur les intelligences d'élite comme sur ces âmes délicates qui ont soif de paix et d'amour une sorte d'attrait irrésistible : dans une société qui ne respirait que la haine, où tout était combat, brutalité et désordre, le couvent offrait l'image d'une vie pacifiée ; aux esprits curieux de science, il rendait les loisirs de l'étude ; aux faibles que la vie avait froissés, il donnait l'espoir d'une vie tranquille, dont tous les jours s'écoulaient, semblables à eux-mêmes sous le regard de Dieu ; aux intelligences que le sentiment de leur impuissance dans la recherche du vrai avait humiliées, il faisait connaître les douceurs nouvelles de l'anéantissement devant Celui qui est toute science et toute lumière : à ceux enfin qui, tout en croyant renoncer pour toujours au monde, gardaient encore pour ses affaires quelque curiosité et pour ses grandeurs un regret, le cloître laissait espérer jusqu'aux joies plus viriles de l'action ; car c'est là que se formaient souvent les esprits qui gouvernaient le monde par leur parole, par leurs idées : et plus d'une fois, par une légitime subordination des choses du corps à celles de l'âme, le couvent fut alors, en même

1. Henri de Knyghton. *De Event. angl.*, p. 2360.
Nolens amplius perscrutari majestatem ne opprimeretur.

temps que l'asile de la science et de la vertu, l'école de la politique. — Arrivé à l'âge de quarante ans, à cette heure où l'homme, désabusé des illusions de la jeunesse, ne trouvant pas dans ce qui avait fait jusqu'alors l'occupation de sa vie les douceurs qu'il en avait espérées, sent tout à coup l'espoir s'évanouir et se demande si jusque-là sa vie n'a pas été une longue erreur, Lanfranc quitte brusquement le monde et renie la science.

De pareils changements ne sont pas rares dans les âmes bien trempées. D'ordinaire on voit succéder à cette crise une longue prostration ; l'âme semble prendre plaisir à perdre jusqu'au souvenir de sa vie première ; mais ces faiblesses n'ont qu'un temps ; et quand le trouble est dissipé, elle se retrouve avec une énergie toute nouvelle ; elle se reprend à la vie au sortir du doute ; un homme nouveau continue l'homme ancien. Lanfranc devait se perdre pendant quelques années, avant de rendre aux lettres et à la politique un esprit plus mûr et mieux éprouvé.

CHAPITRE II

Herluin fonde le couvent du Bec. — Arrivée de Lanfranc. — Sa vie claustrale. — Il est nommé prieur. — Les écoles dans les couvents de l'ordre de Saint-Benoit. — Double enseignement donné par les moines : l'école claustrale et l'école canonique, ou cléricale. — Éducation des enfants dans le cloître. — Variété de l'enseignement : les arts libéraux. — La théologie et les « Commentaires » sur les Épîtres de saint Paul : Caractère de cet ouvrage. — Enseignement du droit au Bec. — Le professorat de Lanfranc : ses mérites, ses résultats. — Affluence des étudiants de toute nation au couvent du Bec. — Les principaux élèves de Lanfranc. — La bibliothèque et les manuscrits : correction des textes.

C'était le temps où, par une effervescence de piété toute nouvelle, la France entière se couvrait de monastères, d'églises, de monuments religieux. La Normandie ne fut pas en retard sur les autres provinces. « Alors, dit un moine contemporain, la Normandie goûtait les douceurs de la paix la plus complète ; et tous les nobles, à l'envi, élevaient, sur leurs domaines, églises et couvents (1). » La liste qu'il en donne tient deux chapitres de son histoire. Après le duc Guillaume, en faveur duquel le chroniqueur rajeunit le titre classique de *Pater patriæ*, il énumère la plupart des hauts personnages de la Normandie à cette époque : Guillaume, fils d'Osbern, et Roger de Beaumont, qui fondent l'un et l'autre un couvent d'hommes et un couvent de femmes ; Roger de Montgommeri, Lesceline, comtesse d'Eu, son fils Robert, Roger de Mortemer, Robert de Mortaigne, Hugues, depuis comte de Leicester, Robert de Grentemaisnil ; il y eut assaut de piété ; chacun voulait attacher son nom à une fondation pieuse (2). Ce n'est pas seulement parmi les riches et puissants seigneurs qu'il faut chercher les bienfaiteurs de l'Église. Le mouvement qui entraînait alors les âmes vers Dieu était si puissant, que les plus obscurs comme les

1. *Guill. de Jumiéges*, VII, ch. XXII.
« Quisque potentum se derisione dignum judicabat, si clericos aut monachos in suâ possessione ad Dei militiam rebus necessariis non sustentabat. (O. Vital, III, 1.)
2. *Guill. de Jumiéges*, ibid.

plus illustres se distinguaient également par l'importance où le caractère de leurs bienfaits : quand ils ne pouvaient rien donner des biens de ce monde, ou que leur avoir était médiocre, ils se donnaient eux-mêmes. C'est l'histoire d'Herluin, le fondateur du Bec.

Herluin descendait des Danois qui occupèrent les premiers la Normandie (1). Par sa mère, Heloys, il se rattachait à la famille des comtes de Flandre. Le comte de Brionne, Gilbert, neveu de Richard Ier, duc de Normandie, le reçut avec la plus grande faveur ; il grandit dans cette petite cour féodale, et s'y distingua de bonne heure par son courage, son adresse aux armes. Il se fit un nom en Normandie, et gagna au plus haut degré la faveur de son maître ; s'il faut en croire un récit peut-être partial, il était connu même des seigneurs étrangers à la Normandie et accueilli avec distinction par chacun d'eux. Il ambitionna d'abord la gloire du siècle, et il avait près de trente-sept ans quand il fut touché de la crainte de Dieu. Un jour Gilbert envahit le Vimeu avec trois mille hommes ; mais son expédition tourna contre ses désirs : Ingebrann, comte de Ponthieu, lui résista avec une forte troupe ; le combat s'engagea, et Gilbert vaincu prit la fuite. Le vainqueur fit prisonnier, mit à mort ou blessa un grand nombre de fuyards. Un chevalier du nom d'Herluin fit le vœu de se consacrer à Dieu, s'il échappait à ce danger et de ne plus combattre que pour lui seul (2).

On le vit dès lors renoncer à tout plaisir, fuir les jeux, fermer son cœur aux joies du monde ; il fréquentait les églises et restait de longues heures en prières ; il ne parut plus à la cour ; il n'osait pourtant rompre le lien qui le retenait près de Gilbert, et dans l'état de désorganisation où se trouvait encore le clergé normand, il hésitait sur le choix d'un nouveau genre de vie. Il se décida enfin pour le cloître et fonda une maison religieuse dans son domaine de Burneville. La chronique du Bec donne pour date 1034. L'œuvre n'était pas aisée ; les ressources étaient médiocres ; aussi Herluin ne se contenta-t-il pas de diriger les travaux ; on le vit remuer la

---

1. *Vie d'Herluin*, par Gilbert Crispin, abbé de Westminster. — *Chronicon Beccense.* — Guill. de Jumiéges. *Historia Normannorum*, liv. VI. — O. Vital, III, 1.

2. Deo devovit quod si de imminenti periculo sospes evaderet, nulli ulterius nisi soli Deo militaret. O. Vital, III, 1.

terre, creuser des fossés, porter sur ses épaules des pierres, du sable, de la chaux, élever des murs, ne donnant pas au repos un seul instant de la journée. On dut songer à créer un abbé ; telle était la pauvreté du nouveau monastère que nul n'en voulut : Herluin reçut cette dignité. Il fut ordonné prêtre en même temps (1). Son ardeur ne se ralentit pas : abbé, il ensemençait le jardin, maniait la bêche et le rateau et ne s'épargnait aucune fatigue. — Mais bientôt tout dut être recommencé ; le couvent était dans une position des moins favorables : l'eau manquait. Cinq ans après le commencement des premiers travaux, il fallut l'abandonner. Herluin choisit alors une manse de son domaine, au confluent de la Risle et d'un ruisseau. Un monastère et une église furent construits, et le couvent prit le nom du *Bec*, soit à cause du ruisseau qui arrosait les environs, soit parce qu'en danois et en vieux gaulois *Beccus* voulait dire *confluent* (2). Ces commencements étaient bien humbles, et rien ne faisait présager encore l'illustration future de ce lieu. Peu à peu le nombre des moines s'accrut ; mais malgré l'ardeur de sa foi et l'austérité de sa vie, Herluin était incapable de suffire à l'étendue de sa tâche. Quand il conçut le projet de fonder un monastère, il était si peu au fait de la discipline ecclésiastique qu'il eut recours pour s'en instruire à un stratagème. Il se présenta à la porte d'un monastère plein de respect et de crainte ; comme s'il se fût approché de la porte du paradis, ajoute naïvement le moine qui a raconté sa vie. Il voulait s'enquérir de la vie des moines, de leurs mœurs, surprendre le secret de la vie religieuse. Le portier du couvent le prit pour un voleur, se jeta sur lui, le serra à la gorge et le traîna par les cheveux jusqu'en dehors des murs. Son instruction était nulle ; il fut obligé, à l'âge de quarante ans, d'apprendre à lire : *prima litterarum elementa*. Il se mit à ce travail nouveau pour lui avec l'ardeur passionnée d'une âme pleine de son objet, donnant le jour aux labeurs manuels, la nuit à la culture de son esprit. Son chroniqueur raconte que, grâce à son zèle et à l'inspiration divine, il arriva rapidement à comprendre et à expliquer les saintes Écritures, au point d'exciter la

1. *Chronic. Becc.*, I.
2. *Beccus* dicitur, veterum Gallorum seu Danorum linguâ, aquæ cursus in alium fluvium intrans. Papirius Masson. (*Descriptio fluminum Galliæ* 1618, cité par Charma.)

surprise. C'est de l'admiration pieuse ; Herluin ne fut jamais qu'un clerc fort médiocre.

Ce n'était pas d'ailleurs une charge sans périls et sans fatigues que celle de l'abbé. Il fallait assouplir et façonner ces natures grossières pleines de foi, et par élan capables de grandes choses, mais souvent excessives en tout, dans la brutalité comme dans la pénitence et rebelles au joug. Herluin nous permet de juger ce qu'étaient la plupart de ces hommes parmi lesquels se recrutait le personnel des couvents : assemblage bizarre de croyances naïves et de superstitions, de docilité enfantine et de grossièreté, de licence et de dévotion. Lors de sa conversion, au moment critique où l'homme, sachant ce qu'il quitte et incertain de ce qui l'attend, jette un dernier regard sur le monde auquel il renonce, Herluin visita plusieurs couvents : il se rendit dans un des plus célèbres et il y assista à une procession solennelle le jour de Noël. Le spectacle offert à ses yeux le frappa de surprise : moines et laïques riaient ensemble avec une familiarité choquante ; ceux qui portaient de riches vêtements s'en montraient tout fiers et les faisaient admirer à tout venant ; à l'entrée du couvent, ce fut un tumulte sans nom, un vrai combat pour savoir qui passerait le premier : un moine trop pressé par un voisin impatient lui lança un coup de poing et l'envoya rouler, les dents sur la terre. Telle était la procession pour une fête solennelle. A cette vue, Herluin fut ébranlé dans ses résolutions : il n'avait vu qu'un côté de la vie monastique de son temps. La nuit suivante, après l'office de matines, tous les moines étant rentrés dans leurs cellules, il resta caché dans un coin de l'oratoire pour prier. C'était longtemps avant l'aube. Bientôt parut un moine qui ne l'avait pas aperçu et qui se mit en prières ; et là, tantôt à genoux, tantôt couché de tout son long sur la dalle, il resta, méditant et pleurant jusqu'au jour. Tel était le double aspect de la vie nouvelle qui allait s'ouvrir devant Herluin.

Ce n'était pas Herluin qui pouvait discipliner, dominer, instruire toutes ces natures. Tel que le représente son panégyriste lui-même, il n'avait qu'une partie des talents nécessaires pour la direction d'un couvent. Illettré, presque complétement étranger aux choses de la vie monastique, il devait avoir par instant de terribles scrupules, en relisant les devoirs que la règle de saint Benoît impose à l'abbé : « Ordinatus abbas cogitet semper quale onus sus-

cepit et cui redditurus est rationem villicationis suæ. » Et ailleurs :
« Sciat quia qui suscipit animas regendas, paret se ad reddendam
rationem. Quantùm sub curâ suâ se habere scierit numerum,
agnoscat pro certo quia in die judicii ipsarum omnium animarum
redditurus est Domino rationem » (1).

D'ailleurs des occupations multiples l'absorbaient. Les discussions d'intérêt n'étaient pas rares avec les séculiers voisins du
couvent (2). Il fallait qu'Herluin réglât toutes ces questions. Il y
avait aussi des constructions, des défrichements à faire : le couvent
n'était pas riche ; la vie matérielle n'était pas toujours assurée. Ce
n'était pas tout que de cultiver la terre et de réciter les offices : la
règle de saint Benoît demandait davantage : « Après le repas, les
moines doivent lire ou chanterd es psaumes ; pendant le Carême, tous
doivent prendre des manuscrits à la bibliothèque, et les lire en entier,
à tour de rôle... Le dimanche, tous doivent faire des lectures » (3).

Comment organiser et diriger de pareils travaux ? Herluin se
croyait ou se sentait inférieur à sa tâche. Aussi demandait-il à Dieu
de lui envoyer un prieur capable de le seconder : comme il le disait
plus tard à Lanfranc : « Que de fois je m'adressai à Dieu en gémis-
sant ; que de fois, en versant d'abondantes larmes je suppliai sa
divine miséricorde de m'envoyer un homme, dont les sages conseils
pussent m'aider à réformer ce lieu et à faire pour l'institut des
moines toutes les volontés de Dieu ! » Il était dans ces dispositions
lorsque Lanfranc se présenta à la porte du Bec.

Herluin était occupé à la construction d'un four, et il y travail-
lait de ses propres mains, quand il vit paraître un étranger ; à sa
mise ou à l'accent de ses premières paroles il reconnut sans doute
un Italien : « Vous êtes Lombard ? » — Oui. — Que voulez-vous ? —
Me faire moine » (4). L'abbé se fit apporter le livre de la règle.
Lanfranc la lut et déclara qu'il était prêt à servir Dieu. Herluin
ayant appris d'où il venait, qui il était, lui accorda la faveur qu'il
réclamait, et Lanfranc, se jetant aux pieds de celui qui était dé-

1. *Regula S. Benedic.*, ch. II.
2. Legum patriæ scientissimus, præsidium erat suis contrà exactores
iniquos, ad tractanda causarum sæcularium negotia et disponenda exteriora
peritissimus. *Vit. Herl.*
3. *Reg. S. Bened.*
4. *Vit. Lanf.*, ch. I.

sormais son abbé, prit le froc du moine (1). Avec Lanfranc, l'illustration entrait dans le nouveau monastère ; Herluin remercia Dieu d'avoir exaucé sa prière.

Quelle que fût l'ardeur de sa foi et la sincérité de sa conversion, ce dut être pour Lanfranc une pénible épreuve de se plier à la règle. Il fallait renoncer entièrement à soi-même, « *pro Deo se abdicare sibi*, » oublier qu'il avait été un docteur écouté, descendre au dernier degré de l'humilité. Il en sortit victorieux. Dès les premiers jours une pieuse lutte s'engagea entre Lanfranc et l'abbé. Herluin ne pouvait voir sans admiration un homme dont la renommée avait rempli la Normandie, et que la règle faisait son inférieur. Lanfranc à son tour était pénétré de respect vis-à-vis d'un homme d'armes capable de renoncer, déjà mûr, à une brillante existence, et devenu par la vivacité de sa foi et son opiniâtreté au travail un sujet d'édification. Il y eut entre eux comme un partage d'attributions : l'un fut tout entier à la vie active, l'autre se voua sans réserve à la vie de contemplation.

Pendant trois ans Lanfranc vécut dans le silence de la retraite, mettant sa joie à être ignoré, priant peut-être plus encore qu'il ne lisait, se rappelant le vœu de la forêt et sa douleur quand il n'avait pas trouvé dans sa mémoire une seule formule de prière. Il s'appliqua surtout à anéantir sa volonté en la pliant à l'obéissance absolue : la règle disait : « Ne proprii quidem corporis potestatem se habiturum sciat. — Ambuletur alieno judicio et imperio » (2). C'était peu de se soumettre à cette obéissance en quelque sorte matérielle : il plia même son intelligence : il humilia son savoir devant des ignorants. Milon Crispin raconte une histoire curieuse : un jour, pendant le repas, il faisait une lecture : il prononça le mot *docere*, *docēre*. Le prieur qui était illettré l'arrêta et lui dit qu'il fallait prononcer *docĕre*. Lanfranc reprit et fit brève la syllabe longue, jugeant, dit Crispin, qu'il valait mieux sacrifier la prosodie que de manquer au vœu d'obéissance. Nous le voyons s'occupant des soins les plus matériels : un séculier ayant fait don à l'abbaye du

1. C'est par erreur que dans son *Hist. des Ducs de Normandie*, p. 225, M. Labutte laisse entendre que Lanfranc était *prêtre*, quand il se présenta au Bec. Le fait n'est signalé nulle part, et son ordination est postérieure à son entrée en religion.

2. *Regula*, ch. LVIII et V.

Bec d'une terre, Lanfranc y fut envoyé pour la travailler et y entretenir les constructions. Un jour, en revenant du couvent, il apportait un paquet attaché à la selle de son cheval, et marchait suivi d'un seul compagnon de route. Tout à coup on entendit en plein champ le miaulement d'un chat : Lanfranc surpris ne put le cacher plus longtemps : « Les rats et les souris, dit-il, nous importunent au plus haut point ; et j'apporte un chat pour mettre fin à leurs ravages » (1).

Cette vie de renoncement n'était pourtant pas sans amertume. La communauté de la vie du cloître devait souvent le mettre en contact avec des natures grossières. Même dès les premières années, il ne manquait pas au Bec de moines peu dignes de ce nom. C'était peu qu'ils fussent illettrés, mal instruits des choses de la religion ; Milon Crispin parle de leur tiédeur, de leur mollesse, de la dépravation de leurs mœurs, de leurs nombreuses infractions à la règle. Aux heures où le silence était rompu, leurs conversations malséantes rebutaient Lanfranc : ce n'étaient que propos futiles ou déshonnêtes (2). Quoique toute passion humaine dût expirer au seuil d'un couvent, la supériorité de Lanfranc, si déguisée qu'elle fût, irritait les moines ; ils étaient jaloux de son mérite et craignaient de le voir appelé bientôt aux dignités. Le nouveau venu n'hésiterait pas, on le devinait, à se faire l'instrument de la réforme monastique qui déjà s'annonçait en Normandie : ses mœurs, sa vie tout entière étaient une protestation et un exemple. Soit dégoût de l'esprit, soit blessures d'une âme délicate, soit effet d'une nature ardente toujours prête à se porter à l'excès, dans le désir comme dans le renoncement, Lanfranc ne tarda pas à trouver le cloître insuffisant. Il aspira vers la solitude et songea à quitter le couvent pour le désert. Afin de préparer son corps aux rigueurs nouvelles qu'il rêvait de lui infliger, il se faisait apporter chaque jour par le jardinier du couvent des chardons et des racines, et il en faisait son unique nourriture. La sollicitude miraculeuse de son abbé le retint dans le cloître. Une nuit, Herluin vit en songe un jeune enfant, Hugues, mort depuis peu et qu'il avait beaucoup aimé. Hugues lui annonça la résolution de Lanfranc. Le lendemain l'abbé

1. *Vita*, ch. II.
2. *Ibid.*

désespéré le prit à part, le supplia en pleurant de renoncer à son projet; vaincu par les larmes de son maître spirituel, le moine fit serment de ne pas s'éloigner : Herluin le nomma prieur.

En sa qualité de prieur, Lanfranc devint rapidement le personnage le plus important du couvent. C'est alors qu'il donna tous ses soins à la réforme des études et de l'enseignement, et qu'il fit de l'école du Bec le centre intellectuel le plus considérable de la Normandie et de la France.

« Il suffit d'avoir appris l'histoire pendant quelques mois, dit d'Achéry (1), pour savoir que c'était une coutume universellement répandue dans l'ordre de saint Benoît, d'ouvrir des écoles et d'élever les enfants dans l'étude des lettres. » Sans faire de l'ordre de saint Benoît le dispensateur providentiel de la science, il faut reconnaître que c'est lui qui, au moyen âge, a porté dans ses efforts pour la développer et la répandre le plus d'intelligence et le plus de suite. Bien avant le IXᵉ siècle, on avait établi des écoles dans les monastères et on avait confié aux moines le soin de les diriger. L'usage s'établit alors d'ouvrir dans chaque couvent de saint Benoît des écoles, confiées non à des séculiers, mais aux religieux que leur piété et leur science faisaient distinguer entre tous. Le programme des cours d'une école d'Angleterre, conservé dans l'appendice à Ingulf (2), nous permet de juger de ce que devait être l'enseignement en France : par un heureux rapprochement, il est dit dans le texte que ce programme est celui des études faites à Orléans (3). Nous pouvons donc nous regarder comme en présence d'un document français : c'est le programme d'une journée de travail au couvent de Cottenham, dans les environs de Cambridge. « Summo mane, frater Odo, grammaticus et satyricus illo tempore singularis, pueris et junioribus legebat grammaticam, juxtà Prisciani doctrinam... Ad horam verò primam, frater Terricus acutissimus sophista logicam Aristotelis, juxtà Porphyrii et Averrois Isagogas et commenta adolescentibus tradebat. — Ad horam verò tertiam, frater Willelmus rhetoricam Tullii Quintilianique flores

1. *Notes*, note 27.
2. V. d'Achéry, note 27.
3. Par *Orléans*, d'Achéry pense qu'il faut entendre le couvent de *Fleury-sur-Loire*, situé sur le territoire d'Orléans, et qui jouissait alors de la plus grande célébrité.

perorabat. Magister verò Gislebertus, omnibus Dominicis diebus et sanctorum festis, in diversis Ecclesiis verbum Dei ad populum prœdicans, rudis in anglicanâ linguâ, sed expeditus in latinâ et gallicanâ suâ, contrà Judaïcum errorem maxime disputabat : ferialibus autem diebus, litteratis et sacerdotibus ad ejus auditorium specialius confluentibus, ante sextam horam textum sacræ paginæ exponebat. » — La grammaire pour les enfants, la logique et la rhétorique pour les jeunes gens, l'étude des textes sacrés pour les prêtres et les « lettrés. » Tel était le plan des études. Il semble qu'il y eut dès lors un double enseignement, ou que du moins l'enseignement s'adressât à une double catégorie d'auditeurs : les moines du couvent, et les auditeurs venus du dehors, les séculiers qui accouraient à la voix d'un professeur renommé. Plus tard ce fut un principe de dédoubler ainsi les écoles des couvents ; et une réunion d'abbés tenue à Aix-la-Chapelle, sous Louis le Débonnaire, décida « que dans les monastères, il n'y aurait d'école que pour les oblats. » Seuls, les oblats, c'est-à-dire les enfants offerts à Dieu par leurs parents, élevés et nourris dans le cloître, eurent le droit d'assister aux leçons des religieux. Peut-être voulait-on préserver ces enfants voués au culte de tout contact avec les enfants du siècle ; mais cette prescription, en isolant les jeunes auditeurs du couvent, ne priva pas les enfants laïques de l'enseignement des moines : car peu à peu, dans chaque couvent, deux écoles s'ouvrirent l'une à côté de l'autre : l'une dite *Claustrale*, dans l'intérieur, au cœur même du couvent pour les enfants promis à la vie du cloître ; l'autre dite *Canonique* ou cléricale, pour les jeunes séculiers. Cette dernière était hors du couvent, dans un édifice adjacent ; mais l'une et l'autre étaient dirigées par les moines du couvent, et il n'y avait de différence que dans la discipline. Cette distinction devint bien vite de droit commun, et tous les couvents eurent leurs deux écoles indépendantes, rivales, mais d'une rivalité féconde en heureux résultats. Il faut se garder de confondre avec l'école extérieure du couvent l'école épiscopale, qui dépendait de la cathédrale. C'est à partir du règne de Charlemagne que les évêques sur son ordre, commencèrent à ouvrir près de leur cathédrale une école dont ils gardaient la direction exclusive (1). Sous

1. V. *Capitulaire de* 789.

Louis le Débonnaire, on voit l'usage devenir presque général, mais il semble que, dès le début du moins, l'enseignement fût moins complet dans ces écoles ; la comparaison est à l'avantage des écoles des couvents. Dans les premières on se proposait d'enseigner aux fils des hommes libres et des serfs la grammaire, la musique et l'arithmétique ; et le diplôme accordé, suivant Brücker (1), à l'école épiscopale d'Osnabrück, par Charlemagne lui-même, pour l'enseignement des lettres grecques et latines, est une pièce fausse, sans autorité (2). Mais cette infériorité, si elle fut jamais de droit, ne dura guère sans doute, et Launoy nous apprend, par des témoignages empruntés à des écrivains du temps, que même dans les écoles épiscopales, les arts libéraux étaient enseignés.

Après la réforme monastique dont l'ordre de Cluny avait donné le signal, un couvent ne pouvait prospérer que par l'éclat de l'enseignement distribué dans ses écoles. C'était pour lui un titre d'honneur, en même temps qu'une source de fortune : car les moines affluaient dans les monastères illustrés par la présence d'un professeur renommé ; les donations se multipliaient (3) ; la prospérité matérielle ne tardait pas à s'accroître, l'abbé devenant un personnage pouvait prétendre à tous les honneurs ; il exerçait dans la province une influence presque souveraine.

Il entrait dans le plan d'Herluin de donner à son abbaye ce complément indispensable; et il mettait au premier rang des devoirs du moine la nécessité de s'instruire (4). Il est aisé de se rendre compte de la joie avec laquelle il accueillit Lanfranc ; ce n'était

1. V. Brücker, III, p. 593.

2. *Diploma Caroli M. Imperatoris de scholis Osnabrugiensis Ecclesiæ.* Le défaut d'authenticité de cet acte a été démontré, par des raisons tirées en grande partie de sa rédaction même. V. un traité anonyme, attribué à Georgius Eccardus. (*Diploma Caroli...*, etc. A. I, 1717), en latin.

En 1719, Traité en allemand, confirmant les conclusions d'Eccardus. (*Durch einen Liebhaber der Wahrheit*). On a réuni en un fort vol. in-8 les opuscules relatifs à cette question ; ils concluent tous à la non authenticité du diplôme.

3. Interius religio atque eruditio multum accrescere, exterius rerum omnium necessariarum subministratio cœpit ad plenum abundare. (*Vita S. Herl.*)

4. Si quem inter fratres segnem, si quem sui ordinis ac studii litterarum negligentem, si quem in Ecclesiâ somnolentum deprehendebat, hunc omnino invisum habebat; semper inquiebat : « Homo litterarum et mandatorum Dei nescius, quid præstat? » *Ibid.*

pas une recrue ordinaire ; la science entrait au couvent avec lui, et avec la science, la piété mieux éclairée, la réputation, la prospérité.

Lanfranc ouvrit donc une école au Bec ; ou plutôt, selon toute vraisemblance, quoique les textes n'en disent rien, deux écoles : l'une privée, dans l'intérieur du couvent, l'autre publique. Il dut n'avoir d'abord à instruire que les enfants et les moines : car les enfants consacrés à Dieu ne manquaient pas, et leur éducation était un des soins les plus délicats du prieur. Il n'est pas sans intérêt de rechercher quel était le sort fait par la règle à ces jeunes hôtes : l'éducation donnée aux enfants doit servir à faire comprendre la discipline imposée aux hommes. On peut, grâce aux instructions que Lanfranc composa plus tard sous le titre de *Decreta pro ordine S. Benedicti*, se faire quelque idée de ce qu'était leur vie dans le cloître. Aucune des rigueurs de la vie monacale n'est épargnée à leur âge ; ils se lèvent à la même heure que les moines : aux premières clartés du jour, le frère *custode* sonne une petite cloche ; ils descendent à l'église avec leurs lanternes (1). De là, ils passent dans le cloître ; ils prennent place et lisent ou chantent les psaumes et les litanies. Ce sont toujours eux qui commencent, et il est défendu aux moines de lire ou de chanter avant eux. Vers la troisième heure, après les ablutions et la toilette, tout le couvent se rend à l'église ; les enfants entrent les derniers, mais les moines ne peuvent commencer les offices avant leur arrivée, et jusqu'à ce moment ils restent le corps courbé vers la terre. Après les offices, tous se rendent au chapitre, deux à deux, suivis des enfants. Au réfectoire, c'est le plus jeune d'entre eux qui récite le *Benedicite*. Lanfranc, dans ses instructions, ne les perd jamais de vue ; il semble qu'ils aient tenu dans l'économie générale du couvent une place plus considérable qu'on n'est généralement porté à le croire. Lanfranc entre dans le détail des soins les plus intimes (2) : dans l'ordre qu'il établit pour la célébration des offices de toute l'année, on trouve partout la place des enfants ; même dans les cérémonies qui se font l'hiver au milieu de la nuit : nous les voyons, pour les *matines de la Toussaint*, descendre au milieu de la nuit (si nimis profundà nocte surrexerint) dans la salle du chapitre,

1. Lire le chap. I, sect. I des *Decreta*.
2. Quum vero infantes loti fuerint et se pectinare incœperint (cap. 1, sect. I.)

prendre place en silence dans leur stalle et prier. Leur vie est aussi réglée que celle des moines : leur rang dans les processions, leur place dans le chœur selon la solennité du jour, tout est prévu et fixé.

On distinguait parmi ces enfants ceux qui étaient élevés au couvent, qui y passaient leur vie *(nutriti)*, et ceux qui n'y venaient que le jour, et sans doute rentraient le soir dans leurs familles *(de sæculo venientes)*. Ces derniers étaient, eux aussi, sous la surveillance de maîtres : le régime était le même pour les deux classes.

Quand ils étaient à l'école, nul ne pouvait y entrer que sur l'ordre ou avec la permission de l'abbé. La prescription était la même pour ce que nous pourrions appeler la salle d'étude : *locus custodiæ*. Il fallait la permission de l'abbé ou du prieur pour y entrer, pour s'y asseoir, pour faire un signe ou dire un mot à l'un des élèves. Encore fallait-il que le maître prît place entre l'élève et son interlocuteur, pour ne pas perdre un mot de la conversation. Tout était réglé dans cette vie des enfants, au matériel comme au moral ; ils devaient avoir une lanterne pour deux ; quand ils allaient trois, le troisième devait avoir aussi sa lanterne. Ils étaient toujours sous l'œil du maître et ne s'appartenaient pas un seul instant (1).

Les châtiments corporels ne manquaient pas ; mais seul l'abbé avait le droit de faire dépouiller les enfants de leurs habits et de les faire frapper. En son absence, le *Cantor* avait ce droit pour les fautes qui le regardaient ; enfin, le prieur, pour les infractions plus légères.

La vie des enfants était plus qu'une simple préparation à la vie monastique ; c'en était comme l'image fidèle (2). Eux aussi, ils avaient leur chapitre (3). Lorsqu'un moine de la communauté venait à mourir, les enfants ne tenaient pas leur chapitre. Quels

---

1. Ces prescriptions ne sont pas particulières au XIe siècle. On les retrouve, presque identiques, au début du Xe siècle (V. *Vita S. Odon.*).

2. Licet ipsa natura humana trahatur ad misericordiam in his ætatibus, senum videlicet et infantum, tamen et regulæ auctoritas eis prospiciat. (*Regula S. Ben.*, 37.)

3. *V. Decreta Lanf.*, cap. I, sect. I, cap. 21-23.

soins faisaient l'objet de ces réunions ? Peut-être la confession publique des infractions à la règle, les blâmes distribués aux tièdes,
aux indisciplinés, et plus que les blâmes, les châtiments corporels (1); les encouragements aux faibles, le règlement des
exercices. Les enfants étaient initiés de bonne heure à la vie
monastique; ils en suivaient les pratiques, ils en connaissaient
les austérités; séquestrés dans le cloître, ils s'habituaient à ne rien
voir en dehors des murs du couvent et à trouver leur idéal dans
une vie si bien disciplinée. Il ne faut pas s'étonner de la rigueur
d'un régime qui semblait ne rien laisser à leur initiative, d'une
surveillance à laquelle n'échappait aucun des actes de leur vie :
n'oublions pas que c'étaient de jeunes moines et non des écoliers
ordinaires; on faisait fléchir quelque peu la règle pour la leur appliquer (2); mais quelque douceur que l'on pût apporter dans cette
application, ce n'en était pas moins un sérieux apprentissage de la
vie religieuse.

Nous ne croyons pas abuser de nos droits en empruntant à un
traité écrit par Lanfranc, archevêque de Cantorbéry, quelques
traits qui nous permettent d'esquisser le tableau de la vie des enfants dans le cloître du Bec. Il est évident que s'il y eut des
différences, elles durent être insignifiantes, et on ne peut contester que le même esprit ait dû animer le prieur et l'écrivain à
trente années d'intervalle. Si l'on veut faire subir à ce système
d'éducation sans égal l'épreuve de la pratique, et voir ce que
cette discipline appliquée dans un siècle grossier, par des maîtres vulgaires, pouvait produire de fâcheux résultats, on peut en
juger par ce fragment de conversation de saint Anselme avec un
abbé de la fin du siècle. « Un jour, un abbé qui passait pour avoir
beaucoup de religion, parlait avec Anselme des choses de la vie
monastique, et entre autres des enfants élevés dans le cloître.

1. In capitulo suo vapulent, sicut majores in majori capitulo (*Decreta*, 21.)
Quoties pueri vel adolescentiores ætate aut qui minus intelligere possunt quanta vel qualis sit pœna excommunicationis, hi tales dum delinquunt,
aut jejuniis affligantur, aut acribus verberibus coerceantur, ut sanentur.
(*Regula*, cap. 30.)
2. Infantibus usque ad quintum decimum annum ætatis disciplinæ dili-
gentia adhibeatur, et custodia sit ab omnibus; sed et hoc cum omni men-
surâ et ratione. (*Regula*, 70.)

— Qu'en ferons-nous ? dit l'abbé. Ils sont mauvais et incorrigibles ; nuit et jour, nous ne cessons de les frapper; et ils deviennent chaque jour pires. — Eh quoi! reprit saint Anselme tout surpris : vous ne cessez de les frapper ? et une fois adultes, que sont-ils? — Ce sont des hébétés, de vraies brutes. — Beau résultat de l'éducation que vous leur donnez, si d'hommes qu'ils étaient vous en faites des brutes (1) ? » — On voudrait pouvoir affirmer que Lanfranc apporta quelque tempérament à l'application de la règle : son chroniqueur parle d'une discipline sévère et douce (2). C'était un caractère ferme, qui attendait plus de la persuasion que de la violence. Mais quelque intelligente bienveillance qu'on lui suppose, il dut toujours être bien éloigné de cette tendresse d'âme de saint Anselme : celui-ci, nature plus ardente et plus généreuse, aima les enfants, et se plut à voir en eux des âmes délicates qu'un rien peut froisser, que l'amour arrachera au mal plus sûrement que la rigueur. Une page empruntée au récit de la vie de saint Anselme peut servir de conclusion au résumé qui précède sur la discipline appliquée à l'enfance dans les couvents, comme elle eût mérité de servir de code au xi⁰ siècle et en tout temps : « Dites-moi, je vous prie, si vous cultivez une plante dans votre jardin et si vous l'enfermez de tous côtés, de telle façon qu'elle ne puisse projeter au loin ses rameaux dans aucune direction, quel arbre croyez-vous voir sortir de là? Assurément un arbre inutile, aux rameaux recourbés et noueux. Et à qui faudra-t-il s'en prendre? A vous-même, qui l'aurez resserré sans mesure. Vous ne faites pas autrement pour vos enfants : quand on les offre en qualité d'oblats, ils sont plantés dans le jardin de l'Église pour grandir et porter des fruits divins. Mais vous, par la crainte, par les menaces, par les coups, vous les contraignez de toutes parts, vous les resserrez, et vous ne leur laissez l'usage d'aucune liberté. Aussi n'ont-ils pour vous dans le cœur aucun amour, aucune tendresse, aucune bienveillance, aucune douceur; après la foi que vous leur communiquez, ils ne reçoivent de vous rien qui vaille quelque chose ; et ils s'imaginent que vous n'agissez à leur égard que par haine et envie. Aussi, qu'arrive-t-il ? (et c'est déplorable):

1. *Vie de saint Anselme*, par Eadmer. Ed. Gerberon. *Supplém.*, p. 8.
2. *Vita.* — O. Vital, II.

à mesure qu'ils grandissent, cette haine, cette défiance s'accrois-
sent ; ils se portent vers le vice, ils inclinent au mal. Tenez pour
certain que s'il y a pour les corps robustes et les corps frêles une
nourriture différente, il faut savoir aussi distribuer une nourriture
proportionnée à la force ou à la faiblesse des âmes. Celui qui est
encore faible et mal assuré dans le service de Dieu, a besoin d'un
lait bien léger, c'est-à-dire de la douceur, de la bienveillance, de
la miséricorde des autres, d'une exhortation donnée avec un sou-
rire, d'une charité qui sache supporter bien des choses... » (1)

Quant à la matière même de l'enseignement donné aux enfants,
c'était fort peu de chose : les éléments de la grammaire, de l'a-
rithmétique, surtout la musique et le chant. Le droit spécial donné
au *Cantor* de faire battre les enfants, indique assez l'importance
toute particulière de ce genre d'étude. Il n'est pas probable que
Lanfranc se soit attardé longtemps à cet enseignement. Ses fonctions de prieur lui faisaient un devoir de surveiller et de diriger
leurs travaux ; aucun texte ne nous dit qu'il ait été lui-même leur
magister. Quelle que fût l'importance de ces études qui préparaient
dans le couvent même la génération future, ce n'était guère là ce
qui pouvait porter au loin la réputation des maîtres. Il fallait
s'adresser à des hommes : il fallait un enseignement public. Il
fut créé par Lanfranc, qui, dès le premier jour, y parut professeur éminent.

La nouvelle École fut organisée sur le modèle de celles qui
existaient déjà. La division du savoir humain en sept branches
était depuis longtemps reconnue, et les deux mauvais vers latins
qui nous ont été conservés présentent, dans leurs syllabes tron-
quées le résumé des genres de connaissances alors en honneur :

GRAMM. loquitur, DIA. vera docet. RHET. verba colorat.
MUS. canit. AR. numerat. GEO. ponderat. AST. colit astra (2).

L'expression *septem artibus eruditus* se trouve plusieurs fois
dans les textes relatifs à Lanfranc. Cette division, alors de droit
commun, et dont il faut faire remonter l'origine à Marcianus

1. *Vita Anselmi.*
2. V. Brücker, III, p. 597.

Capella et à Cassiodore (1), avait déjà reçu le nom, destiné à une longue fortune, de Trivium et de Quadrivium : ces deux termes ne se trouvent peut-être pas deux fois dans les œuvres de Lanfranc (2) : ils ne sont même pas dans les ouvrages des écrivains qui se rapportent à son histoire : mais on les trouve dans Boèce (3) ; ils étaient employés selon toute vraisemblance au temps de Remy d'Auxerre.

La grammaire était au premier rang. Priscien régnait en maître dans les Écoles, et son livre *De VIII partibus et de constructionibus*, figure sur le catalogue qui nous est parvenu de la Bibliothèque du Bec au xiie siècle. On disait d'un lettré qu'il avait traversé l'immense océan de Priscien (4). C'est le seul des grammairiens de l'antiquité qui soit représenté sur cette liste : Donat, Aristarque et Didyme, qui étaient pourtant lus et étudiés dans les Écoles, n'y sont pas mentionnés. Il est vrai qu'*A lain des Isles* qui les cite écrivait un demi-siècle après (1114, 1203) et qu'au temps de Lanfranc leur autorité n'était peut-être pas aussi bien établie, ni les copies de leurs traités aussi répandues. L'étude de la grammaire était d'autant plus utile à cette époque, que la langue vulgaire s'établissant tous les jours de plus en plus, il fallait réagir dans les couvents contre la corruption de la langue latine qui en était la conséquence. Les barbarismes se multipliaient; dans les paroisses, les homélies en latin n'étaient plus comprises qu'avec peine. La grammaire était donc le point de départ de l'instruction : elle comprenait la lecture, l'écriture, cultivée alors avec tant de soin, l'orthographe, si précieuse pour la correction des manuscrits et là conservation des textes, l'étymologie des mots et les règles de la syntaxe.

Mais malgré l'importance incontestée de la grammaire, la rhétorique et la dialectique lui enlevaient trop souvent les professeurs les plus habiles. Lanfranc enseigna la grammaire, et il dut le faire

1. Marcianus Capella a laissé, sous le nom de *Satyricon*, un abrégé des sept arts libéraux. Cassiodore a écrit un ouvrage intitulé : « *De Septem disciplinis.* »

2. Le mot *Quadruvium* est employé par Lanfranc. (*Comment. sur les Ép. de saint Paul*, épit. I aux Corinth., ch. II, note 1.)

3. V. Hauréau. *De la Philosophie scolastique*, vol. I, ch. I.

4. « Immensum Prisciani..... pelagus ». — Bibl. Clun., col. 18, à propos de saint Odon.

avec le plus grand zèle. Son esprit critique attachait trop de prix à la correction des textes pour ne pas se préparer des disciples. On sait qu'une de ses occupations favorites était de revoir et de corriger des manuscrits. Ce n'est pourtant pas comme grammairien qu'il devint célèbre, et sa réputation d'orateur et de dialecticien fit oublier, même de son temps, ses mérites dans ce genre. La rhétorique ne se bornait pas aux préceptes de l'art de bien dire; elle comprenait bien plus que de nos jours, et bien des arts aujourd'hui émancipés, la poésie, l'histoire, l'art épistolaire, la traduction étaient de son domaine : c'était l'art de bien dire en prose, comme en vers, et sur un nombre de sujets très-variés : la théologie et les sciences exceptées. Cicéron et Quintilien dominaient alors dans les écoles : leurs traités figuraient dans les bibliothèques des couvents (1). Quintilien et Sénèque occupaient aussi un rang distingué parmi les ouvrages qui formaient la base de l'instruction.

Les poëtes ne sont guère représentés, en dehors des œuvres de Claudien, d'Ovide, de Virgile.

L'histoire, surtout l'histoire ecclésiastique, nécessaire pour les controverses religieuses et l'établissement du dogme, était pour Lanfranc l'objet d'études particulières : on sait qu'il écrivit lui-même une Histoire ecclésiastique et une Vie de Guillaume le Conquérant : ni l'une ni l'autre ne nous sont parvenues : elles ne figurent même pas sur le catalogue du Bec au xie siècle. Le livre *De Corpore* y est seul mentionné. Le plus singulier mélange se fait remarquer dans les ouvrages d'histoire : profanes et religieux sont étudiés pêle-mêle : César et P. Orose, Suétone et Eusèbe de Césarée, Velleius et Grégoire de Tours; sans compter quelques ouvrages spéciaux et d'une utilité contestable pour des moines, tels que le *De re militari* de Végèce.

1. Il faut remarquer cependant une chose : le xiie siècle nous a laissé cinq catalogues de bibliothèques : la bibliothèque de la cathédrale de Rouen, celle des couvents du Bec, de Saint-Evroul, de Fécamp et de Lire. Dans les catalogues de Fécamp, de Lire et de Saint-Evroul, aucun de ces ouvrages profanes n'est mentionné : ce ne sont que livres de théologie. C'est à peine si on y trouve un livre de Virgile. Il semble permis de supposer que nulle part les études profanes ne furent plus en honneur qu'au Bec. C'est en effet dans le seul catalogue du Bec que l'on trouve une part très-considérable faite aux lettres anciennes et aux auteurs que la religion ne sauvait pas du dédain. Peut-être faut-il voir là une trace de l'influence de Lanfranc.

On voit par ce simple résumé de combien de parties se composait la rhétorique du moyen âge, ce qu'elle exigeait d'aptitudes variées, d'études, ce qu'elle promettait de réputation à ceux qui s'y livraient avec succès. L'enseignement de la rhétorique était à lui seul tout un monde; par son utilité, par l'éclat avec lequel il était souvent donné, c'était, avec la dialectique, celui qui attirait le plus grand concours d'étudiants; on s'exerçait à l'art de bien dire, on y trouvait cette abondance, cette élégance de la parole sans laquelle il n'y a pas d'orateur : on enrichissait son esprit de souvenirs empruntés à l'histoire de tous les temps et de tous les peuples : c'était comme le *fiat lux* de l'intelligence.

Mais tout cela n'était qu'une préparation à la dialectique, dont il ne faut pas séparer la théologie. A une époque où tout avait la religion pour fin, toute étude profane avait besoin d'être en quelque sorte justifiée par l'intimité de ses rapports avec les études sacrées. La rhétorique préparait à la dialectique, et la dialectique venait en aide à la théologie.

Il n'est plus à prouver aujourd'hui que par dialectique il faut entendre la philosophie, telle qu'on l'avait reçue des commentateurs latins d'Aristote, réduite presque à une seule de ses formes, la logique. L'œuvre des grands philosophes grecs n'était pas parvenue jusqu'aux chercheurs du ixe, du xe et du xie siècle. Ils ne l'avaient entrevue qu'à travers les commentaires de Porphyre, de Marcianus Capella, de Cassiodore, de Boèce. C'est sur ce maigre fonds que plusieurs siècles vécurent; c'est là tout ce que l'antiquité, si féconde, fournit d'éléments, même aux esprits qui s'essayaient déjà comme Scot et Raban Maur à chercher une philosophie plus complète en dehors de ces cadres étroits. Aristote et Platon étaient à peu près inconnus dans le texte original. On n'avait du second qu'une traduction latine du *Timée;* le philosophe de Stagire était connu seulement par la traduction que Boèce avait donnée de ses traités de dialectique (1), et pendant les siècles qui s'étendent d'Alcuin à Abélard, c'est presque uniquement comme logicien qu'il est loué. — Il n'est pas de notre sujet d'exposer et de juger le mouvement philosophique des esprits pendant cette période plus

---

1. V. *Recherches critiques sur l'âge et l'origine des traductions latines d'Aristote,* par A. Jourdain.

confuse peut-être que stérile : nous y sommes d'autant moins invité que si Lanfranc enseigna la dialectique, il ne saurait en aucune façon passer pour un philosophe. Sans doute il connut tous les secrets de l'art de raisonner que l'on étudiait et que l'on aimait à mettre en pratique de son temps; et on a pu dire de lui que personne n'eut au xi⁰ siècle une plus grande renommée comme dialecticien (1). Mais entre Scot et saint Anselme, dans la société des esprits originaux qui ont présenté au monde une idée nouvelle ou rajeuni une idée déjà vieille de plusieurs siècles, il n'y a pas place pour lui. C'est en vain qu'on chercherait dans ses œuvres les traces d'un enseignement philosophique vraiment personnel : dans ce qui nous est parvenu de lui, rien ne s'y rapporte; rien non plus, dans ce qui s'est perdu. Il ne faut donc pas hésiter à l'enfermer dans la pure dialectique et à ne voir en lui qu'un logicien. Il nous sera donné de juger ses mérites et de le voir à l'œuvre, quand il défendra contre Bérenger l'autorité du dogme; nous pourrons alors nous convaincre que la dialectique, telle qu'il semble l'avoir entendue et pratiquée, était bien à sa place dans le *Trivium;* art, instrument, elle ne s'éleva jamais à la dignité de science maîtresse (2).

C'est la théologie qui fournissait la matière de ces disputes savantes que la dialectique dirigeait. Sans parler de son caractère sacré, qui lui assurait aux yeux de tous le premier rang, la théologie avait sur les autres sciences un avantage; les instruments d'étude étaient moins imparfaits pour elle que pour toute autre. Les manuscrits de théologie étaient plus nombreux que les copies d'ouvrages profanes et dans les bibliothèques ils occupaient la plus large part. Saint Augustin, saint Grégoire, Origène, saint Ambroise, saint Jérôme, Bède le Vénérable, saint Athanase, Tertullien, Eusèbe, Raban Maur, tels étaient les principaux auteurs et

---

1. Unum in Franciâ comperi, Lanfrancum nomine, anteà maximè valentem in Dialecticâ, nunc se ad Ecclesiastica contulisse studia, atque in Epistolis Pauli et Psalterio multorum exacuisse ingenia.

Willeramus. Præfatio in *Cantica Canticorum,* cité par Fabricius. Bibl. lat., art. : Lanfrancus.

2. Willeram de Bamberg, dans le passage cité plus haut, félicite Lanfranc d'avoir renoncé à l'enseignement de la dialectique, et de s'être attaché exclusivement dans ses leçons à l'explication des livres saints.

D. Martène. *Vet. script. coll.,* t. I, p. 507.

comme les classiques de la théologie à cette époque. Sous la direction de Lanfranc, l'étude des textes remonta même plus haut, et les saintes Écritures, les Actes des Apôtres, les Épîtres de saint Paul particulièrement, furent l'objet de travaux particuliers. Lanfranc nous a même laissé un volumineux commentaire sur les lettres de saint Paul, qui mérite par son importance un examen particulier. Peut-il nous permettre de nous faire une idée du professeur et du penseur? On en jugera.

C'est de tous les ouvrages de Lanfranc le plus considérable. Dans son édition de ses œuvres, d'Achéry le place en tête « *propter operis dignitatem.* » De son temps et après lui, les éloges les plus complets ne lui firent pas défaut et l'admiration unanime consacra la valeur du livre. Nous n'en sommes pas réduits ici à recevoir et à enregistrer des jugements tout faits et des éloges que depuis huit siècles les générations se transmettent : nous sommes en face d'une œuvre.

Pris en lui-même, et si on ne tient pas compte des convenances du genre, l'ouvrage n'a qu'une médiocre valeur. Les dix lettres de saint Paul sont étudiées et annotées : après une courte préface où l'auteur rend raison du nombre des lettres de l'apôtre et s'efforce d'établir l'authenticité contestée de l'une d'elles, il passe au détail. Chaque lettre est précédée d'un avant-propos, dans lequel Lanfranc fait connaître soit le peuple, soit le personnage auquel saint Paul adresse ses conseils. Ces avant-propos sont courts et simples : « Les Corinthiens sont des Grecs ; eux aussi, ils avaient entendu de la bouche de l'apôtre la parole de vérité ; ils furent détournés par de faux apôtres... saint Paul les ramène à la véritable foi. — Les Éphésiens sont des Asiatiques. Après avoir reçu la parole de la vérité, ils persistent dans la foi. L'apôtre les félicite ; il leur écrit de Rome, de sa prison, par l'entremise du diacre Tychicus. » — Le commentaire est en partie double : l'une est intercalée dans le texte même ; et il est impossible de lire l'apôtre sans recevoir les éclaircissements multipliés à chaque ligne ; l'autre, sous forme de notes, suit pas à pas le texte, et ne laisse passer aucun terme obscur sans l'expliquer, aucune phrase d'un sens douteux sans le préciser. A ses notes personnelles Lanfranc a joint les notes nombreuses et développées prises dans les ouvrages de saint Augustin et dans les commentaires de saint Ambroise, ouvrage aujourd'hui perdu, mais que Lanfranc possédait et consultait évidemment. A part deux ou trois citations de saint Jérôme et de saint Grégoire le Grand, saint Augustin et saint Ambroise sont les seuls auteurs qui figurent dans le commentaire. Quel est le caractère des notes de Lanfranc ? Leur simplicité. Il ne mêle pas sa voix à celle de l'apôtre pour donner un avis personnel sur les graves questions qui font l'objet des épîtres : c'est assez pour lui de rendre aisée l'intelligence du texte. Quelques exemples feront mieux saisir le caractère propre de ce travail.

Toutes les fois que le langage de l'apôtre présente une obscurité, elle est dissipée par une note qui nous semble aujourd'hui convenir plutôt à des écoliers qu'à des hommes. Dans la première épître, cette phrase dont l'intelligence est assez facile : « *Nolo autem vos ignorare, fratres, quia sæpe proposui venire ad vos (et prohibitus sum usque adhuc) ut aliquem fructum habeam et in vobis,* » est suivie du commentaire suivant : « Je suis empêché : c'est comme s'il voulait dire : vous demandez à Dieu de venir à vous ; vous désirez sans relâche qu'il vienne à vous : pourquoi ne venez-vous pas? Je n'ai pu venir jusqu'à ce jour, » répond-il (1). Le commentaire affecte cette forme qui sent l'enseignement fait devant des esprits encore peu ouverts : il faut tout dire, tout expliquer. Les éclaircissements historiques fournis çà et là ont le même caractère : « C'était la coutume des Romains de l'ancien temps d'adorer des idoles de forme humaine, tels que Romulus, Jupiter et un nombre incalculable d'autres, surtout depuis l'arrivée d'Énée en Italie ; après qu'Auguste eut soumis Alexandrie au joug de Rome, ce fut le tour des oiseaux, des serpents, des quadrupèdes (2). » Ailleurs, le commentaire est encore plus court et plus littéral : c'est un mot qu'il faut expliquer ; comme aujourd'hui on met une note au bas d'un classique : le chapitre VI de la lettre première abonde en exemples de cette nature. Si le raisonnement de l'apôtre présente quelque embarras, si la suppression de quelque idée intermédiaire peut jeter quelque confusion, le raisonnement est rétabli dans

1. *Epist.* I, cap. I.
2. *Epist.* I, cap. I

son entier développement, et avec tout l'appareil logique de l'École. Nous n'hésitons pas à le déclarer : il n'y a pas dans tout le cours de l'ouvrage une idée nouvelle, une interprétation ingénieuse qui mérite d'être retenue. Quiconque aura le courage de lire jusqu'au bout ces consciencieuses observations, souscrira à ce jugement. Ce n'est pas que les occasions aient manqué au commentateur de se livrer lui-même, dans une digression que l'importance de certains sujets eût justifiée. Dans l'épître aux Romains, dans la seconde aux Corinthiens, il est en présence du problème théologique de la grâce et de la liberté ; il passe sans l'effleurer. Ailleurs, dans la première aux Corinthiens, cette question de discipline si grosse en conséquences, le mariage ou le célibat des gens qui se consacrent à Dieu ; cette question plus générale encore, le mariage ou la virginité et leur dignité réciproque n'arrêtent pas l'annotateur. Est-ce parti pris ou insuffisance ? Que devons-nous conclure, pour ou contre Lanfranc, de l'examen de cette œuvre ?

Nous maintenons le jugement porté plus haut. On aurait tort de chercher dans les commentaires de saint Paul un ouvrage de théologie : la théologie de Lanfranc, s'il en est une qu'il marqua de son caractère propre, ce n'est pas dans cet écrit qu'on peut espérer la trouver. Un autre de ses ouvrages permettra peut-être de juger ce qu'il fut comme théologien, de distinguer sa manière propre d'exposer et de défendre le dogme. Mais chercher dans ces notes les éléments d'une doctrine, c'est demander à leur auteur plus qu'il n'a voulu donner. Manuel d'écoliers ou d'étudiants, Lanfranc n'a songé en le composant qu'à la portée des esprits pour lesquels il était fait : destiné sans doute à préciser et à fixer le commentaire oral du professeur, il devait en reproduire les qualités, et aussi, à certains égards, l'inévitable sécheresse. Quand nous voyons à quelle naïveté d'explications l'auteur est parfois forcé de descendre, nous pouvons juger de l'état de ces esprits, encore incapables de supporter un enseignement plus sérieux ; c'est un auditoire qu'il faut tenir à la lisière. Cette aridité qui nous rebute et cette puérilité qui nous surprend passaient inaperçues aux yeux de lecteurs qui cherchaient seulement dans ces notes un secours nécessaire pour l'intelligence d'un texte : c'étaient même autant de qualités. Il était d'ailleurs dans les convenances de ce genre d'ouvrages qu'ils fussent écrits avec la plus grande sobriété ; λακωνικῶς, dit d'Achéry. On estimait que la méditation devait être le plus utile des commentaires ; qu'en fait de *glossulæ* il fallait se borner à l'indispensable, et que le silence de la cellule était aussi fécond, pour qui savait le consulter, que les brillants développements de la chaire.

Lanfranc n'a donc voulu écrire qu'un livre utile ; il a fait un instrument de travail. Ce point admis, il mérite d'être mieux traité par la critique de nos jours. Les qualités de précision, de simplicité, de clarté dont il fait preuve sont celles qu'on aime le mieux à signaler dans un ouvrage de cette sorte ; en chercher d'autres, serait une méprise, et reprocher à l'auteur de ne pas en avoir montré de plus originales, une injustice.

A ces titres divers faut-il ajouter celui de jurisconsulte ? La question mérite d'être posée. Sans doute il faut reconnaître avec Eichhorn (1) que dans la seconde moitié du xi° siècle, en France surtout, les grandes écoles commencèrent à s'enrichir d'enseignements nouveaux : la jurisprudence et la médecine. On ne saurait contester, comme le veut l'érudit Wenck (2), que Lanfranc ait pu enseigner le droit au Bec ; mais l'affirmer, comme le veut ce même auteur, nous paraît excessif. Sur cette question, nous sommes réduits au doute ; les textes contemporains ne nous fournissent aucune donnée précise ; on n'y trouve même aucun passage qui permette d'appuyer une conjecture. Il est parfaitement établi que le célèbre *magister Vacarius,* le premier professeur de droit romain en Angleterre, à Oxford, ne put pas être au Bec l'élève de Lanfranc ; Vacarius mourut en 1180 et Lanfranc cessa son enseignement vers 1063. Il n'est même pas exact, comme le veut l'érudit Grupen (3), que Vacarius soit sorti de l'école du Bec. Vacarius, Lombard d'origine, comme Lanfranc, fut l'élève d'Irnerius à Bologne. Tout argument tiré de l'œuvre de Vacarius doit donc être écarté. Nous restons en présence d'un fait possible, sinon probable (4) ; il y aurait autant d'inconsé-

1. Eichhorn. *Deutsche Staats und Rechtsgeschichte. 2e Abtheilung.*

2. Wenck. *Magister Vacarius,* p. 20, nota *d.* Leipzig, 1820.

3. Grupenius. *Observat. rerum et antiq. Germ. et Rom.,* p. 290 et seq.

4. Voir dans la *Nouvelle Revue historique de Droit français et étranger,* janv.-fév. 1877, un article de M. Alph. Rivier, prof. à l'Université de

quence à le nier sans motif qu'à l'affirmer sans preuves. Lanfranc enseigna peut-être le droit au Bec : même dans cette hypothèse, ce ne fut qu'une partie secondaire de son œuvre ; on ne saurait expliquer autrement le silence de tous les auteurs sur un fait nouveau, et l'absence presque complète des traces que les efforts d'un maître renommé eussent laissées en Normandie.

C'est en vain que nous chercherions à reconstituer l'enseignement de Lanfranc : comme il arrive toujours d'un professeur, même incomparable, quand il n'a rien écrit, ou que sa parole n'a pas été recueillie, nous sommes réduits à consulter des témoignages. Rien n'est plus froid et n'inspire moins de confiance au premier abord que ces témoignages sans contrôle ; cette admiration que nous accordons comme par grâce, pour continuer l'admiration des siècles antérieurs, a quelque chose de languissant. On aimerait à faire revivre ce professeur dont le nom remplit un demi-siècle, à le voir tel que les contemporains le virent. Faut-il se le figurer orateur entraînant ou causeur disert? Avait-il cette chaleur communicative qui pénètre et anime tout, ou cette grâce insinuante à laquelle tout finit par céder ? Le mot *facundus* lui est appliqué, mais une ou deux fois seulement : nous aimons mieux nous le représenter maître de ses auditeurs par le charme d'une parole élégante, claire, précise, les éclairant, ne les entraînant jamais. Nulle part, dans ses écrits, dans ses lettres, on n'est remué par un accent de profonde émotion : c'est l'esprit seul qui se montre, le cœur rarement; il ne semble pas que sa bienveillance soit jamais allée jusqu'à la vraie bonté. Les auteurs qui parlent de lui vantent surtout la *finesse* (1), la *subtilité* (2) de son esprit, son érudition, son talent dans la discussion, la variété de ses connaissances. Ainsi, l'élégance de sa parole, la netteté et la finesse de son esprit, un certain tour enjoué qui lui a valu à plusieurs reprises l'épithète de *facetus*, quelque chose de retors (3) qu'il tenait du Lombard, telles furent les causes de son succès; il faut ajouter que de son

Bruxelles, sur : *la Science du Droit dans la première partie du moyen âge.* L'auteur ne conclut pas.

    1. *Acumen.* V. Guil. de Malmesb. *De Gest. Pont. Angl.*, I.

    2. *Vita*, 15.

    3. In utrâque nodos quæstionum solvere potentissimus erat. (O. Vital, IV, 6.)

temps peu d'hommes passèrent pour posséder plus complétement et pour s'être mieux assimilé les connaissances de toute sorte. Un passage d'O. Vital, malgré sa bizarrerie, vaut la peine d'être cité; il nous montre quelle était l'opinion des contemporains : « Pour connaître tout le génie admirable et le talent de Lanfranc, il faudrait être Hérodien dans la grammaire, Aristote dans la dialectique, Cicéron dans la rhétorique, Augustin et Jérôme, et quelques autres docteurs de la foi et de la grâce, dans les saintes Écritures. Lorsque Athènes était florissante et se faisait remarquer par l'excellence de ses institutions, elle eût honoré Lanfranc en tout genre d'éloquence et de discipline, et elle eût désiré s'instruire en recevant ses sages préceptes. »

Depuis la mort de *Fulbert* (1029), qui avait préparé à Chartres toute une génération de scolastiques et de théologiens, et qui avait été au commencement du siècle la lumière de la Gaule, aucun maître n'avait été jugé digne d'être comparé au savant évêque. Lanfranc recueillit sa succession. Ce qu'étaient les écoles de Normandie avant l'enseignement du Bec, un mot de Guillaume de Malmesbury suffit à le montrer : « Quum utique scolares inflatis buccis dialecticam ructarent (1). » Quelques années après, tout avait changé de face. L'école publique du Bec devint rapidement le rendez-vous de tous les étudiants distingués de la Normandie et de la chrétienté tout entière : « La renommée de l'habileté du professeur se répandit dans toute l'Europe, si bien que pour recevoir ses leçons un grand nombre d'auditeurs accoururent de France, de Gascogne, de Bretagne, de Flandre même (2). » Suivant l'auteur déjà cité plus haut, la réputation de Lanfranc « dépassa même les extrêmes limites du pays où le latin se parle (3). »

Dans le principe, les clercs seuls accouraient au Bec; mais, peu à peu, le mouvement devint général : « On voyait arriver en foule et comme à l'envi de nombreux séculiers, des gens lettrés et autres, désireux de courber leurs têtes sous le joug si léger du Seigneur et de se soumettre humblement à l'obéissance de la vie monastique. » Le couvent ne tarda pas à devenir insuffisant : « Il arriva alors ce que le Seigneur annonce par la bouche d'Isaïe, son prophète : « Ce

1. *De Gest. Pont.*, 2.
2. O. Vital, IV, 6.
3. « Exivit fama ejus remotissimas Latinitatis plagas ». G. de Malmesb.

« lieu est devenu trop étroit pour moi, agrandissez-le pour que je
« puisse y habiter (1). » Il fallait construire de nouveaux bâtiments;
mais Herluin devenait vieux; il reculait devant les embarras et les
fatigues d'une nouvelle installation; peut-être aussi avait-il attaché
son cœur à ce coin du monde où il avait vu se réaliser magnifiquement ses pieuses espérances. Un hasard, un miracle vint en aide
à ceux qui réclamaient des constructions nouvelles : l'aile droite
du presbytère, où se trouvaient l'oratoire et l'autel de saint Benoît,
s'écroula. Lanfranc reprochait à l'emplacement du couvent d'être
insalubre; situé dans un bas-fond, au confluent de deux cours
d'eau, il était souvent envahi par les ruisseaux débordés. Herluin
se rendit alors aux pressants conseils de son prieur, chercha un
emplacement plus commode et construisit un nouveau couvent.
C'était la troisième fois que l'emplacement du monastère était
changé; on fit le nouvel édifice sur un plan grandiose (2), mais les
dépenses furent aisément couvertes. Les cours de l'école publique
de Lanfranc étaient gratuits : quiconque se présentait pouvait y
assister. C'est à Orléans que pour la première fois un élève de
Fulbert, Engelbert, fit payer ses leçons (3). Mais, si le maître
n'exigeait pas de rétribution, il acceptait les libéralités des étudiants. L'argent ainsi obtenu était remis à l'abbé; il passait de là
aux ouvriers (4). Ce n'était pas chose nouvelle, et dans les mœurs
du temps ces libéralités étaient si ordinaires qu'il était malaisé
pour les séculiers de s'y soustraire. G. de Malmesbury laisse
même entendre que l'école publique où Lanfranc professa la dialectique ne dut son existence qu'à la nécessité de songer aux
intérêts matériels du couvent et de mettre un terme au dénûment
des religieux (5). Mais du jour où clercs et fils de nobles, professeurs déjà renommés et laïques puissants et de haut lignage (6) se
rendirent en foule au Bec et se pressèrent autour de la chaire de
Lanfranc, tout changea d'aspect. Les donations se multipliaient :

1. *Vita*, IV.
2. Opus pergrande. (*Vita*, 4.)
3. *Hist. littér.*, vol. VII. Introd.
4. Ea abbati conferebat, abbas operariis dabat. (*Vita*, 4.)
5. Publicas scholas de Dialecticâ professus est, ut egestatem monasterii
scolarum liberalitate temperaret. — Guil. de Malmesb., I.
6. Accurrunt clerici, ducum filii nominatissimi, scolarum latinitatis magistri, laïci potentes altâ nobilitate. *Vita Herl*.

terres, maisons, argent, le couvent recevait tout ; ses possessions s'étendaient sans cesse, et ces asiles devenaient rapidement des centres de richesses considérables. Ce n'était pas encore le moment où les progrès de la fortune allaient énerver les caractères et corrompre les mœurs : on est trop près de l'âge héroïque du monastère, et jusqu'alors la science, la piété, la richesse même se développent parallèlement sans se porter mutuellement atteinte (1). Ainsi se trouvait vérifié le songe d'Herluin. Le saint abbé avait vu jaillir une source au fond de la vallée où se trouvait le couvent; les eaux s'étaient rapidement élevées jusqu'au sommet de la montagne, et de là elles s'étaient répandues à larges flots sur les plaines environnantes (2).

L'enseignement de Lanfranc porta les fruits qu'on devait en attendre. Il prépara une forte génération de moines, d'évêques, de professeurs qui furent l'honneur de la fin du xie siècle. Au premier rang se place le pape Alexandre II, qui occupa pendant douze ans le siège pontifical et fut le prédécesseur de Grégoire VII.

On cite aussi parmi les disciples de Lanfranc Guillaume, surnommé *Bonne-Ame.* C'était un de ces nobles qui donnaient tout à coup l'exemple de la conversion et fuyaient le monde. Il prit l'habit à Caen; il étudia au Bec, y devint prieur, puis abbé; plus tard, il fut appelé au siége de Rouen, et conserva cette dignité jusqu'à sa mort (3).

Le célèbre Guitmond d'Aversa, qui devait tenir au roi Guillaume un si rude langage, ne parut pas en cette occasion l'élève de Lanfranc : c'est pourtant au Bec qu'il avait appris la dialectique et les arts libéraux. Autour de cette même chaire étaient venus s'asseoir le grand Anselme et Théobald, l'un et l'autre plus tard archevêques de Cantorbéry ; le premier, plus célèbre encore pour avoir fait oublier son maître que pour lui avoir succédé sur le siége primatial de l'Angleterre. Il faut citer encore Yves, évêque de Chartres; Hernoste et Gondulfe, évêques de Rochester ; Foulques, évêque de Beauvais ; Richard et Geoffroy, évêques d'Évreux ;

1. Interius religio atque eruditio multum accrescere, exterius rerum omnium necessariarum subministratio cœpit ad plenum abundare. (*Vita Herl.*)
2. *Vita Herl.*
3. *Vita,* 4. — *Gallia christ.,* XI.

Turold, évêque de Bayeux; Gilbert Crispin, abbé de Westminster, qui a raconté la vie d'Herluin ; Paul, abbé de Saint-Albans, le neveu et peut-être le fils de Lanfranc (1); Michel et Vincent, abbés de Préaux; Roger et Geoffroy, abbés de Jumiéges; Bernard et Robert du Mont, abbés du Mont Saint-Michel; Robert le Telier, abbé de Saint-Evroul. Nous ne citons que les plus célèbres, ceux dont les noms nous ont été conservés en souvenir de leurs dignités, ou que l'intérêt de leurs écrits a sauvés de l'oubli.

Si nous en croyons le *Chronicon Beccense*, qui place l'arrivée de Lanfranc au Bec en 1042, son enseignement dut commencer vers 1045, réserve faite des trois années consacrées au recueillement et à la solitude. Il se continue sans interruption jusqu'en 1063 ou 1066. Pendant ces vingt années, l'influence exercée par le professeur fut souveraine. Les honneurs allèrent le chercher dans sa retraite, les dignités les plus hautes lui furent offertes. « Un grand nombre d'églises réclamèrent avec un zèle incroyable Lanfranc pour leur abbé ou leur pontife; Rome même, la capitale du monde chrétien, le sollicita par des lettres nombreuses et s'efforça de le retenir par des prières et même par la force (2). Vers 1060, le pape Nicolas II écrivit à Lanfranc une lettre dont le texte nous est parvenu (3). Il exprime dans les termes les plus flatteurs le regret que la cour de Rome soit privée du secours de ses lumières, et il envoie auprès de lui quelques chapelains de l'empereur et du Saint-Siége qu'il veut faire instruire dans la rhétorique et la dialectique; ces « fils préférés » du souverain pontife sont recommandés aux soins du professeur. Rome eût voulu pouvoir se glorifier de cet enseignement; mais Lanfranc ne consentit pas à quitter le Bec; sans doute rien ne lui était plus cher que la direction de cette puissante école dont il était le créateur. Un maître se sépare difficilement de ses élèves, surtout quand ses élèves sont des hommes, et qu'ils ont gardé dans l'âge mûr tout l'enthousiasme de la jeunesse.

D'ailleurs, quelle tâche plus importante pouvait être proposée à l'activité d'un homme? Enseigner n'était pour Lanfranc que la moitié de son rôle : mais préparer les instruments d'étude, sur-

1. Ut quidam autumant, filium. *M. Paris.*
2. O. Vital, IV, 6. Et precatu retinere conata est et vi.
3. *Patrologie Latine.* Vol. 143. — Jaffé, *Regesta Pontif.* Ad ann. 1059-61.

veiller la copie des manuscrits, former de bons copistes, corriger les textes ; faire en un mot le triple office du philologue, de l'imprimeur, du professeur, telle fut pendant près de vingt ans l'œuvre de Lanfranc : et de ces trois parties, les deux premières, en apparence les plus modestes, n'étaient pas les moins importantes.

Il employait tous ses loisirs à lire les textes (1), et comme l'ignorance des siècles précédents avait laissé introduire dans les manuscrits des ouvrages de religion de nombreuses et grossières erreurs, il prit à cœur de les rétablir dans leur sincérité. Il ne négligea même pas les ouvrages ordinaires de direction, ceux qui étaient dans les mains de tous, et d'un usage journalier, les missels, les lectionnaires. Cette recherche constante de ce qui doit profiter à tous semble avoir été un des traits de son caractère ; nous l'avons déjà constaté, à propos de ses commentaires ; nous en sommes frappé ici. Ce travail de correction s'appliquait surtout aux ouvrages de théologie ; au xviiᵉ siècle on conservait encore à la Bibliothèque du couvent des Bénédictins de Saint-Martin de Séez un manuscrit des *Collations* de Cassien, corrigé par Lanfranc ; en tête de la dernière page on lisait : *Huc usque ego correxi,* et au-dessus, d'une autre écriture : LANFRANCUS. — M. Ravaisson a retrouvé ce manuscrit à la bibliothèque d'Alençon où il est conservé (2). C'est au Bec que Lanfranc commença ces travaux d'un ordre particulier, qui montrent tout ce qu'il y avait de besoin

1. Lectioni erat assiduus. *Vita,* 15.

2. F. Ravaisson. *Rapport au ministre sur les Biblioth. de l'Ouest,* p. 259.

Ce manuscrit figure sur le catalogue des manuscrits de la Bibliothèque de la ville d'Alençon, sous le numéro 136. C'est un vol. in-fol. relié en bois, recouvert d'une basane gaufrée, et portant la trace de fermoirs. Il est d'une écriture du xiiᵉ siècle : sa conservation est parfaite. Il comprend 142 feuillets en parchemin — dont un feuillet blanc, le 22ᵉ, entre la 2ᵉ et la 3ᵉ Collation, — sans compter le feuillet du titre.

Au dernier feuillet (le 142ᵉ) verso, à la marge, en haut, à gauche, on lit :

LANFRANCUS

Huc usque correxi.

Ces deux lignes sont du même genre d'écriture que le manuscrit : le mot *Lanfrancus* paraît avoir été superposé après coup. Il est d'une encre plus pâle que la ligne suivante.

Nous devons ces renseignements précis à l'obligeance de M. Cyprien Alexandre, bibliothécaire de la ville d'Alençon.

de précision et de critique dans cet esprit du XIe siècle. Par là peut-être il fut vraiment original ; et il a mérité d'être remis en lumière à une époque de critique et de méthode scientifique. Il continua son œuvre à Caen et à Cantorbéry, longtemps après s'être soustrait aux fatigues de l'enseignement ; et Mathieu Paris a pu dire : « Il résolut de corriger les livres de l'Ancien et du Nouveau Testament, dont le texte était altéré ; l'Église d'Angleterre comme l'Église de France peut se féliciter d'avoir reçu, grâce à ses corrections, une lumière nouvelle (1). » Milon Crispin lui rend le même témoignage. Quant au reproche d'avoir falsifié à dessein certains textes dans une pensée de conquête, pour mieux affermir la domination normande, il ne lui fut jamais adressé, même par ceux de ses contemporains dont la haine se fût accommodée d'une accusation fausse. Nous retrouverons en son lieu cette question ; mais la sincérité de ses corrections n'est pas atteinte, et son œuvre garde exclusivement son caractère de réforme scientifique.

On ne peut en finir avec cette question des livres, sans pénétrer dans l'intérieur du couvent et voir comment ils étaient conservés et reproduits. Dans presque tous les monastères, il y avait comme annexée à la bibliothèque, une pièce appelée le cabinet des scribes : *scriptorium*. Là un certain nombre de moines choisis copiaient les manuscrits. Au temps de la plus complète barbarie il avait fallu appeler la religion au secours des lettres compromises : trop souvent, les moines qui comprenaient mal le manuscrit *princeps*, s'acquittaient de ce travail avec indifférence ; la superstition s'en mêla : on inventa un démon : Titivitilarius, ou Titivillus, qui emportait les sacs de syllabes oubliées par les moines dans les psalmodies nocturnes ou dans les copies des livres. Ces syllabes étaient représentées, au jour du jugement, comme autant de péchés. Lorsque l'abbaye de Saint-Evroul fut rétablie, le premier abbé, Thierry, qui avait une belle écriture, forma une bibliothèque et une école de copistes. C'est lui qui racontait la touchante histoire du moine dont les anges et les démons se disputaient l'âme au moment du jugement ; tout compte fait, il se trouva que le nombre des lettres copiées par lui de son vivant excédait d'une unité le chiffre de ses

---

1. M. Paris. *Hist. angl.* Éd. 1640, p. 15, 2 vol. fol. (Libros Veteris ac Novi Testamenti scriptorum vitio corruptos corrigere studuit ; cujus emendationis luce tam Anglorum Ecclesia quam Gallorum se gaudet illustrari.)

péchés; les anges l'emportèrent (1). « Lisez, moulez, écrivez, disait Thierry ; une lettre tracée en ce monde efface un péché dans l'autre. »

Dès le VIIIe siècle, le scriptorium de l'abbaye de Saint-Guilhem du Désert était consacré par cette inscription : « Daigne, Seigneur, bénir ce scriptorium de tes serviteurs et tous ceux qui l'habitent, afin que tout ce qu'ils y liront ou y copieront des divers livres se retrouve fidèlement dans leur intelligence et leurs paroles (2). » Grâce à cette intervention de la religion qui sanctifiait l'office des copistes, les livres purent se multiplier, surtout les livres saints et les ouvrages de dévotion d'un usage journalier. Mais quelle lenteur dans ce travail ! On ne connaissait pas encore l'écriture cursive ; il fallait mouler chaque lettre. Quant aux conditions matérielles, que de souffrances nous laisse deviner cette simple phrase par laquelle O. Vital termine son quatrième livre : « Comme je souffre beaucoup du froid de l'hiver, je vais me livrer à d'autres occupations, et fatigué de mon travail, je crois convenable de terminer ici ce présent livre. Au retour de la sérénité du doux printemps, je reprendrai dans les livres suivants le récit des faits. »

Il y eut à ce moment dans tous les couvents de la Normandie un redoublement d'activité pour ce genre de travail. Malgré tout, le nombre des livres était encore bien rare ; Robert, abbé du Mont Saint-Michel, remarque comme un fait important et digne de l'histoire la donation de 140 volumes faite à l'abbaye du Bec, par Philippe de Harcourt, évêque de Bayeux, au XIIe siècle. Dans un extrait du Martyrologe de l'Abbaye du Mont Saint-Michel, cité par Duchesne, on lit : « X Calend. februarii — Obiit Thomas Clericus, qui nobis dedit bibliothecam. » Son seul titre à la sainteté était le don de quelques livres (3). Avant de mourir, le roi Guillaume se fit apporter ses trésors par le comte de Mortain, son frère ; et les historiens remarquent que parmi ces richesses il y avait beaucoup de livres, qu'il légua aux principales églises de ses États.

Lanfranc parvint à réunir à la bibliothèque du Bec une cinquantaine de volumes, chiffre considérable, même si nous le rap-

---

1. O. Vital, III, 3.
2. *Hist. littér.*, XXIV, p. 282.
3. V. *Mémoire de l'abbé De la Rue.* Sur le prix des livres dans la basse Normandie. Société des Antiq. de Normandie. Vol. II de la collection.

prochons de celui qui excitait plus tard l'étonnement de Robert, abbé du Mont-Saint-Michel. Nous savons (1) qu'il dirigea lui-même ces travaux ; c'était la préparation et le complément de son enseignement. Par malheur, les auteurs contemporains sont presque muets sur ce point, comme il arrive toutes les fois qu'il s'agit de faits ordinaires, d'usages connus de tous ; ces usages, une fois disparus, sont autant de problèmes pour l'archéologue et l'historien.

Tel fut le triple labeur auquel Lanfranc consacra les vingt années les plus heureuses peut-être et les plus brillantes de sa vie. On peut dire aussi les plus calmes. Rien n'arrêta le progrès continu de sa renommée ; et une seule fois sa fortune parut menacée. Mais l'incident qui, vers 1059, rompit la continuité de son bonheur, devait être pour lui l'origine d'une grandeur nouvelle : il allait entrer en rapports avec le duc Guillaume.

1. *Vita*, 15. Et hoc non tantùm per se, sed etiam per discipulos suos fecit.

CHAPITRE III

Lanfranc reçoit l'ordre de quitter la Normandie. — Son entrevue avec Guillaume. — Origine de ses rapports avec le duc. — Son second voyage à Rome et sa mission auprès du pape Nicolas II. — Succès de sa négociation. — Il devient le conseiller de Guillaume. — Lanfranc abbé de Saint-Étienne de Caen. — Importance de la nouvelle abbaye. — Droits réciproques de l'évêque de Bayeux et de l'abbé de Saint-Étienne : Charte du pape Alexandre II. — Origine et date du conflit entre Lanfranc et Bérenger. — Traité « De Corpore et Sanguine Domini ». — Caractère de la réfutation de Lanfranc. — Ses conséquences.

Lanfranc ne s'était pas élevé si haut dans l'opinion de tous sans faire des envieux. Cette envie s'augmentait encore du pressentiment d'un danger. Le clergé normand n'avait pas vu sans crainte se former au couvent du Bec une milice mieux armée contre les deux ennemis de la religion : l'ignorance et les mauvaises mœurs. Les moines du Bec n'avaient encore combattu que par l'exemple, mais leur nombre grossissant de jour en jour et leur influence pénétrant jusque dans la demeure des plus puissants seigneurs, la réforme ne pouvait manquer de l'emporter. Aux yeux des membres du clergé qui avaient des raisons de craindre et qui manquaient du courage nécessaire pour s'amender, Lanfranc personnifiait cette réforme et ses menaces. Il devait avoir des ennemis. Derrière les inimitiés publiques se dissimulaient aussi quelques inimitiés privées. Si nous en croyons la plupart des écrivains qui nous ont donné les principaux traits de son caractère, Lanfranc avait une certaine disposition à la raillerie, finesse tout italienne, d'autant plus piquante parfois qu'elle s'adressait à des hommes incapables de l'excuser en faveur de l'esprit. Les natures grossières sont implacables dans leurs rancunes quand on les raille : Guillaume de Malmesbury en cite un exemple : il y a bien des réserves à faire sur la portée des conséquences qu'il lui attribue : mais il ne nous déplaît pas de voir sous tous ses aspects cette société encore mi-barbare et mi-lettrée. Un jour un chapelain du duc Guillaume, du nom d'Herfast, se rendit en grande pompe au monastère du Bec ;

un brillant cortége de cavaliers l'accompagnait. Lanfranc lui fut présenté : au premier mot, le prieur jugea le personnage; et peu après, il lui fit envoyer un *abécédaire*. Le fougueux chapelain (1) sentit le trait; et, suivant le même chroniqueur, il fit si bien auprès de Guillaume qu'il obtint de lui l'ordre de faire sortir aussitôt Lanfranc du Bec et de la Normandie.

Nous gardons l'anecdote; elle est piquante et jette un rayon de gaieté dans ce monde où l'on ne riait guère. Mais on ne saurait voir dans ce fait l'origine de la soudaine disgrâce qui menaça un moment le prieur du Bec. Ce fut entre Guillaume et Lanfranc, appelés plus tard à unir leurs volontés, une plus grave querelle.

Lorsque Guillaume rechercha l'alliance de Baudoin, comte de Flandre, il ne songea pas que Mathilde était sa parente à un degré prohibé par l'Église : elle était petite-fille du duc Richard II. Soit négligence, soit parti pris, Guillaume ne demanda pas à l'Église la dispense sans laquelle le mariage ne pouvait avoir lieu; l'union fut célébrée sans que le prince prît garde à ce défaut de forme. Le clergé normand protesta contre cette violation de la discipline ecclésiastique; la dissolution du mariage fut déclarée nécessaire. L'archevêque de Rouen, l'oncle même de Guillaume, le libertin Mauger excommunia les deux époux; la cour de Rome ne pouvait rester étrangère à ce conflit : elle intervint, et l'interdit fut jeté sur la Normandie tout entière. Le pape Léon IX gouvernait alors la chrétienté. Guillaume ne se laissa pas imposer par ces menaces : soit amour pour Mathilde, qui était belle et d'un esprit plein de charme (2), soit raisons politiques qui lui fissent attacher le plus haut prix à l'alliance de la Flandre, il résista. En 1055, l'archevêque Mauger fut déposé; le pape persista dans ses rigueurs, le duc dans son refus, et le clergé de la province dans une attitude qui dissimulait mal un désaveu. Comme les prélats les plus distingués de la province, Lanfranc avait élevé la voix contre la conduite de Guillaume : l'autorité de son nom, son double caractère de moine éprouvé et de théologien consommé donnaient à la con-

---

1. Ferociam hominis Italicâ facetiâ illudens. Guill. de Malmesbury. *Gest. Pont. Angl.*, lib. 2. D. Bouquet, XI, 314.

2. Mathildam corpore valdè elegantem et animo liberalem. *Guil. de Jumiéges.* — Femina nostro tempore singulare prudentiæ speculum, pudoris culmen. Malmesbury. *De Gest. Reg. Angl.* lib. 3.

damnation prononcée par sa bouche une gravité toute nouvelle. C'est alors que la vengeance des chapelains (1) de Guillaume trouva l'occasion de s'exercer; ils se plurent à exciter contre le prieur la colère de leur maître; et dans un de ces accès qui lui étaient familiers, le duc ordonna que Lanfranc sortît sans retard du couvent et de la province. Ce n'était pas assez pour sa fureur; il voulut que l'on brûlât la ferme du *Parc* qui appartenait au couvent du Bec, et cet ordre barbare fut immédiatement exécuté.

La désolation fut grande au monastère; avec Lanfranc, les moines perdaient celui qui faisait leur joie et leur illustration (2). Il partit; on lui donna pour faire la route un cheval boiteux (il n'y en avait pas d'autre au couvent) et un seul serviteur. Avant de quitter la province, le prieur alla droit à la cour de Guillaume monté sur la misérable haridelle qui à chaque pas saluait la terre de la tête. Il s'inclina devant le duc, confiant dans le succès s'il lui était permis de s'expliquer. Le premier mouvement de Guillaume fut la colère; puis, surpris de voir cet équipage, il dit au moine de parler. Alors d'un ton respectueux et enjoué : « C'est sur votre ordre, dit le prieur, que je quitte la province; je n'ai que cet animal, plus embarrassant qu'utile; s'il vous plaisait de me faire donner un meilleur cheval, votre ordre serait plus promptement exécuté. » — « C'est à votre juge irrité que vous demandez une faveur, sans vous être justifié! » — Il sourit, et fut désarmé. Le regard, le sang-froid de cet homme, qui conservait jusque dans le danger toutes les grâces de son esprit, avaient frappé le duc. Lanfranc demanda et obtint un entretien particulier. Que se passa-t-il entre ces deux hommes? Leur conversation eut-elle un caractère précis, et le moine laissa-t-il entrevoir quelle large part il savait faire au pouvoir des princes sur les choses ecclésiastiques? Le duc comprit sans doute qu'il venait de découvrir le politique sur lequel il pourrait se reposer du soin de gouverner son Église. Guillaume ne voulait pas subir la tutelle de l'Église, mais il la souhaitait chez lui plus éclairée et plus morale. Lanfranc lui donnait tout cela. Il y eut sans doute des engagements relatifs à l'affaire en litige; le

1. G. de Malmesbury ne parle pas seulement d'Herfast, mais des autres chapelains de Guillaume, « qui infrà ejus scientiam se viderent. »
2. M. Crispin. *Vita*, 3.

voyage de Lanfranc à Rome ne permet aucun doute à cet égard. Au sortir de cet entretien, le prieur avait conquis le duc, et le duc pouvait compter sur le prieur. Par un de ces retours soudains, si fréquents à ces époques où les âmes se livrent tout d'un coup telles qu'elles sont, le duc passa de la colère aux démonstrations les plus affectueuses : il s'engagea à ne plus mettre Lanfranc dans la nécessité de se justifier, en écoutant ses ennemis; il promit de rendre, et au delà, tout ce qui avait été détruit par son ordre; et il tînt parole.

Lanfranc reprit le chemin du Bec. Quand la nouvelle de son retour y fut annoncée, les cloches sonnèrent joyeusement et tout le jour l'église retentit des accents du *Te Deum*. Herluin, qui connaissait le caractère implacable du duc, ne voulut croire au pardon que lorsqu'il revit son prieur.

Telle fut la première entrevue de deux hommes dont l'histoire ne sépare pas les noms. Nous n'hésitons pas à penser en effet que Lanfranc et Guillaume se trouvèrent alors pour la première fois en présence. Une ligne de M. Crispin cause pourtant quelque embarras : le biographe écrit : « Summus ab ipso Normannorum duce Willelmo consiliarius assumitur. Cujus gratiæ nimiam perturbationem, quæ repentè irruit, insperato Deus sereno lætificavit (1). » — Il semblerait, à l'en croire, que la faveur de Lanfranc fût déjà établie et que cet incident faillit en rompre le cours : Lanfranc était déjà conseiller et confident de Guillaume. Mais n'y a-t-il pas, dans la manière dont Crispin présente les choses, une invraisemblance manifeste? Quand on voit, par les témoignages de Crispin lui-même et des contemporains, à quel point Lanfranc sut s'insinuer dans l'affection et la confiance de son maître, combien cette nature souple sut s'imposer à ce caractère dominateur, on ne s'explique pas ce brusque changement chez Guillaume, ce passage, à deux reprises différentes, de la faveur à la colère et de la colère à l'affection mêlée de respect.

Si Guillaume eût connu Lanfranc autrement que de réputation, l'un et l'autre auraient eu depuis longtemps sur le mariage l'explication que Crispin retarde alors sans raison; on ne peut admettre que la faveur de Lanfranc fût déjà établie, et que ce grave sujet

1. M. Crispin. *Vita*, 3.

n'eût pas été débattu entre eux. Cette faveur n'eut jamais pour principe que la sagesse des conseils donnés par le prieur à son maître. Comment supposer que ces conseils avaient manqué sur une pareille résolution, ou que de parti pris, l'un et l'autre avaient gardé le silence? Telles sont pourtant les invraisemblances auxquelles on est réduit, si on admet, sans le discuter, le récit de Crispin. Une autre raison ne nous paraît pas moins grave : que devient, dans l'hypothèse de Crispin, le petit drame de la rencontre? Ce drame a-t-il un sens, est-il possible, si les deux personnages se connaissent de longue date? Sur quoi pouvait compter Lanfranc pour fléchir un maître qu'il connaissait et dont il avait perdu la faveur? Sur un mot plaisant et une situation bizarre? Lanfranc comptait sur l'impression que sa parole, nouvelle pour le duc, ferait sur un esprit habile à distinguer un homme; sur l'effet de son regard, le prestige de sa réputation : il y eut donc là comme un coup de théâtre que la raison admet, qui devient impossible si les deux personnages se trouvent en présence pour la centième fois. Le récit de Malmesbury fait allusion à cette promptitude de discernement que l'on attribuait à Guillaume et sur laquelle comptait sans doute le moine (1) : « à la dignité de sa physionomie et à l'esprit de sa réponse... » Il n'eût pas écrit cette ligne à propos de deux personnages déjà en rapports depuis longtemps.

L'entrevue du duc et de l'homme d'Église ne fut stérile ni pour l'un ni pour l'autre. Quelque temps après, Lanfranc faisait une seconde fois le voyage de Rome ; ce n'était plus le souci de la religion seul qui l'y amenait, comme lorsqu'il était allé se justifier du soupçon d'hérésie; la politique était de moitié dans ses motifs.

Un changement presque soudain se fit dans l'âme du moine : après avoir blâmé le mariage de Guillaume, il consentit à s'en faire l'avocat. A quelle secrète espérance fit-il le sacrifice d'un jugement publiquement exprimé? Comprit-il, en apprenant à connaître l'âme de Guillaume, que la force ne pouvait rien sur cet âpre caractère et qu'il était plus sage de tout oublier, même au prix d'un désaveu? ou dans une pensée de grandeur pour l'Église,

---

1. Quod ille statim vivacitate sensûs intellexisset quantæ prudentiæ Lanfrancus essct... ex dignitate frontispicii et facetiâ responsi interiora conjectans. Malmesbury. *Gest. Pont. Angl.*, D. Bouquet, XI, 242.

songea-t-il dès lors à exploiter la reconnaissance qu'un pardon accordé à temps ne pouvait manquer d'inspirer? Ces divers sentiments de prudence politique, de calcul pour les intérêts de son ordre se combinèrent peut-être pour inspirer sa nouvelle conduite : un rôle nouveau commençait.

Lanfranc partit pour Rome (1). Nicolas II le reçut et la grave question du maintien de la rigueur ou de l'indulgence fut débattue entre eux. On était en 1059. L'échec de la négociation entamée rejetait peut-être à de longues années la réconciliation du pape et du duc; et quand on sait par la suite des événements tout ce que l'union de ces deux puissances devait donner à l'une et à l'autre, on attribue à ce fait, en apparence secondaire, une tout autre importance. Que le pape eût cédé ou refusé, Guillaume ne se fût pas sans doute séparé de Mathilde; la raison politique le lui eût interdit; mais la mésintelligence momentanée pouvait devenir une rupture définitive. Nicolas II n'avait que trop de raisons pour faire fléchir la sévérité de la discipline ecclésiastique; les Normands étaient à ses portes; Normands d'Italie et Normands de Neustrie pouvaient regarder le même homme comme le représentant officiel de leur race. Les relations de la cour de Rome et de l'Angleterre devenaient de jour en jour moins cordiales : les prétentions de Guillaume étaient, même alors, aisées à prévoir, et sans songer à une conquête, le duc de Normandie pouvait arriver au trône d'Édouard par la voie naturelle de la parenté. Guillaume était déjà un des princes les plus puissants du continent : il occupait dans le nord-ouest de la France une position sans rivale; ses États, bien groupés, unis sous une même main, pouvaient être comptés

---

1. M. A. Thierry représente Lanfranc exilé de la cour de Guillaume, réfugié à Rome, et se faisant, de lui-même, sans mission, l'avocat officieux de la conduite de son maître... Si l'on peut discuter le texte de Crispin cité plus haut, il est ici d'une clarté parfaite. Lanfranc ne quitta pas la Normandie; il n'alla pas en exil. Il rentra au couvent du Bec; et de là, plus tard, il partit pour Rome, chargé d'une mission de Guillaume : « Auctoritate Romani papæ tota Neustria fuerat ab officio Christianitatis suspensa et interdicta. *Quâpropter* Lanfrancus iterum Romam adiit... » (*Vita*, 3). Ce n'est donc pas pour rentrer en grâce qu'il s'entremit dans l'affaire de la dispense; mais cette négociation lui fut confiée comme un gage de sa faveur nouvelle. C'était peut-être même le prix du pardon que le duc avait accordé au moine.

au rang des plus riches et des mieux administrés. Le duc avait donné des preuves de son habileté et de son énergie : on le savait brave, opiniâtre, plein de finesse et de ressources. Nicolas II n'ignorait rien de tout cela, et l'habile négociateur ne dut pas manquer de mettre ces arguments en pleine lumière. Crispin, qui raconte en quelques lignes ce grave événement, est touché surtout par les considérations de justice et de charité qui durent servir à couvrir les autres. Son récit prête à Lanfranc le rôle d'un moine, plutôt que celui d'un politique ; il se contente de faire remarquer au pape que, dans ce conflit, les innocents seuls sont frappés : c'est la Normandie qui souffre de l'interdiction ; ce n'est pas la Normandie qui a fait le mariage ou qui a pu le défaire : naïfs raisonnements du faible qui, malgré tout, croit à la pitié. Le pape avait des raisons autrement graves : cette même année, Hildebrand avait été envoyé auprès de Robert Guiscard pour ménager entre lui et la cour de Rome une alliance ardemment désirée ; c'est dans les premiers mois de l'été de 1059 que Nicolas confirma à Richard le titre de prince de Capoue et à Robert, celui de duc d'Apulie, de Calabre et de Sicile (1). Les deux aventuriers prêtèrent serment de fidélité à l'Église romaine. On ne sait pas exactement à quel moment de l'année 1059 Lanfranc séjourna à Rome ; les historiens ecclésiastiques les plus méticuleux ne font qu'indiquer la négociation (2) ; mais que les pourparlers soient antérieurs ou non au traité signé avec les Normands du sud de l'Italie, il y a entre ces deux faits un rapport intime qu'on ne peut se refuser à constater. Rome ne pouvait oublier que les successeurs de Rollon s'étaient signalés pendant plus d'un siècle par l'ardeur de leur foi ; l'un d'eux était mort sur le chemin de la terre sainte. Enfin, elle avait à choisir entre un allié puissant ou un adversaire qui pouvait devenir redoutable.

On n'exigeait du reste de la dignité pontificale aucun sacrifice ; Guillaume ne réclamait pas une absolution sans condition : il offrait des gages de sa soumission dans la forme, réservant l'indépendance pour le fond même du débat. La cour de Rome, en cédant, paraissait amener son adversaire à résipiscence, elle ménageait tout, le

---

1. Watterich. *Pontif. roman. Vitæ*, vol. I, pars II.
2. Jaffé et Watterich ne font même pas allusion à ce fait.

prestige de son infaillibilité et ses intérêts. Guillaume consentait à faire élever en Normandie deux couvents, pour mériter le pardon et en perpétuer le souvenir. Lanfranc quitta Rome après avoir réconcilié ses deux souverains; l'importance du service rendu lui assurait désormais à la cour de Guillaume le premier rang; à Rome, on avait appris à distinguer en lui autre chose que le talent de l'érudit ou le caractère sans tache du moine.

Lanfranc revint au Bec, mais il fut dès lors partagé entre la vie monastique et la vie du monde. Il ne fut plus libre de se renfermer dans ces travaux qui avaient suffi si longtemps à son activité ; la politique le disputa chaque jour davantage à l'enseignement et au calme du cloître. Il n'est pas douteux que ses rapports avec Guillaume n'aient eu dès ce moment un caractère d'intimité; même avant la conquête, le roi ne traitait jamais une affaire importante sans prendre son avis (1). C'est surtout pour le règlement des choses d'Église que Lanfranc parut conseiller utile; et bien des fois, en Normandie même, son influence se fit sentir. On s'aperçut bientôt qu'il était aussi capable de traiter les affaires du siècle que celles de l'Église, et, longtemps avant d'occuper le siége de Cantorbéry, il devint le conseiller ordinaire de Guillaume.

Nous ne suivrons pas Lanfranc dans le détail de sa vie monastique ; il serait oiseux d'assister à la reconstruction de l'abbaye de Saint-Evroul qu'Herluin lui confia. Ces faits qui intéressent au plus haut point les historiens ecclésiastiques (2), n'ajoutent rien à la connaissance du personnage.

Guillaume paya sa dette à la papauté. Au mois de juin 1066, une église fut dédiée à la sainte Trinité dans la ville de Caen, et sous le patronage de Mathilde une abbaye s'éleva. Elle était destinée à recevoir un ordre de femmes ; c'est là que plus tard la fille de Guillaume, Cécile, prit le voile, et que la reine Mathilde fut ensevelie.

Presque en même temps, des mesures étaient prises pour la construction d'un couvent d'hommes. Les deux entreprises ne furent pas poussées avec une égale activité ; et le monastère dédié à saint

1. Ipsius consilio rex ipse, ante conquestum et posteà, omnia sua tractabat negotia. M. Paris, *Lib. de Abbat. S. Albani.* Bouquet, XIII, 52.
2. O. Vital, liv. III.

Étienne, premier martyr, ne fut terminé que longtemps après le couvent de la Trinité. Guillaume surveilla lui-même le commencement des travaux, et montra, par la magnificence de ses dons, le prix qu'il attachait à la fortune de ces pieux établissements.

Il en donna une preuve plus manifeste en confiant au prieur du Bec la dignité d'abbé de Saint-Étienne. Vers le mois de juin 1066 (1), Guillaume, qui se trouvait alors à Bonneville-sur-Touques, fit appeler Lanfranc et lui déclara ses projets, en lui confiant le soin de surveiller l'achèvement des travaux.

Les différents auteurs qui ont essayé d'établir une chronologie exacte de la vie de Lanfranc sont en désaccord sur la date de cette nouvelle dignité. Dom Ceillier indique l'année 1063 (2). Le *Gallia Christiana* ne se prononce pas : il donne (3) 1063 et 1066. Un passage d'O. Vital permet d'établir avec certitude que la nomination de Lanfranc eut lieu vers le milieu de l'année 1066. D'après ce texte, Lanfranc fut consacré en qualité d'abbé de Saint-Étienne le même jour que Mainier pendant les préparatifs de l'expédition d'Angleterre. Cette consécration dut avoir lieu dans le commencement de juin ou au commencement de juillet 1066 ; puisque Mainier fut conduit et installé à l'abbaye d'*Ouche* par le vénérable Hugues, évêque de Lisieux, le 16 juillet de la même année, et que l'abbé son prédécesseur était mort le 27 mai. Dans une autre circonstance, O. Vital, faisant mention d'un événement de 1078, rappelle qu'il est postérieur de douze ans à la nomination de Lanfranc à l'abbaye de Saint Étienne.

C'est donc après un séjour de vingt-trois ans que l'illustre professeur quitta le couvent dont la grandeur était son œuvre. Il avait créé une tradition de travail, de science, de piété, qui devait se continuer après lui ; un seul nom contient tout cela et plus encore : Anselme lui succéda dans les fonctions de prieur.

En quittant le Bec, le nouvel abbé n'emmena avec lui qu'un seul novice, Raoul ; le jeune moine fit profession à Saint-Étienne,

---

1. Ces différentes dates sont établies avec précision par M. Hippeau dans son *Histoire de l'abbaye de Saint-Étienne de Caen*, 1 vol. in-4º.
2. Tome XXI.
3. Tome XI, p. 423.

y devint prieur ; plus tard il devait recevoir comme un insigne honneur le titre d'abbé du couvent de la Bataille (1).

Les constructions étaient sans doute assez avancées lorsque Lanfranc prit possession de sa nouvelle dignité (2) ; il n'eut pas à s'occuper de la partie matérielle de l'œuvre, réservant ses soins pour les « constructions spirituelles. (3) » Dès le premier jour, les novices se pressaient à la porte du couvent, attirés par la réputation de l'abbé et l'espoir de gagner la faveur de Guillaume ; Lanfranc se montra sévère dans le choix des moines ; comme l'installation était insuffisante, et que la règle ne pouvait toujours être appliquée dans toute sa rigueur, il envoyait au Bec ceux dont il était désireux d'éprouver le caractère. De ce nombre était Guillaume, qui devint plus tard archevêque de Rouen. (4)

Pour tout ce qui regarde la religion, il en fut de Saint-Étienne comme des autres abbayes puissantes de la même époque ; là, comme au Bec, Lanfranc fit appliquer les principes de discipline ecclésiastique, en dehors desquels il ne croyait pas qu'il pût y avoir de clergé régulier. Le nouveau couvent offre à l'historien un intérêt d'une autre nature : entouré, dès son origine, d'une faveur spéciale du duc, des seigneurs normands et du pape lui-même, il est à ce moment comme le résumé des droits, priviléges, possessions dont un couvent peut être enrichi. La charte de fondation (5) témoigne de la plus grande magnificence ; Guillaume donnait à l'abbaye les villages de Cheux, Rots, Allemagne, Etavaux, Ifs, Hubert-Folie, Bourguibus, Bras, Dive et Cabourg, avec les eaux, prairies, moulins, pâturages compris dans ces limites, et tous leurs revenus. Partout où s'étendait le droit de l'abbaye, le privilége gagnait avec lui : dans les limites de quelques-uns de ces villages,

1. M. Crispin. *Vita*, 4.
2. Cependant les travaux de l'abbaye n'étaient pas encore terminés en 1070. Voir : de Jolimont, *Description historique et artistique des vues des monuments religieux du département du Calvados.*
3.   ...Structuræ spirituali
        Intentus...

Dans un petit poëme intitulé : *Gesta septem abbatium Beccensium metricè a Petro Divensi conscripta.* V. Martène. *Vet. script. amplissima collectio,* VI, col. 94, cité par M. Charma, dans sa Notice sur Lanfranc.
4. M. Crispin. *Vita*, 4.
5. Elle est reproduite dans le *Neustria pia*, p. 626.

les hommes libres sont dispensés de suivre leur seigneur à la guerre, et ne peuvent être distraits du service de l'abbaye. Dans un péril pressant, le duc peut demander à l'abbé leur secours ; mais il le fait par un message spécial, et les hommes de l'abbaye ne doivent, en aucun cas, servir hors de la province. Plus tard, l'abbaye de Saint-Étienne eut une large part des dépouilles de l'Angleterre, et dans les comtés de Devon, de Dorset et de Norfolk, elle compta de nombreux manoirs ; elle eut encore bon nombre de fermes isolées. Peu à peu, grâce aux efforts des abbés pour réunir entre eux les lots épars qui faisaient la richesse du couvent en Normandie, le domaine de Saint-Étienne forma un vaste territoire : dans cette politique d'agrandissement, les religieux avaient les nobles eux-mêmes pour complices : Roger de Montgomery, Robert comte de Mortain, Ranulfe vicomte de Bayeux, pour ne citer que les plus généreux, multipliaient les donations et les concessions de priviléges. Par les droits de foire que le duc ou les seigneurs leur avaient accordés çà et là, les moines étaient à certains jours maîtres du marché de la Normandie ; les bateaux et les radeaux de l'abbaye avaient sur la rivière des immunités particulières. Au point de vue politique, la situation de l'abbé ne le cédait en rien à celle des plus hauts barons ; héritier des droits des seigneurs sur les domaines reçus par donation, l'abbé était transformé en seigneur laïque, et devait en remplir le personnage : on voyait à la porte du couvent un *auditoire* pour les plaids et une prison pour détenir momentanément les coupables. Par la nomination à un grand nombre d'emplois inférieurs, l'abbé disposait de toute une classe d'agents d'administration qui relevaient de lui seul. Aussi l'abbé de Saint-Étienne fut-il dès le premier jour, après les évêques, le premier personnage religieux de la province ; dans l'ordre temporel, il pouvait prendre rang parmi les plus puissants.

Entre l'abbé et l'évêque un conflit était inévitable. Nous aurons à rechercher plus tard quelle était la nature des rapports entre ces deux classes du clergé : archevêque tout-puissant de Cantorbéry, Lanfranc devait méconnaître à l'égard de saint Augustin quelques-uns des priviléges que sa prévoyance avait su faire réserver à Saint-Étienne. A ce titre, et pour éclairer cette partie du récit, il n'est pas sans intérêt d'étudier la politique de Lanfranc abbé. Quels devaient être sur l'abbaye de Saint-Étienne les droits de l'évêque de Bayeux? Exercerait-il sur elle autre chose qu'un contrôle apparent, ou pourrait-il prétendre à une surveillance efficace, s'immiscer dans ses affaires, infliger un blâme aux moines et à l'abbé, suspendre celui-ci de ses fonctions, évoquer devant sa cour les affaires du couvent? L'abbé devait-il voir dans l'évêque son supérieur en hiérarchie et rester son supérieur en puissance? On devine, à la vigueur avec laquelle Lanfranc conduisit cette affaire, ce qu'il y avait d'amour du pouvoir dans cette âme où la vie du cloître n'avait pas tari la source des sentiments humains. Quel que fût le motif de cet empressement à régler ce point litigieux, on ne put méconnaître qu'il était d'une bonne politique de poser la question dès le début, pour ne pas laisser aux précédents le temps de naître et pour assurer l'avenir, en protégeant contre les empiétements de prélats plus audacieux l'incertitude d'un abbé plus timoré. Les conditions dans lesquelles l'affaire fut engagée ne laissaient aucun doute sur le résultat : c'est en 1068 que les instances de Lanfranc auprès de la cour romaine mirent le pape dans la nécessité de prendre un parti. Guillaume, alors tout-puissant, n'avait oublié ni Saint-Étienne, ni son abbé, et le siége de saint Pierre était occupé par l'élève et l'ami de Lanfranc. On a conservé la lettre par laquelle Alexandre II consacre solennellement l'indépendance presque absolue de l'abbé de Saint-Étienne ; elle est de l'année 1068. Cette charte reconnaît que l'abbé a tout droit sur les choses de la communauté ; elle défend à toute personne, quelle que soit sa dignité dans l'ordre temporel et spirituel, de s'immiscer dans les affaires du couvent : en cas de conflit entre l'évêque et l'abbé, si l'abbé en appelle au Saint-Siége, il ne pourra être mis en cause par personne, avant que le pape ne se soit prononcé sur l'objet de la contestation par un jugement définitif. Pour tout ce qui regarde la discipline ou les mœurs, l'évêque a le droit d'intervenir, mais en conseiller affectueux, plutôt qu'en censeur ; c'est dans un entretien secret et amical (1) qu'il avertira l'abbé de réformer sa conduite ou de corriger celle des moines (2). Si l'abbé

---

1. Secreto et amabili colloquio. Lettre d'Alexandre II.

2. C'est la prétention de toutes les grandes abbayes de s'affranchir de l'autorité épiscopale. Pour n'en citer qu'un exemple, l'évêque d'Orléans ne pou-

résiste à ses avis et s'obstine dans l'inconduite ou le mépris de la règle, ce n'est pas devant le synode de son Église, mais devant l'archevêque de Rouen et le concile général de la province que l'évêque de Bayeux pourra évoquer l'affaire. Mais au-dessus de cette juridiction, l'abbé peut en appeler au Saint-Siége; il a le droit d'entrer en rapports immédiats avec le souverain pontife. S'il reçoit de l'évêque de Bayeux le Saint-Chrême et l'Ordination, il a lui-même les droits épiscopaux sur un certain nombre d'églises. On peut aisément se figurer l'autorité que donnaient à Lanfranc pour l'administration de sa puissante abbaye, sa propre renommée, la faveur du roi et l'amitié publiquement manifestée du souverain pontife ; mais les documents sont presque insignifiants sur cette partie de sa vie : entre deux périodes de pleine lumière, les vingt-trois années passées au Bec et les années d'épiscopat, les quatre années de son séjour à Caen sont restées dans l'ombre. Il est permis de juger de son administration par la fortune même du couvent : Saint-Étienne passa bientôt pour un des monastères où le respect de la discipline, le goût du travail, l'esprit de renoncement étaient portés au plus haut degré. Mais quelle que fût l'importance de la dignité nouvelle, ce n'était aux yeux de tous qu'un degré vers une élévation plus grande : en 1067, l'archevêché de Rouen devint vacant par la mort de Maurile. L'Église de Rouen tout entière élut Lanfranc pour son pasteur ; Guillaume, les nobles, tous y consentirent avec bonheur. Mais l'abbé de Saint-Étienne refusa un fardeau, trop lourd, disait-il, pour ses forces : il employa tout son crédit à faire élire à sa place Jean, évêque d'Avranches. L'élection terminée, il partit pour Rome, supplia le pape Alexandre II de confirmer le nouveau prélat et rapporta pour Jean le pallium. (1)

C'est à l'époque du séjour de Lanfranc à Saint-Étienne de Caen que l'on rapporte d'ordinaire la publication de son œuvre capitale: *Liber de Corpore et Sanguine Domini*. Il est donc naturel de résumer, à cette date de sa carrière, ses efforts et ses succès. N'oublions pas cependant que les débuts de la querelle sont de beau-

vait entrer dans l'abbaye de Fleury-sur-Loire sans y être invité par l'abbé. (V. *Vita Abbonis*.)

1. O. Vital, liv. IV.

coup antérieurs, puisqu'on rapporte à l'année 1047 la première apparition de l'hérésie : la lutte se continua aussi longtemps après, puisque, archevêque de Cantorbéry, Lanfranc poursuivait encore son adversaire. (1)

Nous n'aurions de Lanfranc qu'une idée incomplète et fausse, si nous négligions de l'étudier sous ce jour nouveau. De tous les titres que les contemporains lui décernèrent, aucun sans doute ne lui était plus cher que celui d'adversaire implacable de l'hérésie : « hæreseon acerrimus expugnator » (2). Cet éloge revient presque à chaque page sous la plume des écrivains qui parlent de lui, et la grande lutte qu'il rappelle, lutte toujours renaissante, dans l'issue de laquelle l'avenir du catholicisme tout entier était engagé, ne remplit pas moins de vingt-cinq ans de sa vie. On ne peut, sans faire tort au personnage, passer sous silence ou traiter légèrement l'histoire du conflit dans lequel il déploya quelques-unes de ses plus réelles qualités. C'est là qu'il trouva la première occasion de donner de sérieuses garanties aux hommes de gouvernement et de discipline. L'histoire de la lutte de Lanfranc et de Bérenger prépare à comprendre pourquoi le prieur du Bec devait être à la fois, dans l'ordre spirituel et dans l'ordre temporel, l'instrument de Grégoire VII et le ministre de Guillaume.

Malgré l'opinion généralement reçue que le *Liber de Corpore* fut composé à Caen, c'est-à-dire de 1066 à 1070, il est très-difficile d'établir la véritable date. D'Achéry croit que l'ouvrage en question fut composé lorsque Lanfranc « était encore prieur au Bec (3); » ce qui reporterait sa publication aux seize premières années de sa lutte avec Bérenger. Baronius, précisant encore davantage, parle du *Liber de Corpore* à l'année 1059. On peut s'en tenir à cette date, mais il faut admettre alors que l'ouvrage fut retouché et complété plus tard; car nous trouvons au chapitre II la formule de profession de Bérenger, qui commence par ces mots : « *Ego Berengarius corde credo et confiteor,* » et qui finit par : « *Sic me Deus adjuvet et hæc sacra Evangelia.* » Or, cette formule fut proposée à Bérenger, qui en fit une lecture

1. Lanfranci epist. 50.
2. *Chronicon Beccense.*
3. *Observationes præviæ* de la vie de Crispin.

publique au concile tenu à Rome pendant le carême de 1079 (1).

Dans le chapitre II, Lanfranc, faisant allusion au même concile, écrit ces mots : « *Gregorii septimi tempore quum in templo de his sermo haberetur...* » Or, Grégoire VII a régné de 1073 à 1085.

Il faut remarquer toutefois que par sa lettre IIIe, écrite pendant qu'il était archevêque de Cantorbéry, Lanfranc envoie au pape Alexandre II, prédécesseur immédiat de Grégoire VII, un exemplaire du *Liber* que le pape lui avait demandé.

Ne semble-t-il pas qu'on se perde au milieu d'inextricables contradictions ? Tout peut cependant s'expliquer. Rien ne nous empêche d'admettre que l'ouvrage ait été écrit aux environs de 1059 ou 1060, et que plus tard, à mesure que la lutte prenait un caractère plus acharné, lorsque la conduite flottante de Bérenger prêtait à ses ennemis de nouvelles armes, Lanfranc augmenta le traité original de quelques idées nouvelles. Sans doute, ces additions sont peu importantes, au moins par leur développement, car les chapitres ont entre eux une connexion très-étroite. Toutefois, la seconde partie du chapitre II pourrait bien avoir été écrite plus tard et rapportée. Il est possible que, dans le principe, Lanfranc se bornât à citer la formule de profession qui commence par ces mots : « *Ego Berengarius, indignus diaconus Ecclesiæ sancti Mauricii andegavensis...* » Cette formule nous paraît être celle qu'il fit en présence de cent douze évêques au concile de Rome en 1059. Plus tard, quand fut répandue la formule de 1079, où les expressions « *substantialiter... in proprietate naturæ et veritate substantiæ* » précisent et complètent le mot « *sensualiter* » de la formule primitive, Lanfranc fortifia son argumentation d'un texte nouveau. Tout nous confirme dans cette opinion, jusqu'aux mots *ad hæc*, qui semblent indiquer une addition et qui relient les deux passages où les formules sont intercalées. Tel est, en partie, le système de d'Achéry, qui n'en tire aucune conclusion pour la date de l'ouvrage, mais qui nous paraît inattaquable. C'est donc sans doute une nouvelle édition de son œuvre que Lanfranc, archevêque, envoyait au pape Alexandre II sur sa demande. Il ne serait pas naturel d'admettre que jusqu'en 1070 le pape

---

1. Cette formule est rapportée par D. Bouquet, XI, 531, et Martène, IV, 104.

Alexandre n'eût pas connu le traité le plus célèbre de son ancien maître du Bec.

Quel était l'homme qui mérita d'avoir Lanfranc pour adversaire? Qu'y avait-il de nouveau et de dangereux dans ses doctrines?

Bérenger naquit à Tours dans les dernières années du xe siècle, probablement en 998. Il étudia d'abord dans l'école métropolitaine de Saint-Martin, l'une des plus célèbres de l'Occident à cette époque. Mais bientôt l'école de Chartres l'attira; Fulbert, l'illustre professeur dont la réputation allait faire pour quelque temps de Chartres le centre intellectuel de la Gaule, fut son maître. Cet homme qui exerça sur ses élèves une profonde influence et dont le nom n'était prononcé, un demi-siècle après, qu'avec émotion par les plus illustres d'entre eux (1), ne semble pas s'être emparé de l'esprit de Bérenger. Le disciple résista à l'influence du savant théologien (2); dès lors, accusé de faire peu de cas du sentiment du maître, de tenir l'avis de ses condisciples en petite estime et de regarder comme inutile le fatras des arts libéraux, il se plaisait seulement dans l'étude de la dialectique. On lui reprochait de donner des définitions nouvelles, d'interpréter à sa façon le sens des mots par amour de la singularité; au dire de ses adversaires, il ne se corrigea jamais de ce défaut. Aussi n'était-il pas du nombre de ces disciples choisis que le vénérable Socrate (3) aimait à prendre le soir avec lui pour compléter dans la liberté d'un entretien intime les instructions du jour, et fortifier dans leur âme, même par l'éloquence des larmes, la croyance aux mystères. On dit même qu'avant de mourir, le vieux prélat jeta sur Bérenger l'anathème et le dénonça comme un démon suscité pour troubler la chrétienté. Avant de quitter Chartres, Bérenger avait déjà étudié à fond les textes pour vérifier la légitimité de sa croyance; Lanfranc devait lui reprocher un jour d'avoir dès lors amassé à plaisir tous les arguments contre la foi catholique. Le hasard rapprocha

---

1. Adelmann, év. de Bresse. *Epist. de Eucharistiæ sacramento.* « Nos tanquam in sinu materno ferebat... per suavissimam Fulberti memoriam. (Migne, *Patrol. lat.*, vol. CXXXXIII, p. 1289-1291.

2. « Ipsius magistri sensum non adeò curabat, condiscipulorum pro nihilo reputabat, libros insuper artium contemnebat ». Guitmond d'Aversa. (*De Corporis et Sang. Christi veritate in Eucharistiâ*), lib. III.

3. C'est le nom qu'Adelmann donne à Fulbert.

sur les bancs de l'école ces deux hommes si opposés : on ne sait ni le lieu ni la date, mais on ne peut avoir aucun doute sur le fait. Lanfranc lui écrivait plus tard : *Quando in scholis milita-vimus* (1)... »

De retour dans sa ville natale, Bérenger fut reçu dans le clergé de Saint-Martin et devint successivement *trésorier* et *chambrier*. Plus tard, il succéda à son maître, *Adam*, comme scolastique. Sous son habile direction, l'école de Tours ne tarda pas à éclipser toutes les autres, et entre Fulbert et Lanfranc, sans continuer l'un, sans annoncer l'autre, Bérenger fit de l'école de Tours la rivale de celle de Chartres. On reconnaissait surtout en lui une grande éloquence, une subtilité d'esprit remarquable, une connaissance approfondie des auteurs de l'antiquité profane :

> Quidquid philosophi, quidquid cecinere poetæ
> Ingenio cessit eloquioque tuo,

disait de lui son élève Hildebert. Un autre lui donnait l'éloge d'avoir fait revivre l'éloquence latine :

> Tota Latinorum facundia marcida floret,
> Dum Berengario Turoni floruere magistro (2).

Bérenger fut un orateur élégant, un bel esprit : ce n'est là que la forme de sa pensée, mais par là il charmait et retenait ses élèves. Ce que nous savons par ses ennemis, de son extérieur et de sa vie, explique aussi l'incontestable séduction qu'il exerça. Sa voix lente laissait tomber les mots comme à regret; la tête enfoncée sous son capuchon, il méditait longuement avant de prendre la parole, et ne livrait qu'avec hésitation le fruit de sa pensée; il y avait même dans sa voix comme une note plaintive qui allait à l'âme : il fallait faire effort pour n'être pas sous le charme. Sa démarche était fière. Il avait d'ailleurs pour gagner le cœur de ses élèves des moyens plus sûrs encore : il secourait et nourrissait les plus pauvres (3). Cet homme au génie ardent, qui ne vécut que

---

1. Henri de Knyghton *De Eventibus Angliæ*, II, 5. Twysden, p. 2361.
2. *Hist. littér. de la France*, VII, p. 53.
3. Egenos scholares, quos ipse quotidianâ stipe sollicitabat. G. de Malmesbury. *De Gest. Reg. Angl.* Bouquet, XI, 191.

pour la pensée, n'eut jamais un regard pour une femme (1) ; sobre
jusqu'à la macération, d'une attitude de vierge, il étonnait au
premier abord ceux que la chaleur de sa parole, sous sa froide
apparence, retenait ensuite auprès de lui.

Sa science lui valut le surnom de *Magicien*, que Gerbert avait
mérité avant lui. Il parut même assez grand pour que la légende
s'attachât à son nom : jeune encore, croyait-on, il avait été transporté par Satan au-dessus des murs de Rome. Là, Satan lui avait
révélé des secrets sans nom et donné le pouvoir de faire des
miracles. A son retour, il ressuscita un écolier qui était tombé
foudroyé en touchant les livres du maître : Bérenger força le
démon à entrer dans le corps de l'écolier et à chanter au
lutrin (2).

Sans emprunter à la légende cette grandeur mystérieuse, on
explique par des raisons humaines le succès de Bérenger comme
écolâtre. A son tour, il garda pour sa ville natale, où il avait eu
ses premiers triomphes, le plus vif attachement; même lorsqu'en
1040, Hubert de Vendôme, évêque d'Angers, le choisit pour
archidiacre de son Église, il ne cessa pas de diriger l'école de
Tours ; malgré les persécutions qu'il eut à subir, il garda le titre
de *Scolastique de Tours* : il le portait encore en 1081.

On dit qu'il s'appliqua d'abord surtout à l'enseignement de la
rhétorique et de la dialectique, et que la théologie fut longtemps
pour lui une étude accessoire. Un de ses adversaires, qui ne le
connaissait pas (3), raconte à ce propos que, dans une sorte de
dispute de dialectique, Bérenger fut confondu « honteusement » par
Lanfranc. Bientôt le succès croissant du professeur du Bec fit
déserter l'école de Saint-Martin. Pour arrêter ce mouvement et
rappeler les élèves qui l'abandonnaient, Bérenger éleva chaire
contre chaire et, improvisant un enseignement théologique, il se
mit à professer une science qu'il n'avait jamais apprise. Alors, dans
sa folie, pour attirer sur lui les regards et toucher les cœurs par la
nouveauté des doctrines, il chercha à reconquérir par l'hérésie la

---

1. Femineæ venustatis adeò parcus, ut nullam conspectui suo pateretur
admitti. Malmesb., *loc. cit.*

2. *Magnum Chronicon Belgicum*, anno 1047.

3. Tout au moins, Guitmond ne le connut pas à cette époque de sa vie :
« Ut aiunt qui cum noverunt... » Lib. I.

popularité qui lui échappait. Ne l'oublions pas, c'est le récit d'un adversaire et le début d'une compendieuse réfutation. L'invraisemblance éclate à chaque ligne : comment admettre que la théologie fût restée pendant plus de quarante ans lettre close pour un homme que le désir d'éprouver sa croyance tourmentait déjà sur les bancs de l'école? Lanfranc ne semble-t-il pas contredire Guitmond, quand il représente son adversaire attentif à trouver partout des autorités contre la foi? Cette critique a été reproduite par la plupart des auteurs qui ont parlé de Bérenger ; les Bénédictins de Saint-Maur voient dans l'écolâtre de Tours un théologien de circonstance, qui se décida par envie à ouvrir les livres saints.

C'est dans les environs de 1047, sous le pontificat de Clément II, ou en 1048, suivant le *Chronicon Belgicum*, que Bérenger commença à répandre les idées nouvelles (1) qui devaient préparer tant de tourments à la seconde partie de son existence.

La lecture des écrits de Paschase Ratbert, moine de Corbie au ixe siècle, éveilla l'attention de Bérenger sur la redoutable question de l'Eucharistie. Paschase avait écrit pour l'instruction des Saxons un traité du *Corps et du Sang de Notre-Seigneur*. Il y établissait le dogme de la présence réelle et, donnant à sa pensée une forme plus précise qu'on ne l'avait jamais fait jusque-là, il soutint que le corps de Jésus-Christ dans l'Eucharistie était le corps même conçu dans le corps de la Vierge, et son sang, le sang qui coula dans ses veines. Les écrivains orthodoxes eux-mêmes n'hésitent pas à reconnaître que les expressions de Ratbert déplurent et que les esprits clairvoyants s'alarmèrent d'une exagération dans les termes, dangereuse par les négations qu'elle pouvait provoquer (2).

Mais la lecture du traité de Ratbert ne fut pour Bérenger que l'occasion de méditer sur le mystère. C'est ailleurs, dans les écrits du hardi penseur Scot Erigène, qu'il trouva le germe de sa doc-

---

1. V. Franciscus de Roye. « *De vitâ, hæresi et pœnitentiâ Berengarii.* Andegavi, avril 1656, in-4°.

2. Pluquet. — *Mémoires pour servir à l'histoire des égarements de l'esprit humain, par rapport à la religion chrétienne, ou Dictionnaire des hérésies.* Paris, 1762, 2 vol. in-8°.

trine (1). Bérenger enseigna que le Verbe s'unissait au pain et au vin, et que par cette union seule, sans changer leur nature ou leur essence physique, le pain et le vin devenaient le corps et le sang de Jésus-Christ. Ainsi, on ne pouvait nier la présence réelle ; toutefois, le pain et le vin restaient après la consécration ce qu'ils étaient avant : Bérenger concluait que le pain et le vin étaient devenus le corps et le sang de Jesus-Christ sans changer de nature (2).

Ces doctrines n'étaient pas sans précédents; ce n'était pas la première fois que des novateurs portaient la main sur l'arche sainte du dogme catholique. Théoduin, l'adversaire passionné de Bérenger, lui conteste jusqu'au mérite de la nouveauté (3) ; les premiers pères de l'Église eux-mêmes avaient émis sur le mystère les avis les plus opposés, et la propagation de l'hérésie eut d'autant plus de retentissement qu'on reconnaissait en elle un ennemi toujours près de renaître. De Tours, où les opinions de Bérenger se firent jour pour la première fois, elles se répandirent bientôt dans la chrétienté; la France entière s'en émut (4). Cette tentative séduisit la jeunesse de l'école de Tours, et Bérenger eut bientôt autour de lui autant de partisans que d'auditeurs. Il semble même que la plupart de ces disciples de la première heure lui soient restés fidèles jusqu'à la fin.

Bérenger n'était ni un homme d'action ni un fougueux sectaire; mais, inoffensif par lui-même, il n'en était pas moins pour la chrétienté un danger sérieux. Dès qu'il fut instruit de ses doctrines, le pape Léon IX trembla pour la solidité de l'édifice chrétien (5). Aussi les adversaires ne manquèrent-ils pas à Bérenger. Pendant trente ans, l'extinction de cette hérésie fut la grande affaire des

1. Johannem Scotum... cujus lectione ad hanc nefariam devolutus fuerat sectam. *Ex historiæ Francicæ fragmento*, du XIIe siècle. Duchesne, IV, p. 86.

2. Dicebat panem et vinum post consecrationem, sacramentum tantùm, non autem esse verum Christi corpus et sanguinem. M. Crispin. *Vita*, 3.

Corpus Domini non tàm corpus esse quàm umbram et figuram corporis. *Lettre de Théoduin*, év. de Liége. Mabillon. *Analecta*, IV, p. 396.

3. Antiquas hæreses modernis temporibus introducendo. — Mabillon, *ibid.*

4. Scatebat omnis Gallia ejus doctrinâ. Malmesbury, *De Gest. Reg. angl.*, III.

5. Soliditati catholicæ timens Leo papa. Malmesbury. (*ibid.*)

docteurs de l'Église; de 1050 à 1079, quatorze conciles furent tenus pour convaincre et confondre Bérenger : quatre à Rome, deux à Tours, un à Brionne, à Verceil, à Paris, à Florence, à Rouen, à Angers, à Poitiers, à Bordeaux, partout enfin où l'erreur semblait gagner du terrain. Bérenger avait été combattu une première fois, dans un concile réuni à Tours en 1050, avant d'entrer en relation avec Lanfranc. Le prieur du Bec, esprit d'ordre et d'autorité, s'était déjà prononcé contre Bérenger, quand il reçut de lui une lettre dans laquelle il lui demandait de ne pas le condamner sans l'entendre et de prendre garde que, s'il accusait d'hérésie Jean Scot, il lui faudrait aussi déclarer hérétiques Ambroise, Jérôme, Augustin, et bien d'autres encore (1).

Cette lettre montre quelle était déjà, presque au début de son enseignement, l'autorité de Lanfranc; au moment d'entrer en lutte avec la catholicité, Bérenger sollicitait son appui; même au prix d'un éloge (2), il cherchait à l'embaucher parmi ses partisans, tout au moins à prévenir ses premiers coups. Mais cette tentative eut un résultat tout différent; la lettre s'égara ou fut interceptée; elle ne parvint pas à Lanfranc, et fut remise au pape par un clerc de l'Église de Metz. Le prieur du Bec devenait suspect; avant d'accuser, il devait se défendre lui-même (3).

C'est en effet au premier concile de Rome (1050) que Lanfranc se justifia et réfuta les deux élèves que Bérenger avait envoyés pour répondre de ses doctrines. Lanfranc, armé de textes, accabla ses adversaires sous le poids des citations des livres saints; sa réfutation parut victorieuse (4). La papauté comprit peut-être quel auxiliaire s'offrait à elle; ou, peu rassurée, elle voulut fournir à Lanfranc l'occasion d'une nouvelle profession publique et d'un engagement plus formel : Léon IX retint le moine du Bec auprès de lui jusqu'à la réunion du concile convoqué à Verceil pour le mois de septembre de la même année (5). A Verceil, Lanfranc exposa sa doctrine ; elle obtint l'assentiment unanime. Les doctrines de Bérenger furent condamnées en l'absence de leur auteur,

1. Ut de cæteris taceam. (Fratri Lanfranco Berengarius.)
2. Ingenium quod tibi Deus non aspernabile contulit. (*ibid.*)
3. Pravi rumoris a se maculam abstergere. M. Crispin, *Vita*, 3.
4. Quod dixit et probavit omnibus placuit, nulli displicuit. (*ibid.*)
5. Jaffé. *Regesta Pont. Rom.*

et les ouvrages de Scot Erigène, son maître avoué, furent jetés au feu.

Plus tard, le pape Grégoire VII accorda à Bérenger de se faire entendre dans deux synodes généraux, en 1078 et 1079 : Bérenger signa et lut deux formules de foi qui étaient des abjurations : le pape lui défendit de subir l'épreuve du feu, que ses ennemis voulaient lui imposer ; il lui accorda un sauf-conduit et des lettres de recommandation.

Malgré quatre formules d'abjuration que Bérenger signa et lut publiquement à Tours en 1055 et à Rome en 1059 devant cent treize évêques, en 1078 et 1079, il revint toujours à son erreur. C'est seulement en 1079, à l'âge de quatre-vingt un ans, que, lassé de la lutte, affaibli par les années, et cherchant après une vie de tempêtes une fin paisible, il parut renoncer définitivement à la doctrine qui avait passionné son esprit. Était-ce silence prudent, ou conversion sérieuse ? Qui peut le dire ? Les témoignages sur la fin de sa vie nous le représentent prêtre accompli (1), entouré dans sa retraite de Saint-Côme de la vénération des chanoines de Tours qu'il avait attirés auprès de lui (2), tout entier à ses devoirs de charité (3). Suivant la majorité des auteurs, il mourut dans le repentir et l'orthodoxie ; les âpres combats de la vie avaient brisé la fierté de cet homme : vieux, il se défia de sa propre hardiesse. Comme pour le venger des persécutions qui attristèrent sa vie, le peuple se plut à lui prêter ce don qu'il attribuait à ses saints de prédilection : il annonça à l'avance le jour de sa mort (4).

Quelques auteurs, c'est le petit nombre, veulent qu'il soit mort fidèle à ses doctrines et inébranlable dans son apparente inconstance (5). Il plane donc quelque doute sur la fin de cet esprit hardi, de ce caractère timide, chez lequel le cœur semble avoir été inférieur à l'intelligence. Subtil, éloquent, beau diseur, il lui manqua cet esprit de conduite, cette tenue, cette obstination dans la défense de ses idées sans laquelle un chef de secte ne fonde rien.

1. Homo sanctus. *Chron. de S. Bertin*, Bouquet, XI, 382.
2. Malmesbury. *De Gest. Reg. Angl.*, III.
3. Pauperum amator. *Chron. de Guill. Godellus.* Bouquet, XIII, 671.
4. *Chron. de S. Bertin* (ibid.)
5. « Hæresim... nec tamen postea dimisit ». *Bertold, moine de Coutances.* Bouquet, XI, 25.

Profondément versé dans la connaissance des auteurs de l'antiquité profane, nourri de Cicéron, de Quintilien, de Sénèque, familiarisé avec les écrivains latins de Rome autant peut-être qu'avec les pères de l'Église, il eût mérité d'arriver à la renommée comme professeur, quand même son destin ne l'eût pas condamné à un renom plus éclatant et plus dangereux.

Tel était l'adversaire de Lanfranc (1). Quelle fut dans cette lutte l'attitude du moine lombard ? Par quelles qualités mérita-t-il de vaincre ? L'examen de son traité *De Corpore et Sanguine* va nous l'apprendre.

Avant la publication de son traité principal, Lanfranc avait déjà écrit quelques lettres de polémique contre l'ennemi commun de la chrétienté. Ces *Epistolæ invectiviæ* (2) ne nous sont pas parvenues ; et leur perte mérite peut-être de médiocres regrets ; il semble que le *Liber de Corpore* nous apprenne de Lanfranc tout ce que nous pouvons souhaiter en connaître.

Des vingt-trois chapitres qui composent le traité, le premier est sans contredit l'un des plus intéressants ; c'est là que se dessine de la façon la plus vive le caractère des deux adversaires. Lanfranc est avant tout un homme d'autorité et de gouvernement ; il accepte le dogme établi, sans chercher à le discuter ; il s'appuie pour le prouver sur les autorités sacrées bien plus que sur le raisonnement ; comme il le dit lui-même, c'est le caractère particulier de sa réfutation (3). Il accepte le dogme parce qu'il le croit vrai ; il est bon d'ailleurs qu'il en soit ainsi ; en homme qui comprend combien de pareilles querelles troublent l'Église, il est peu sensible au talent que peut déployer l'adversaire dans la défense d'une erreur. Il sort de son silence parce que ces doctrines ébranlent la solidité de l'Église et troublent l'antique paix du peuple de Dieu ; mais la vérité est tellement au-dessus de pareilles attaques que ce sont bagatelles autant que crimes : il déplore de se voir réduit à

1. Voy. Bach. *Dogmen Geschichte des Mittelalters*, vol. I, ch. VII. Wien, 1873.

2. Sigebert parle des *Epistolæ Invectiviæ*. V. Fabricius. *Bibliotheca latina mediæ et infimæ latinitatis*. Editio a P. J. D. Mansi correcta... Patavii, 1754, 6 vol. in-4°.

3. Expositam fidem plus sacris auctoritatibus quàm argumentis. *Lib. de Corpore.* 4.

consacrer à ces erreurs un temps que réclament les affaires humaines : c'est contraint et forcé qu'il descend dans l'arène (1).

Aussi bien jugeait-il son adversaire aussi méprisable que dangereux. Il n'était guère fait pour comprendre cette nature mobile, hésitante, irrésolue, timide devant le danger, hardie seulement dans ses doctrines. Lanfranc, qui était surtout un caractère, pouvait-il trouver quelque indulgence pour un homme auquel le caractère manqua toujours ? Aussi de quel ton fait-il le récit rapide de ses rétractations, de ses parjures ? Avant de le saisir corps à corps et de l'embarrasser dans les textes, il affaiblit son courage en faisant douter de sa sincérité ou de sa fermeté. « Il n'y a qu'un homme passionné pour le mal ou un ignorant pour se jouer des textes sacrés (2). » Quel est ce novateur assez osé pour abuser, au profit de théories dangereuses, du nom des docteurs que l'Église a placés dans la citadelle de l'autorité : « *in arce auctoritatis* », assez perfide pour distribuer clandestinement le venin de ses doctrines à des ignorants (3), pour refuser de s'expliquer ouvertement devant un concile ? Pressé de se rétracter, Bérenger courbe son corps, mais n'humilie pas son cœur (4) : âme superbe qui s'élève contre la foi des conciles, contre la vérité catholique, contre l'opinion de toutes les églises ; qui refuse de croire ce que croient même les Grecs et les Arméniens ; qui ne reconnaît pas cette consécration divine des siècles. L'Église catholique a toujours eu la foi à la Présence réelle ; elle vit depuis des siècles : comment une religion fondée sur une erreur aurait-elle vécu si longtemps ? Rien ne tue plus rapidement les âmes que le faux (5).

On sent à chaque ligne de Lanfranc l'assurance d'un esprit que le doute n'a jamais effleuré, pour lequel les mystères de la foi ont une certitude absolue, au même titre que les vérités de raison, qui dédaigne, comme venant de l'homme, ces misérables atteintes

---

1. In talibus nœniis nollem vitam deterere, si populum Dei antiquam permitteres pacem habere. *Lib. de Corp.*, I.
2. Seu studio nocendi, seu ignorantiâ veri. *Lib. de Corp.*, I.
3. Apud imperitos... clandestinis disputationibus. *Liber* I.
4. Inclinato corpore, sed non humiliato corde. *Ibid.*, I.
5. Nihil efficacius ad interitum animarum quàm perniciosus error. *Lib.* 22.

à des vérités qui viennent de Dieu. Aussi quelle dignité quand il professe sa foi ; quelle superbe, quand rappelant la justification à laquelle le réduisit un jour l'imprudence de son adversaire, il rappelle en même temps sa réponse triomphante : « Itaque surrexi ; quod sensi dixi ; quod dixi probavi ; quod probavi omnibus placuit, nulli displicuit (1). » Tout ce qui, en Bérenger, charme ses disciples, grâces du langage, séductions de l'esprit, vivacité dans la dialectique, le trouve insensible. S'il se laisse aller un instant à raisonner, si l'habitude de la dialectique l'emporte, ce n'est qu'en passant ; là n'est pas à ses yeux le succès véritable. Pour lui, il n'y a pas de société sans le christianisme, pas de vérité en dehors de la foi. L'hérésie, quelles que soient les grâces dont on la pare, lui est odieuse ; peu importe la profondeur de l'esprit pour qui reçoit la vérité comme un bienfait d'en haut : « Mallem cum vulgo esse rusticus et idiota catholicus quàm tecum..... facetus hœreticus..... (2) » Il préfère à toutes ces nouveautés la foi simple des petits, des enfants à la mamelle (3) ; — quant à ceux qui, sans raison, veulent tout embrasser dans leurs raisonnements, leurs efforts sont vains et leur présomption ridicule : « sicut equus et mulus, in quibus non est intellectus (4) ». Bérenger a beau prodiguer les fleurs (5) ; Lanfranc plus sévère suit une autre méthode ; une fois engagé dans la discussion, il est tout science et toute logique. Il veut convaincre avant tout. Aussi adopte-t-il la division la plus simple : il prend une à une les propositions contestables de Bérenger et les fait suivre d'une réfutation en règle. Dans l'esprit de Lanfranc, l'Église est assez forte pour se défendre elle-même ; aussi se contente-il d'entasser les textes, de les commenter. Bérenger s'appuyait sur saint Augustin ; c'est à saint Augustin surtout que Lanfranc emprunte ses armes. Il cite l'ouvrage, le livre, le chapitre, le tome. Il montre que Bérenger n'a pas compris, ou bien qu'il a faussé le texte. Bérenger était soupçonné de son temps de n'avoir que des connaissances théologiques superficielles : Lanfranc déploie contre lui tout le luxe de

1. Liber. 4.
2. Liber. 4.
3. *Infantium atque lactentium.* Liber. 17.
4. Liber. 17.
5. *Spinis rosas interseris.* Liber. 1.

son érudition. Les Actes des apôtres, les Psaumes, saint Jean, saint Augustin, saint Grégoire, saint Paul, saint Cyprien, saint Mathieu : tous sont cités par Lanfranc, qui présente en résumé (1) la doctrine constante de l'Église.

Si l'on veut prendre parti, il faut lire les traités célèbres, il y a huit siècles, de Guitmond d'Aversa et de Durand, abbé de Troarn. On sera frappé, dès les premières pages, de la différence dans la méthode de réfutation : Guitmond et Durand défendent le dogme en moines qui combattent pour la vérité ; ils entrent dans le détail et n'épargnent aucun argument ; la trivialité même de certains développements ne les rebute pas. Leurs traités sont volumineux; ils épuisent la question. Lanfranc donne au débat, dans la brièveté de sa réponse, un tout autre caractère ; c'est aussi la vérité qu'il défend, mais une vérité nécessaire au repos des esprits et à l'ordre des choses humaines. A supposer que les querelles de cette nature pussent rester confinées dans le domaine de la spéculation, sans contre-coup dans la vie pratique, Guitmond et Durand n'en eussent pas moins écrit leur livre ; il est permis de croire que Lanfranc, non provoqué par son adversaire, n'eût pas écrit le sien. Sans doute il y aurait injustice à exagérer ce point de vue; gardons-nous de calomnier ces âmes croyantes en mêlant le calcul à leur foi. Il n'en est pas moins vrai qu'en présence d'une même vérité attaquée, les hommes sont affectés diversement, et, suivant la nature de leur esprit, les uns sont plus sensibles à l'indignité de l'outrage fait au vrai, les autres aux dangers que la négation du vrai peut produire. La diversité est plus grande encore : les uns défendent la vérité mise en péril, parce que cette vérité leur est chère et que toute leur âme est comme intéressée à son triomphe ; ils luttent alors pour l'objet de leur amour, et, s'ils succombent, ils en gardent la tristesse d'un cœur qui a perdu tout ce qui le charmait. D'autres défendent cette vérité, parce que l'erreur contraire leur paraît dangereuse ; et que, sur ce principe vrai, repose un ordre de choses dont l'excellence ne peut être mise en doute. Sans le vouloir et sans le savoir peut-être, ceux-ci, plus préoccupés du monde que de Dieu, sont les politiques que l'avenir des choses humaines intéresse avant tout, même à

1. *Brevitas epistolaris*. Liber. 18.

leur insu, et dont cet avenir est en partie l'œuvre. S'il fallait assigner à Lanfranc sa place, c'est parmi ces derniers que nous le compterions; bien qu'il lui ait manqué la hauteur de vues, la fermeté de dessein, l'initiative puissante, sans lesquels un homme ne laisse pas son empreinte durable aux faits de son temps. Il nous paraît cependant que par son attitude dans cette querelle de vingt-cinq ans, par le caractère de sa polémique, il dut donner de lui aux grands politiques du siècle l'idée qu'il serait pour eux un utile instrument. Grégoire VII et Guillaume l'avaient vu agir; il y avait entre ces trois hommes des rapports, et dès ce moment une étroite intelligence put s'établir entre eux.

Dès le premier jour, Hildebrand avait deviné le péril; en 1055, sous-diacre et légat *a latere* (1), il présidait à Tours un concile où Bérenger parut et abjura son erreur. Pendant qu'il gouvernait la chrétienté sous d'autres noms, Hildebrand ne cessa de surveiller cet ennemi de la catholicité; pape, il envoya son légat Girard à Poitiers; et comme pour venger l'hérésiarque des outrages qu'il avait reçus dans cette ville, il lui accorda de se faire entendre à Rome dans deux synodes généraux. En 1078 et 1079, la question vitale pour l'Église fut discutée une dernière fois devant l'homme qui en personnifiait si magnifiquement la puissance. Le débat fut solennel, et, pour décider les esprits incertains, le pape jeta l'hostie dans un brasier ardent. Les flammes la respectèrent. Bérenger s'était soumis; la vérité était affermie; les abjurations solennelles. Grégoire VII se montra magnanime; le pape qui humiliait l'empereur témoigna de la douceur au vaincu de quatorze conciles. C'était pourtant pour le trône de saint Pierre un ennemi autrement redoutable que les Césars allemands; mais la victoire parut manifeste et les passions de la lutte ne lui survécurent pas. Il est hors de doute que Lanfranc dut être distingué par Hildebrand, quand il eut l'honneur de personnifier la lutte contre Bérenger. Déjà en 1050, aux deux conciles de Rome et de Verceil, Lanfranc s'était imposé par son savoir aux prélats de l'entourage pontifical; il avait marqué sa place dans le parti de la réforme qui s'annonçait dans le camp des

---

1. V. *Acta pontificalia ex chron. Bertholdi Constantiniensis collecta*. Bollandistes, 25 mai. Le concile de Tours y est daté de 1056.

des futurs Grégoriens (1). La fermeté avec laquelle il afffrma son orthodoxie, l'assurance avec laquelle il confondit théologiquement l'hérétique le désignaient à l'attention du pape futur. Hildebrand trouvait en lui talent et caractère ; il ne devait pas l'oublier un jour.

Le duc de Normandie n'était pas resté indifférent à ce grand débat théologique. Bérenger parut un instant compter sur son appui, et en présence du roi de France qu'il savait hostile, la protection du puissant duc normand n'était pas un mince avantage. Bérenger comptait sur les partisans que le succès de son enseignement lui avait faits jusqu'en Normandie, et après le premier concile de Tours, il alla chercher à Brionne un arbitrage plus favorable (2). Ce fut une conférence plutôt qu'un concile ; Bérenger fut condamné. Le duc l'avait reçu de façon à ne pas justifier sa confiance. Guillaume n'aimait pas le bruit dans l'Église et son bon sens l'avertit du danger (3). Bérenger n'en fit pas moins trois voyages en Normandie jusqu'à l'été de 1063 (4), tant il attachait de prix à l'appui politique du prince normand ; mais il dut quitter la province sans avoir compromis Guillaume. Cinq ans après la conférence de Brionne, un synode était tenu à Rouen sous la présidence de l'archevêque Maurile, une formule de foi était adoptée : on décidait qu'à l'avenir nul ne serait ordonné évêque et n'assisterait à un concile dans la province de Rouen, sans faire profession publique sur le dogme de l'Eucharistie. Guillaume ne fut évidemment pas étranger à cette décision : il assistait aux délibérations des prélats (5).

Pas plus qu'Hildebrand, Guillaume de Normandie n'avait hésité. C'était un de ses moines qui avait publié une réfutation victorieuse

1. V. Gfrörer. *Papst Gregorius VII und sein Zeitalter*. Schaffouse, 1859-61, vol. III, p. 273.

2. 1050.

3. Sumebat et honorabat concedenti reverentiâ hostiam salutarem, Dominicum sanguinem, sincerâ fide tenens quod verâ doctrinâ præceperat, panem et vinum quæ altari superponuntur consecranda sacerdotis linguâ et manu sancto canone. Redemptoris veram esse carnem et verum esse sanguinem. Utrique non ignotum est quanto zelo fuerit insectatus atque exterminare sategerit e terrâ suâ aliter sentientem pravitatem. Guil. de Poitiers, *Gesta Guil. Ducis*.

4. Gförer. *Op. cit.*, III, 274.

5. Bessin. *Concilia Rotomagensis provinciæ*. In-fol. Rouen, 1717.

de l'hérésie. De nouveaux liens s'établirent alors entre les deux personnages. Lanfranc n'était pas seulement un professeur éminent, un négociateur utile : l'homme qui savait si bien défendre l'Église ne devait pas paraître indigne du gouvernement des choses saintes.

C'est ainsi qu'en faisant œuvre de foi, Lanfranc se révéla sous un jour nouveau ; on peut même dire qu'il découvrit son vrai personnage. La papauté apprit à le connaître, et le futur roi d'Angleterre trouva en lui l'homme de gouvernement et d'ordre que les circonstances devaient plus tard réclamer.

La réputation de Lanfranc dans la chrétienté s'accrut aussi : professeur renommé, il passait au rang des docteurs. Ce simple traité eut un immense retentissement. De tous les ouvrages que fit naître cette querelle, le *Liber de Corpore* fut le plus célèbre, le plus cité. On l'appela le *Livre des Étincelles ;* le *Livre du Tonnerre* (1) : on dit que Lanfranc lui-même lui donna le premier titre. De ces deux, aucun ne lui convient : on ne trouve dans ces pages ni l'esprit qui éblouit, ni la haute raison qui illumine, ni les arguments sans réplique qui foudroient. S'il fallait lui chercher un titre nouveau, que la sincérité de l'auteur lui-même ne pût désavouer, il serait peut-être bien nommé : le *Livre de l'autorité et des témoignages.*

1. *Liber scintillarum. Tonans liber.*

CHAPITRE IV

Caractère romain de la conquête. — Le clergé séculier et régulier dans les deux pays un demi-siècle avant la conquête. — Réorganisation religieuse de la Normandie sous le règne de Guillaume. — Contraste que presente l'Angleterre. — Négociations de Guillaume et du Saint-Siége, à propos de la succession. Rôle probable de Lanfranc. — Le clergé anglais, moines et clercs, après « Hastings ». — Rôle de Stigand. — Caractère de la politique de Guillaume de 1066 à 1070. — Appui mutuel que se prêtent la politique du pape et celle du roi.

Le récit de la conquête de l'Angleterre par les troupes de hasard réunies sous la main de Guillaume de Normandie n'est plus à faire. Cependant quelques-unes des raisons qui expliquent sa victoire n'ont pas été mises à leur véritable rang, et l'attention qu'on leur a accordée n'a pas été mesurée à leur importance. De ce nombre est l'influence des raisons religieuses et l'appui moral prêté au chef normand par la papauté. Rendre compte des préférences de la cour de Rome et en suivre les effets jusqu'à l'arrivée de Lanfranc en Angleterre, tel est l'objet de ce chapitre.

Guillaume allait partir pour la chasse; il était à cheval dans le parc de Rouvray, à Rouen, s'exerçant à bander son arc, quand on lui annonça subitement la mort du roi Édouard. La nouvelle était tardive et la mort déjà ancienne de plusieurs jours. Le duc quitta les gens de sa suite, rentra dans son hôtel, et parut en proie pendant plusieurs heures à la plus violente incertitude (1). Il savait en effet que le parti d'Harold était puissant; et bien que l'Angleterre fût partagée entre eux, son propre parti ne pouvait rien sans sa présence (2). Harold avait été proclamé roi.

---

1. *Chron. de Normandie.* (Bouquet, XIII.)

2. Anglia dubio favore nutabat, cui se rectori committeret incerta, an Haroldo, an Willelmo, an Edgaro...Angli diversis votis ferebantur, quamvis palam cuncti bona Haroldo imprecarentur.— Guill. de Malmesb. *De Gest. Reg.* Lib. 3.

Peu de temps après, lorsque Guillaume porta sa cause devant la cour romaine, le pape et les cardinaux se prononcèrent pour le duc. Par quelles négociations un semblable résultat avait-il été préparé?

Pour quiconque a examiné de près le mouvement d'esprit qui s'était opéré en Normandie depuis vingt années, ce n'est pas à l'activité des démarches faites au dernier moment auprès de la cour de Rome qu'il faut attribuer le succès. Les causes en sont plus profondes et moins prochaines.

Depuis que les Normands de Rollon s'étaient convertis au christianisme, leurs ducs s'étaient signalés par leur zèle religieux; toutefois ils ne faisaient que suivre le mouvement de leur temps, et les rois d'Angleterre et de France leurs contemporains n'avaient point montré une moindre ferveur. Il y aurait aussi injustice à prétendre que, pendant le demi-siècle qui précède l'avènement de Guillaume, la nation normande, par le caractère plus éclairé de ses croyances religieuses, la moralité et la science de son clergé, fût supérieure à la nation anglaise. Les conciles tenus à différentes dates dans les deux pays laissent voir, au contraire, qu'au delà et en deçà de la Manche, la grossièreté de mœurs et l'ignorance des gens d'Église étaient égales, la grossièreté des croyances aussi complète, les superstitions aussi chères à l'esprit du peuple. Si en 1018, Kanut était obligé d'interdire par une loi l'adoration des idoles, du soleil, de la lune, le culte rendu aux sources et aux arbres, la croyance aux fées (1), sous le pontificat de l'archevêque Mauger, on attribuait à ce prélat des rapports avec le démon et le commandement des esprits : il semble qu'alors encore il y ait eu peu de différence entre les Anglo-Saxons et les Normands. Peut-être les récentes invasions dont l'Angleterre souffrit tant l'avaient-elle placée dans des conditions de développement moral et de réforme bien inférieures à celles de la Normandie : mais à ce moment encore, jusque vers 1040, l'écart n'est pas considérable entre les deux peuples.

Si l'on veut déterminer la date critique du xi° siècle, celle qui peut marquer l'origine du mouvement de transformation religieuse dont il reçoit son caractère essentiel, on remarquera que c'est à

____

1. *Leges Kanuti.* (Labbe, IX, 921.)

peu près celle des essais de gouvernement de Guillaume. Guillaume était encore un enfant lorsque la Normandie commença à se couvrir de couvents et d'églises : homme fait, il suivit l'exemple donné par ses barons et ne tarda pas à être loué comme le protecteur de la religion. Mais il la protégeait à sa manière et réclamait d'elle en retour de ses bienfaits les vertus et les talents qui les justifient. Il faut suivre dans les actes des conciles provinciaux la trace de ses efforts : de 1049 à 1066, cinq conciles furent tenus en Normandie ; trois à Rouen, un à Caen, un à Lisieux (1). Guillaume était présent à deux d'entre eux ; les trois autres furent tenus, ou avec son agrément, ou par son ordre (2). Dès 1049, le concile de Rouen, réuni sous la présidence de l'archevêque Mauger, s'occupait de la simonie, de l'ignorance des prêtres (3). On ne saurait attribuer à Mauger la plus légère influence sur le caractère des décisions adoptées; une autre pensée inspire l'assemblée.

Le concile de Constance où la guerre est ouverte contre les simoniaques est de 1047 ; le concile de Reims qui renouvelle la lutte est du mois d'octobre 1049. Nous ne savons si le concile de Rouen est antérieur ou postérieur; mais il fait pour la Normandie ce que l'assemblée de Reims veut faire pour la chrétienté et la pensée de la grande réforme romaine s'étend jusque-là. Ce rapprochement de dates est significatif; il le devient beaucoup plus encore si l'on rapporte au concile de Reims les premiers démêlés de la cour romaine et de Guillaume, à propos du mariage (4). Ce serait le lieu de remarquer que les dissentiments personnels ne prévalurent pas dans l'esprit du duc sur sa persistance à défendre ce qui lui paraissait la seule législation digne de l'Église et le véritable intérêt de son gouvernement. Mais nous ne connaissons aucun texte qui autorise cette conjecture : la date du mariage pouvant varier entre les limites extrêmes de 1053 à 1056 (5), il n'y a pas lieu d'ad-

---

1. Bessin. *Concilia Rotomagensis provinciæ.* — Rouen, 1717.

2. « Annuente Guillelmo Notho... » — «...Jussu Guillelmi... » —V. Bessin.

3. Ne ullus episcopus presbyterum aut diaconum, vel aliquem inferioris ordinis clericum per pecuniam ordinare præsumat. — Ut ad sacros ordines nisi eruditi et ætate legitimâ non promoveantur. (V. Bessin.)

4. Comme le veut Gfrörer. (*Grég. VII.* Vol. 3, ch. XV.)

5. D'après O. Vital, ce serait 1053. La date est incertaine.

mettre que les démêlés aient été de quatre à sept ans antérieurs au fait lui-même. Vers cette époque, les rapports de Guillaume et du pape n'ont pas encore été altérés : nous en avons la preuve. En 1035, à la mort du comte d'Anjou Héribert, son fils mineur, Hugues II, exposé aux attaques de ses voisins et à la perfidie de son tuteur, s'était mis sous la protection de l'évêque du Mans, Gervaise ; Geoffroy Martel déposa Gervaise, et en 1049, le pape Léon IX le rétablit malgré le comte. Gervaise était connu pour ses préférences ; on le savait à la discrétion du parti normand ; il en avait donné des preuves : le seul fait de le rétablir, en dépit de Geoffroy, était une déclaration pleine de gravité ; le pape prenait parti pour le Normand contre l'Angevin. Bientôt après il prit aussi parti pour lui contre le roi de France : l'archevêque de Reims étant mort, Léon IX refusa de reconnaître le candidat proposé par Henri Ier ; il nomma Gervaise, le candidat normand. Grâce au pape, Guillaume établissait de l'autre côté des domaines de son voisin, le roi de France, un homme à lui, un puissant seigneur féodal. La mort de l'archevêque auquel succéda Gervaise est de 1055.

C'est peut-être à cette date qu'il faut placer le mariage de Guillaume : car cette même année (1055), les évêques de Normandie se réunirent en concile à Lisieux pour déposer l'archevêque de Rouen, Mauger. Les raisons de cette disgrâce n'étaient que trop nombreuses : mais on lui attribua l'honneur d'avoir blâmé ce mariage ; ses partisans couvrirent sa ruine de ce prétexte. Quel que fût le trouble apporté par ce fait aux relations de Léon IX et de Guillaume, la déposition de Mauger ne pouvait être accueillie à Rome qu'avec faveur : archevêque comme par droit de naissance (1), il traita son Église comme une proie offerte à sa cupidité, la dépouilla de ses richesses, et, libertin effréné, il donna le spectacle de tous les vices. Il avait affecté vis à vis de la papauté une hautaine indépendance : plusieurs fois, le pape le manda auprès de lui ; il refusa toujours de s'y rendre, par dédain ou par crainte ; Rome sentit l'outrage et le danger d'un pareil exemple. Mauger resta archevêque ; mais il ne reçut jamais le pallium, insigne de sa dignité. Il était du nombre des prélats que Rome désa-

---

1. Veluti natalium jure. (Guil. Pictav.)

vouait (1). La présence au concile de Lisieux du légat Hermenfroi est un fait significatif (2).

Le caractère de son successeur ajoutait encore aux heureux
résultats de sa disgrâce. Maurile, le nouvel archevêque, était un
moine. Il avait été abbé d'un couvent à Florence ; la rigueur de
ses principes avait provoqué la colère de ses moines, qui tentèrent
de l'empoisonner (3). Il méritait les plus hautes dignités par son caractère, sa science et ses mœurs (4). Le premier acte du nouvel
archevêque fut de tenir un concile provincial à Rouen : Guillaume
y assista. L'assemblée s'occupa surtout de règlements pour réprimer la licence des mœurs, la simonie, la succession aux charges
ecclésiastiques dès enfants de prêtres, du concubinage avoué des
gens d'Église (5). Milon Crispin parle de l'interdit jeté sur la province par le pape ; on hésite à croire qu'il fût observé dans toute
sa rigueur, quand on voit la vie ecclésiastique continuer en Normandie sans aucun changement et le duc assister à un concile. La
même politique est suivie après la réconciliation : en 1063, il y
eut un concile à Rouen. Le duc était présent : il attachait une grande
importance à suivre les actes de ces assemblées, certain que sa présence animait le zèle de chacun ; il se méfiait d'ailleurs des rapports
qu'on aurait pu lui faire à ce sujet, tant il tenait à voir les affaires
religieuses se traiter avec ordre, raison, sainteté (6). Depuis son
avénement, il avait pourvu à la plupart des siéges épiscopaux de sa
province ; et bien que les nouveaux titulaires fussent presque tous
de famille noble, il parut avoir moins consulté leur naissance que
leurs mérites (7).

Grâce à son intervention énergique, la Trève de Dieu, œuvre de
l'Église, et comme la mesure de son influence, était devenue en
Normandie une réalité (8). Le duc aimait le clergé régulier, chez

1. Non sponsus ejus Ecclesiæ vel pater dicendus, sed gravissimus Do-
minus vel rapacissimus prædo. Læsit insuper injuriâ summum in orbe ter-
rarum antistitem..., etc. (Guill. Pictav.)
2. V. *Acta archiep. Rotomag.*, cités par le *Gallia Christ.*, XI, p. 28.
3. O. Vital, V, 9.
4. Guil. de Poitou. — Guil. de Jumiéges, VII, 24.
5. Bessin. (*Conc. Rot. prov.*)
6. Cuncta rationabiliter, ordinatè et sanctè acta fuisse desiderabat. (Guil.
de Poit.)
7. O. Vital. III, 11.
8. *Sanctissimè observabatur.* (Guil. de Poitou.)

lequel il trouvait plus de vertu, plus de science, une constitution mieux entendue, un instrument plus puissant de gouvernement. Il était prêt à soutenir de son autorité les réformes morales que rêvait Hildebrand et, par instinct, il les avait en partie devancées dans sa province : tant il est vrai qu'il y avait entre ces deux puissants esprits comme une parenté intellectuelle. Ces réformes n'avaient pas seulement un caractère politique, et peut-être a-t-on méconnu en partie l'œuvre d'Hildebrand en laissant dans l'ombre le côté moral. Sans doute en réclamant de son clergé le célibat, Grégoire VII devait constituer une force politique nouvelle, telle que le monde n'en connut jamais de pareille. Le prêtre, détaché de tous liens avec la société, n'en fait plus partie que pour mieux apprendre à la gouverner ; au-dessus, tout au moins en dehors de l'homme, par un sacrifice qui n'est pas humain, il rompt toute attache avec la famille du sang ; il entre dans la famille d'élection où la papauté lui indique et sa place et son rôle. Désormais une parenté nouvelle s'établit entre ces hommes dont un chef suprême dirige les volontés : c'est une milice pour laquelle aucun intérêt ne prévaudra sur le besoin de défendre à la fois ses priviléges et ses croyances, auxquelles ses priviléges sont habilement associés. Mais n'y avait-il dans la pensée du réformateur qu'une pensée de gouvernement et un dessein politique? Le sacerdoce est-il possible, si le prêtre ne s'élève pas par la dignité de sa vie au-dessus des êtres médiocres dont il doit soutenir la faiblesse? Dans un siècle éclairé, où la moralité est la règle, il peut sans doute rester dans la condition commune, et, sans faire violence à la nature, garder l'autorité dont il a besoin ; mais dans ces temps dont nous nous imaginons mal la grossièreté et les scandales, peut-être n'était-ce pas assez pour se faire écouter que de rester dans la moyenne de la vertu ; il fallait être plus qu'un homme ; et Hildebrand songea à relever le prêtre au-dessus du niveau de l'humanité pour lui donner le droit de parler en maître, au nom des lois d'un ordre supérieur qu'il représente. Quant à la réforme du cloître, elle n'admet aucune des critiques auxquelles la réforme du clergé séculier est exposée. Le cloître ne mérite d'être respecté que s'il abrite des convictions vraies et des existences sans tache. A une époque où les mœurs étaient barbares, c'était un bien que le cloître offrît à la société l'image de l'exagération même dans la vertu et jusqu'aux bizarreries de l'austérité. Protestation et exemple, la vie du moine mérita d'être pendant quelque temps l'idéal d'une société où les passions étaient souveraines ; c'est là que le monde cherchait alors ses modèles. Ainsi faire observer la règle, rendre les mœurs plus pures, proscrire jusqu'à la pensée du vice, ce n'était pas seulement protéger contre la ruine une institution humaine, prompte à devenir inutile ; c'était porter plus haut l'idéal d'une société, élever ses espérances et ses vœux, et par là servir, comme le temps le permettait, la cause même du progrès humain.

Le sentiment confus de cette vérité engageait dans le parti de l'Église tout ce qu'il y avait d'esprits au-dessus du commun ; souvent chez les princes du xi° siècle, ce respect dégénéra en faiblesse : chez Guillaume, il ne porta jamais atteinte à son indépendance comme souverain temporel : ce fut en partie sa force et, de son temps, son originalité.

Guillaume favorisa le clergé régulier : par là, il secondait, sans le chercher, les desseins de la cour de Rome. On ne saurait dire avec précision la date des premières relations de Guillaume et de Lanfranc ; on peut suivre le texte de Crispin et attribuer au prieur un crédit déjà considérable avant l'incident qui faillit les séparer, ou dater de ce jour leurs rapports. A quelque système que l'on s'en tienne, le fait d'une faveur signalée sept ou huit ans avant la conquête n'est pas douteux. Nous avons parlé du voyage à Rome de 1059. Après le service que l'entremise du moine avait rendu aux deux parties, le crédit de Lanfranc fut définitivement établi à Rome et à la cour de Guillaume : Hildebrand et Lanfranc avaient sans aucun doute traité ensemble la question de l'indulgence et de son prix. Le moine put étudier de près l'homme qui allait personnifier la réforme de l'Église, s'inspirer de ses doctrines ; il laissa peut-être voir en même temps qu'il était prêt à marcher dans sa voie. Soit sympathie personnelle, soit secret instinct politique, le duc n'eut pas, dès ce jour, de conseiller plus souvent consulté ; même en faisant la part de la rhétorique de l'archidiacre de Lisieux, on voit que Lanfranc fut admis dans l'intimité même du duc : « Guillaume le vénérait comme un père, le respectait comme un maître, l'aimait comme un frère ou un fils... ». Lanfranc reçut de lui comme un ministère de surveillance sur toutes les affaires ecclésiastiques de la Normandie (1), et en matière religieuse, le duc ne prit plus un avis sans le consulter. On peut en conclure que pendant toute cette période, Lanfranc est le lien entre le duc et le pape : leur accord n'est pas troublé un instant. La lettre du pape Alexandre à Lanfranc en 1063 en est une preuve.

Ainsi, depuis quinze ans environ, les rapports étaient fréquents entre le duc Guillaume et le Saint-Siége ; en Normandie plus qu'en aucune autre province de l'Europe, la vie religieuse était digne de son but ; il y avait eu un changement notable. Ce changement était l'œuvre des trente dernières années.

La vie religieuse en Angleterre n'avait pas suivi un développement parallèle ; les rapports du roi Édouard et de la cour romaine ne furent jamais troublés, et plus tard, un pape, Alexandre III, devait canoniser l'avant-dernier roi saxon. Mais il n'y avait pas entre eux le lien, plus puissant que les sympathies de personnes, d'une politique commune. Il serait facile d'établir que pendant de longs siècles, l'Angleterre avait pris plaisir à se faire une place à part dans la chrétienté et à se dérober à l'influence romaine ; mais dans ces époques reculées, l'Angleterre n'était pas la seule à contester le *primatus* mal établi de Rome, et depuis, elle avait fait oublier son indocilité par une soumission sans réserve en la personne de ses rois. Il ne faut donc pas chercher dans les siècles antérieurs la raison de l'hostilité secrète de la cour romaine. Sur ce sol tant de fois bouleversé par les invasions, depuis un siècle aucun établissement durable n'avait pu subsister ; et la vie religieuse avait subi la loi commune. Néanmoins, si l'on compare l'état du clergé des deux ordres en Angleterre et en Normandie vers le premier quart du xie siècle, on aura quelque peine à constater une différence. Mais tandis qu'un changement s'opérait en Normandie, l'Angleterre restait immobile : les vices communs des clercs et des moines ne furent pas combattus, tandis qu'en Normandie la réaction s'opérait énergique contre les abus de toute nature. Trente ans après, la différence était grande, et la supériorité morale du clergé normand incontestable. Il n'était pas encore arrivé au bien ; mais une main puissante l'avait poussé résolûment dans la voie

1. Illi speculam quamdam, unde ordinibus Ecclesiasticis per omnem Normanniam prospiceretur, commisit... (Guil. de Poit.)

qui y conduit. Nous montrerons en son lieu la grossièreté, l'ignorance du clergé anglo-saxon. Tandis que l'activité de la vie religieuse se manifestait en Normandie par de fréquents synodes,
l'usage en avait été oublié depuis longues années de l'autre côté
de la Manche (1). Le dernier concile général de la période saxonne
doit être placé entre 1006 et 1013 (2). Elphège, de Cantorbéry, et
Vulstan, d'York, en prirent l'initiative et le roi Ethelred convoqua tout le clergé anglo-saxon. — Depuis cette date, une nouvelle
invasion danoise avait jeté le désordre dans les rangs ecclésiastiques, et la piété de Canut et d'Édouard ne suffit pas à corriger ses
effets. Les lois ecclésiastiques d'Ethelred et de Canut n'ont qu'à un
très-faible degré le caractère religieux qu'on leur attribue (3) ; et
les petits synodes tenus sous le règne d'Édouard sont relatifs à la
confirmation des priviléges de telle ou telle abbaye : on ne saurait
y voir de véritables conciles. C'est en 1049 que pour la dernière
fois avant la conquête, le clergé anglais est représenté dans une
assemblée générale de l'Église : au concile de Reims, tenu par le
pape Léon IX, on vit figurer l'évêque de Wells et deux abbés, dont
celui de Saint-Augustin (4). En 1050, au concile de Verceil, l'é-
vêque de Dorcester parut, mais en plaignant ; c'était le Normand
Ulfus, dépossédé de son siége lors de la réaction saxonne. L'ignorance et la sottise de cet homme éclatèrent à un tel point qu'on
faillit « briser son bâton pastoral (5) ». L'évêque échappa à ce
danger par d'habiles distributions d'argent : il fut maintenu dans
sa dignité. Ce maintien impliquait le désaveu de la révolution nationale accomplie en Angleterre.

Ajoutons que les taxes pieuses, établies autrefois par des princes
tout entiers à la dévotion du Saint-Siége, ne se payaient plus avec
la même régularité ; et bien qu'on voie, en 1060, Édouard faire parvenir à Rome l'argent levé sur l'Angleterre (6), de fréquents re-

---

1. Quòd multis retrò annis in Anglico regno usus conciliorum obsoleve-
rat. — Guil. de Malmesb. *De Gest. Pontif.*, liv. I.

2. Spelman, I, p. 510 *et seq.*

3. Spelman, I, p. 530 *et seq.*

4. Spelman, I, p. 571.

5. Penè fractus est baculus ejus episcopalis, nisi majus pretium dedis-
set. (*Hoveden*, cité par Spelman, I.)

6. Ipsas pecunias collectas cum regalibus donis. — *Lettre d'Édouard
au pape.* Ealred, cité par Baronius, XVII, p. 178.

tards avaient paru compromettre le caractère de cette redevance. Une lettre d'Alexandre II à Guillaume, postérieure à la conquête, montre que depuis quelques années le denier n'avait pas été payé (1) : elle témoigne aussi de l'opinion que l'on avait à Rome de la pureté de la foi et du dévouement du clergé anglais. Le pape ne fait allusion à aucun fait précis, mais on ne saurait se méprendre sur ses sentiments (2). Les évêques anglais se rappelaient trop aisément parfois l'esprit d'indépendance, qui, jusqu'au viiie siècle environ, avait distingué leur Église (3). Lorsqu'en 1060, l'archevêque d'York était venu à Rome avec le comte de Northumberland et deux autres évêques pour se justifier du reproche de simonie, il fut condamné par le pape et se vit refuser le pallium. A leur départ, les prélats et le comte furent arrêtés et dévalisés dans la campagne romaine par la troupe du comte Guinard, ennemi déclaré du pape. Northumberland rentra dans Rome et parla au pape un langage sévère : il demanda ce que valait cette excommunication, épouvantail pour les peuples éloignés, sujet de dérision pour les brigands du voisinage, et menaça de faire suspendre par le roi Édouard le paiement du denier. La papauté capitula, remit à l'archevêque d'York le pallium et combla de présents le comte et les évêques. Les relations du pape et du clergé anglais n'avaient presque jamais eu ce caractère de confiance affectueuse, sans laquelle l'autorité devient aisément la tyrannie.

Sur le point capital de la doctrine romaine, sur le dogme de la Présence réelle, tel que Lanfranc l'avait défendu, la différence était essentielle. Quelque soixante ans avant la conquête, un des hommes qui honorèrent le plus le clergé saxon, Ælfrik, présenta, comme en un corps de doctrines, la croyance du clergé anglais sur ce point. Ælfrik, qui mourut en 1006 sur le siége de Cantor-

1. Ut benè nòsti, donec Angli fideles erant, piæ devotionis respectu ad cognitionem religionis annuam pensionem apostolicæ sedi exhibebant, ex quâ pars Romano pontifici, pars Ecclesiæ sanctæ Mariæ, quæ vocatur schola Anglorum, in usum fratrum deferebatur. (*Epist. Alex.* Labbe, IX, 1123.)

2. Donec quidam, membra mali capitis effecti, zelantes superbiam patris sui Satanæ, pactum Dei abjecerunt et Anglorum populum a viâ veritatis averterunt. (*Ibid.*)

3. V. les actes du Concile de *Clyff*, en 747, qui revendique l'égalité de toutes les Églises de la chrétienté « sine cujusquam adulatione personæ ». (Spelman, I, p. 242. *Concilium Cloveshoviæ.*)

béry, laissa un recueil d'homélies en langue vulgaire : l'une
d'elles, l'homélie Paschale (1), était consacrée à l'examen du mystère de la Transsubstantiation. Elle nous a été conservée, et, après
bien des subtilités, la conclusion se dégage nettement : le pain et
le vin ne sont pas corporellement, mais spirituellement le corps de
Jésus : *Not so bodily, but spiritually*. Les termes *corporali-
ter* et *spiritualiter* se retrouvent dans la discussion de Lanfranc
contre Bérenger. La doctrine d'Ælfrik et celle de Raban Maur
sont identiques : Ælfrik reprend contre Ratbert les arguments de
Ratramne ; ou plutôt il se rattache à Érigène, et Érigène fut peut-
être l'ami d'Alfred. Il est donc aisé d'établir la continuité de la
tradition de l'Église anglaise sur ce point de doctrine ; dès le
ixe siècle, la croyance à la Transsubstantiation est repoussée par le
clergé anglais ; et dans la déclaration d'un évêque que Martène
rapporte à l'an 900, et qu'un éditeur plus récent croit moins ancienne d'au moins un siècle, on lit : *in proprii comparatione
corporis... mysticam sanguinis ob memoriam* (2) et autres
expressions du symbole, non du mystère tel que Rome devait l'admettre. Il est surtout important d'établir qu'à la veille même de
la conquête, ces doctrines avaient été formulées avec une précision
inusitée par le chef du clergé anglo-saxon : une lettre importante
d'Ælfrik à l'archevêque d'York Vulstan, postérieure à 1002 (3),
montre qu'il ne s'agit pas d'une erreur isolée, mais d'un système
de croyance admis par les personnages éminents de l'Église anglaise. Cette croyance avait aussi profondément pénétré dans les
esprits des fidèles : les prédications d'Ælfrik en langue vulgaire
l'avaient répandue, et bien que l'Angleterre n'eût pas été représentée dans le grand débat de Bérenger, Rome n'en suspectait pas
moins la pureté de sa foi : le fait de n'avoir pas pris parti contre
l'hérétique pouvait témoigner contre elle.

Telles étaient en 1066 les dispositions des deux États et leurs
rapports avec le Saint-Siége. Bien que les documents fassent absolument défaut, il est permis de croire que Guillaume n'avait pas
attendu le jour de la mort d'Édouard pour s'assurer des intentions

1. Wright. *Biogr. Britan.*, I, p. 488.
2. V. H. Soames. *The Anglo-Saxon Church.* 1856. — London, p. 219.
3. Wharton. *A. Sacra*, I, p. 133. « Epistolam insignem de Sacramento
altaris. »

du sacré collége et que Lanfranc ne fut pas étranger à ces négociations. Le silence absolu des historiens et le défaut d'actes authentiques ne suffit pas à établir la preuve contraire, le secret le plus profond devant envelopper des agissements de cette nature. La grande habileté de Guillaume fut de rendre possible l'intervention du pouvoir religieux dans un conflit tout politique ; Harold fut présenté comme parjure au plus sacré des engagements. Par là, l'Église trouvait occasion de s'immiscer dans le débat. La résistance que Guillaume éprouva tout d'abord de la part de ses barons permet de penser que l'issue du conflit eût été tout autre, si l'expédition n'avait pris le caractère d'une croisade : alors seulement une armée se forma et les événements se dessinèrent nettement. Comment la croisade fut-elle préparée ? Là est le nœud de la question.

Ce n'est pas en Normandie seulement que le caractère religieux, ou tout au moins romain, de l'expédition était pressenti ; en Angleterre, les esprits clairvoyants en eurent le sentiment comme en France et Harold devina dès le premier jour où était la force réelle de son rival. L'été se passa tout entier en négociations sans résultats entre les deux princes ; et lorsque Guillaume proposa de porter la cause devant le pape, le roi saxon refusa cet arbitrage. A ce propos les historiens ont blâmé l'orgueil d'Harold et son entêtement (1) : de sa part, c'était prudence, peut-être nécessité : Ingulf représente Harold comme faisant fi de la décision pontificale (2) ; il la redoutait bien plutôt. On peut l'affirmer, quand on voit le soudain changement qui se produisit chez cet homme, en apparence indifférent jusqu'alors aux choses de la religion. On eût dit qu'il voulait calmer le trouble de sa conscience ou s'abriter contre les foudres pontificales derrière le clergé anglo-saxon. Il semble qu'il eût négligé de se faire sacrer (3) ; il devait faire oublier ce vice de son origine. Il donna coup sur coup l'ordre d'élever une église dédiée à la croix et un monastère. C'est par la croix que Constantin avait vaincu, qu'Oswald avait triomphé de Penda, qu'Ethelred avait repoussé l'invasion danoise.

1. Vel quòd turgidus naturâ esset, vel quòd causæ diffideret. — Malmesb. *De Gest. Reg.*, liv. III.
2. Judicium Papæ parvi pendens.
3. Ingulf dit pourtant qu'il fut sacré par Aldred, archevêque d'York.

Cependant Guillaume poursuivait activement ses négociations. Quelle que fût sa confiance, il ne craignait rien tant que de voir Harold se déterminer à accepter l'arbitrage de Rome; le refus obstiné du roi saxon était de moitié dans le succès de son rival. Jusqu'au bout, il eut peur qu'Harold ne se dédît et ne fît sa soumission : on n'en saurait douter; on le voit en effet garnir d'espions et de gens à lui tous les ports de la côte pour empêcher toute communication entre l'Italie et l'Angleterre. Malmesbury explique en partie, par cette impossibilité de correspondre sans péril, l'abstention du roi saxon (1). Harold avait d'autres raisons plus sérieuses; le fait n'en reste pas moins significatif : il témoigne de l'anxiété de Guillaume.

Nous ne savons rien sur le choix des premiers messagers du duc de Normandie à Rome; sans doute son chapelain Gilbert ne fut pas le premier; il ne fut pas à coup sûr le seul (2). L'obscurité la plus profonde couvre ces intrigues diplomatiques; et la plupart des témoignages du temps se bornent à constater les résultats généraux : leurs phrases vagues nous laissent dans l'incertitude (3). O. Vital nous apprend que l'archidiacre de Lisieux, Gilbert, fut envoyé à Rome. C'est lui qui eut l'honneur de terminer cette grande négociation, à laquelle il ne semble pas qu'il eût été mêlé jusqu'alors. Il y a comme un parti pris de silence sur cet acte important, et nous serions encore aujourd'hui réduits aux conjectures, sans une lettre de Grégoire VII qui jette quelques lueurs dans cette nuit. La lettre est de 1080; la conquête est consommée; on n'a plus à craindre le jugement du vaincu sacrifié; la même réserve n'est plus de rigueur. Grégoire VII écrit à Guillaume pour réclamer de lui l'obéissance due au Saint-Siége. On voit par le témoi-

---

1. Vel quòd nuntios suos a Willelmo et ejus complicibus qui omnes portus obsidebant impediri timeret. (Malmesb. *De Gest. Reg.*, 3.)

2. Et envoya messages notables et bons clercs devers le pape pour montrer son droict et comment Héraut s'estoit parjuré : pourquoi requérait licence de conquerre son droict, en soy soubzmettant, se Dieu lui donnait grâce de y parvenir, de tenir le royaume d'Engleterre de Dieu et du Sainct-Père, comme son vicaire et non d'aultre.— *Chron. de Norm.* Bouquet, XIII, p. 227.

3. Justitiam suscepti belli, quantis poterat facundiæ nervis allegans. (Malmesb. *De Gest. Reg.*, 3). — De his quæ acciderant ab Alexandro papâ consilium requisivit. (O. Vital, III, 11.)

gnage d'Hildebrand, devenu pape, qu'en 1066, l'opinion du sacré collége était loin d'être unanime sur la question anglaise : une partie des cardinaux mettait en doute la compétence du tribunal pour une affaire de testament royal et d'attribution de couronne; la pensée des massacres et des violences de toute sorte qu'un mot parti de Rome allait déchaîner, effrayait leur conscience timorée. Peut-être la présence des envoyés d'Harold eût-elle donné des forces à ce parti et préparé bien des embarras à Guillaume : elle aurait pu, non compromettre, mais retarder la victoire d'Hildebrand. Il fallut son énergie passionnée pour triompher de ces scrupules; s'il l'emporta, il n'échappa point aux reproches les plus graves (1). Grégoire VII, qui a intérêt en 1080 à tout grossir, parle de la honte qu'il encourut. Mais on peut le croire quand il parle des motifs de sa préférence : blâmé par les hommes, c'est en Dieu qu'il se réfugie pour échapper à leurs jugements iniques. « Dieu m'est témoin, en ma conscience, que j'agis alors en toute droiture; plein d'une juste confiance dans les vertus qui étaient en toi, j'espérais qu'avec la grâce de Dieu, plus tu t'élèverais en dignité, plus tu te montrerais dévoué aux intérêts de Dieu et de la sainte Église : ce qui est arrivé (2). » Nous devons en croire l'homme qui dirigea toutes ces négociations et qui sur ce point ne saurait nous tromper. Guillaume fut l'élu de Rome, parce qu'il était réservé au rôle d'agent de la papauté en Angleterre. Après l'avoir éprouvé en Normandie, Hildebrand le défendit avec passion (3), comme l'avenir même de la réforme ecclésiastique et papale de l'autre côté de la Manche. Aux yeux des panégyristes de Guillaume, c'est là son mérite le plus réel et son titre indiscutable à la faveur divine. Il suffit de lire certains passages de Guillaume de Poitiers pour s'en convaincre (4).

Alexandre II envoie au duc une bulle d'excommunication contre Harold, une bannière sacrée et un cheveu de saint Pierre,

1. A quibusdam fratribus magnam penè infamiam pertuli. — *Lettres de Grég. VII*, liv. VII, ép. 23.

2. *Lettres de Grég. — VII*, 23.

3. Quàm efficacem me exhibui,... quanto studio laboravi. — *Greg. Epist.*

4. Etenim constabat viro catholico et sapienti quod omnipotentia Dei, nihil volens iniquum, justam causam cadere non sineret, præsertim considerati sese qui non tantùm ditionem suam et gloriam augere, quantùm ritus Christianos partibus in illis corrigere intendit. (Guill. de Poitou.)

avec le droit de tout entreprendre. Alors seulement se dessine la fortune de Guillaume (1) : alors arrivent en foule (2) ces aventuriers de tout pays qui forment l'armée de la conquête : les éléments en sont si divers que les historiens du temps les appellent rarement les Normands : ce sont bien plutôt les *Francigenœ*, les *Franci*, les *Galli;* les gens de France, des Pyrénées à l'Escaut, et non pas ceux de Normandie. Trente ans avant le mouvement de la première croisade, c'est comme un prélude à ces rassemblements d'hommes sur lesquels la papauté va faire l'essai du pouvoir d'une idée sainte. Il ne faut pas fausser ce jugement en l'exagérant; l'espoir du pillage et le goût des aventures furent les principaux mobiles, mais cet entraînement n'eut lieu que lorsque le jugement de Rome eut proclamé la légitimité de la conquête (3). Enfin, dans l'opinion du temps, qui séparait malaisément la religion et l'idée de droit, la déclaration pontificale fixait le droit incertain de Guillaume; et plus tard l'archidiacre de Lisieux pouvait dédier son ouvrage à Guillaume, roi légitime des Anglais (*Orthodoxum regem Anglorum*).

La suite des événements n'appartient pas à notre récit; mais le premier acte de Guillaume vainqueur fut de reconnaître le service que Rome lui avait rendu. Il envoya au pape Alexandre une somme d'or et d'argent qui étonna par son énormité (4), des ornements tels que Byzance elle-même eût été fière d'en posséder, et l'étendard d'Harold, sur lequel on voyait tissée en or fin l'image d'un guerrier en armes.

Quelle part l'abbé de Saint-Étienne prit-il à la préparation de ces événements? Il est impossible de le dire avec certitude; les témoignages contemporains font défaut, et dans la correspondance de Lanfranc lui-même ou des principaux intéressés, pas un mot

---

1. Quant le duc Guillaume ot oy l'ordonnance du S. Père et receu le gonfanon et l'anel, si eut grande joye et non sans cause et apparcilla ses garnisons. (*Chron. de Norm.* Bouquet, XIII, p. 227.)

2. Et quant ses gens virent son ordonnance, ilz s'en vindrent offrir à lui servir, et lui offrait la mère son enfant et chascun ce de quoi il pouvait finer. (*Ibid.*)

3. Non pas que Guillaume eût attendu ce moment pour adresser son appel à quiconque voulait acquérir. (V. *Chron. de Norm.*). Mais c'est alors seulement qu'il y eut un élan véritable.

4. Ampliorem quàm dictu credibile sit. (Guil. de Poit.)

n'a trait aux négociations de 1066. L'histoire en est donc réduite aux conjectures; mais à des conjectures que la vraisemblance soutient. Il y avait entre le pape Alexandre II et Lanfranc des relations auxquelles la différence des rangs n'avait rien enlevé de leur intimité. Hildebrand et l'abbé de Saint-Étienne s'étaient déjà trouvés en rapport; et depuis plusieurs années, Guillaume avait fait du moine son conseiller. Si l'on songe, en outre, qu'au moment d'organiser la conquête, Lanfranc fut au premier rang de ceux dont Guillaume réclama le concours et qu'il lui remit la première dignité ecclésiastique de l'Angleterre, on ne peut se refuser à faire une part à Lanfranc dans les préliminaires de cette grande œuvre. La réserve la plus prudente fut toujours un des caractères de sa politique : il écrivit peu, et en toute occasion il aima peu à se montrer, plus ami des efforts efficaces et silencieux que de l'apparat et du bruit : tel du moins il parut en Angleterre, à la tête de son diocèse, et, à certains moments, de l'État. Le silence des contemporains, pour lesquels les négociations de ce caractère sont presque toujours un secret, et le défaut de monuments écrits, ne sauraient prévaloir contre les présomptions tirées du caractère de l'homme, de son influence présente, et du développement de sa fortune, qui reçut alors un élan nouveau.

Quatre années se passèrent pendant lesquelles rien ne fut changé à la condition de Lanfranc : ce sont les années critiques de la conquête. Le rôle du clergé anglo-saxon doit seul nous intéresser. S'il est permis de conclure de quelques faits particuliers, le clergé régulier se montra plus que les évêques, à la hauteur de son devoir; on remarqua un abbé et des moines parmi les combattants d'Hastings et la précipitation avec laquelle le combat fut engagé empêcha peut-être les religieux patriotes de figurer dans leurs rangs en plus grand nombre. Apres Hastings, l'abbé de Saint-Albans ne dissimula au vainqueur ni ses sentiments ni ses préparatifs de défense, devenus inutiles. On vit aussi les deux premiers prélats du royaume, Stigand de Cantorbéry et Aldred d'York, pendant quelques jours à la tête du parti de la résistance nationale. Mais, avant même l'entrée de Guillaume à Londres, un changement s'était produit dans les dispositions de l'épiscopat anglais; la plupart des évêques parlèrent de soumission : tout au moins ils parurent indécis à un moment où hésiter mène à capituler. Était-ce, comme on l'a cru, respect de la décision pontificale, ou habileté à se tourner vers le pouvoir nouveau ? On ne savait encore ce que serait la conquête ; d'ailleurs ne pouvait-on lier par de solennels engagements le roi imposé par la fortune des armes, en faire l'héritier naturel des rois saxons et arrêter l'envahissement ? Cet espoir, dont la suite devait montrer le néant, pouvait alors encore être conçu ; et ce fut peut-être l'illusion d'Aldred lui-même quand il reçut, après la tumultueuse cérémonie du couronnement, le serment de Guillaume d'être pour l'Angleterre comme le meilleur des rois saxons. Avec un sentiment plus net de sa situation vis-à-vis de Rome, le clergé anglais eût été moins confiant ; le fait de refuser la couronne des mains de Stigand parlait assez haut. A ne consulter que les intérêts politiques et humains, c'est à Stigand que Guillaume aurait dû demander la couronne. Stigand, quelque fût son caractère comme prélat, représentait l'ancien parti de Godwin et d'Harold ; il pouvait être appelé à personnifier le parti anglo-saxon ; la consécration reçue de sa main avait aux yeux du vaincu un tout autre caractère ; et si Guillaume avait vaincu seul, il eût commis une faute en se privant du prestige de cette sanction. Mais deux puissances avaient triomphé le même jour à Hastings, elles se devaient encore l'une à l'autre bien des ménagements, et ce fut une concession importante au Saint-Siège de tenir Stigand à l'écart au jour de la solennité. Stigand était pourtant encore le maître de la situation : le vainqueur le sentait ; il l'appelait son père, mais il fut contraint d'imaginer des envoyés de Rome, porteurs d'ordres formels, pour se dérober au périlleux avantage d'être sacré par le représentant du parti saxon. On eut beau prodiguer les serments, le couronnement ne fut une cérémonie politique qu'à demi, ou plutôt son caractère politique parut hostile à l'Angleterre, à son clergé surtout, auquel le sentiment du danger n'aurait dû manquer d'apparaître.

Il y a lieu de s'étonner que Rome, après avoir vaincu, ait attendu quatre ans avant de recueillir les avantages de sa victoire : jusqu'en 1070, en effet, aucun acte important ne marque son influence, et la conduite de Guillaume vis-à-vis de son clergé n'annonce en rien, dès le début, le système d'exclusion qui doit suivre. C'est à tort que l'on attribue avant cette époque à ces rapports un caractère de violence systématique démenti par les faits ;

sans doute les richesses et les ornements précieux que Guillaume rapporta en Normandie et distribua à toutes les églises de France, jusqu'en Auvergne (1), n'étaient pas, comme on s'en vantait, le fruit de dons volontaires; il y eut sur bien des points spoliation et rapines; c'est la guerre, et la modération de ces aventuriers enivrés par leur changement inouï de fortune mériterait mieux de nous surprendre. Sans doute aussi les biens des Églises qui tentaient la cupidité des nouveaux possesseurs souffrirent beaucoup de leurs empiétements; dans le comté de Kent surtout, où l'autorité archiépiscopale était comme en interdit, le propre frère du roi s'appropria et distribua à ses hommes bon nombre de domaines appartenant à l'Église du Christ, à l'abbaye de Saint-Augustin et à l'Église de Rochester. Il y eut plus tard conflit; il fallut toute une procédure délicate pour reprendre à César ce qui était à Dieu. Mais si l'on y regarde de près, où trouver pendant cette première période les traces d'un parti pris de proscription du clergé national? On a beaucoup abusé contre Guillaume de la rançon exigée de Brand, abbé de Peterborough : c'est le fait capital des deux premières années. On remarquera néanmoins que Brand, élu par ses moines, était allé, en 1067, soumettre son élection à la confirmation du roi Edgar : la colère de Guillaume fut grande, dit la chronique saxonne; mais des personnes d'importance intercédèrent en faveur de l'abbé rebelle; Guillaume se contenta d'une amende de quarante marcs d'or. On voudrait savoir ce qu'étaient ces *viri boni* dont parle la chronique, leur race, leur qualité, pour apprécier, sans rien livrer au hasard, le caractère de leur intervention. Quoi qu'il en soit, Brand conserva sa dignité jusqu'à sa mort.

Mais insensiblement, des violences que Guillaume n'était pas le maître d'arrêter (2), donnèrent à l'attitude du clergé un nouveau caractère : rien ne pouvait contenir les bandes d'hommes qui avaient fait la victoire et qui menaçaient d'en compromettre les résultats. Incapable de réprimer leur convoitise, Guillaume n'en était pas moins obligé de respecter en eux la force armée, nécessaire au maintien de sa puissance. Le clergé se tourne alors vers

1. V. Guill. de Poit.
2. Angli præsidibus superbis qui regis monitus spernebant admodum injuriabantur. (O. Vital, IV, 3.)

la révolte ; lorsqu'en 1068 Edwin et Morkar se soulèvent, le clergé
et les moines sont de cœur avec eux (1) ; évêques et abbés s'en-
fuient à l'étranger ou rejoignent au camp d'Ely les chefs de la résistance nationale. Alors les intérêts de Rome et de la royauté
normande, qui auraient pu, avec un clergé plus soumis, devenir
distincts et se contrarier, se confondent de nouveau : le roi frappera
comme rebelles ceux que le pape a condamnés comme trop dis-
posés à échapper à sa suprême autorité. Mais il était prudent d'attendre, pour accomplir ce grand changement, une heure calme où
l'on pût croire la conquête achevée et la domination nouvelle bien
assise. Tant qu'il put y avoir des doutes sur la stabilité de la conquête, Guillaume dissimula ses desseins et retarda les effets de son
alliance avec Rome. Avec cette « ruse de renard » que lui attribue
le vaincu, il sut flatter évêques et abbés ; en 1068, à Londres, il
témoignait aux évêques les soins les plus affectueux, il se prêtait à
tous leurs désirs, écoutait avec empressement leurs rapports ou
leurs avis (2). En 1070, le moment parut propice : il y eut alors
comme un essai d'entente entre le vainqueur et le vaincu. Anglais
et Normands habitaient ensemble dans les bourgs, les camps et les
villes : les mariages avaient déjà mêlé les deux peuples (3) ; les
marchés retrouvaient leur activité et les Anglais s'habituaient peu
à peu à prendre les manières et l'habillement des gens venus
de France (4). Les églises en ruine se relevaient, de nouvelles
étaient construites. Cet état, qui ressemblait à la paix, permettait de tenter des réformes profondes. Les deux alliés de 1066
se retrouvaient ; ils ne pouvaient se manquer l'un à l'autre
sans compromettre quelque chose de leur puissance, ou sans
renoncer à une partie de leur plan politique. Pour l'un et pour
l'autre, la révolution projetée était à la fois politique et religieuse ; la politique n'était pas le seul mobile de Guillaume,

1. A clericis et monachis crebra pro illis fiebat oratio. (O. Vital,
IV, 4.)

2. ...Multâ calliditate favit. Ipse... dulciter ad oscula invitabat ; benignè,
si quid orabant, concedebat, promptè si nuntiabant aut suggerebant, aus-
cultabat. (O. Vital, IV, 4.)

3. His temporibus... civiliter Angli cum Normannis cohabitabant, in
burgis, castris et urbibus, connubio alteri alteros mutuò sibi conjungen-
tes..., etc. (O. Vital, IV, 7.)

4. Francis... (*Ibid.*)

et la papauté ne fut pas exclusivement guidée par l'intérêt religieux. Le haut clergé anglo-saxon allait disparaître. Méritait-il de disparaître? La réponse à cette question viendra, en son lieu, dans le chapitre suivant.

CHAPITRE V

Comment se concilient les divers témoignages sur le clergé anglo-saxon. — Causes de désaccord inévitable entre le clergé anglo-saxon et le haut clergé normand, personnifié par Lanfranc. — Unité de la politique de Guillaume envers le clergé des deux côtés de la Manche. — Premières mesures de rigueur en 1070. — Les premiers choix faits par Guillaume. — Lanfranc est appelé au siége de Cantorbéry. — Dispositions d'esprit du nouveau prélat : ses préjugés, ses prétentions légitimes. Les choix de Lanfranc. — Affaire de Wulstan de Worcester. — Contradiction apparente des textes relatifs au clergé normand appelé en Angleterre : Guitmond d'Aversa. — Distinction à établir entre ce que fit Lanfranc et ce qu'il ne put empêcher. — Ce qu'il faut penser de la proscription des saints nationaux : saint Cuthbert, saint Elphége.

L'année 1070 est la date fatale pour le clergé anglo-saxon. Des mesures violentes en marquèrent les premiers mois; provoquées par l'attitude nouvelle du clergé et par l'opposition dont le cloître était devenu l'asile, elles furent un avertissement, même pour ceux qu'elles n'atteignirent pas. Sur l'avis de Guillaume, fils d'Osbern, le conquérant avait fait opérer des perquisitions dans tous les monastères, enlever l'argent que les vaincus avaient espéré soustraire à la cupidité normande et les chartes qui conservaient le souvenir des garanties accordées au lendemain de la victoire. Moitié prudence, moitié cupidité, cette mesure préparait les esprits à des nouveautés plus grandes encore.

Les historiens de la conquête, frappés du caractère d'exclusion systématique des actes postérieurs à 1070, n'ont mis en lumière qu'un des côtés de la politique de Guillaume vis-à-vis du clergé. La question est plus complexe qu'il ne paraît, à suivre leurs traces. Sans doute il est impossible de ne pas voir dans la plupart des changements de personnes qui vont être faits autant de mesures administratives. Il serait erroné de n'y rien voir de plus. Les actes que nous allons étudier s'offrent tous à nous avec un double caractère : de révolution politique et de révolution religieuse. Le clergé du temps du roi Edouard va être frappé pour deux raisons : il est Saxon, il est indigne. Quelques exceptions faciles à expliquer par d'autres causes ne sauraient démentir ce jugement.

Il est difficile de parler avec équité du vaincu ; le prestige du succès ou la sympathie qui s'attache au malheur, même mérité, ne manquent jamais de lui attirer d'iniques condamnations ou de le défendre même contre la justice. Un examen attentif des témoignages permet cependant d'établir que Guillaume, et à sa suite Lanfranc, furent autre chose que des persécuteurs, et les prélats saxons des victimes.

Le clergé anglo-saxon était resté en 1070 ce qu'était le clergé normand trente ans auparavant, avec un caractère de grossièreté plus marqué peut-être, effet des invasions multipliées.

Les auteurs qui sont le plus sensibles aux violences de la conquête ne peuvent s'empêcher de laisser éclater la vérité. O. Vital n'épargne pas aux « intrus » la sévérité de ses jugements ; il est forcé de reconnaître cependant que depuis longtemps la vie monastique avait disparu en Angleterre ; la fréquence des invasions avait ruiné tout institut régulier, et comme le reconnaît le moine de Saint-Evroul, fils d'un Normand, mais né en Angleterre et sympathique au vaincu, l'existence des moines différait peu de celle des séculiers (1). Adonnés à la débauche, à l'usure, aux plus honteuses prévarications, ils avaient perdu tout souvenir de la règle. Les couvents eux-mêmes, détruits en partie, n'offraient plus un asile à la piété ; et jusqu'à l'arrivée des Normands la sévérité de la règle ne fut jamais rétablie (2). Il s'en faut pourtant qu'O. Vital refuse à l'Angleterre l'honneur d'avoir connu la perfection de la vie monastique ; il consacre plusieurs pages au résumé de l'histoire des ordres religieux depuis Augustin ; et il reconnaît avec une sorte d'orgueil qu'à différentes époques « de glorieux bataillons de moi-« nes, munis des armes de la vertu, avaient soutenu contre Satan « de rudes combats. » Comment expliquer cet abaissement après ce haut degré d'honneur? Les Danois, « race qui n'a pas la crainte de

---

1. Habitu fallebant ac professionis vocabulo, dediti ganeæ, peculiis innumeris, fœdisque prævaricationibus. (O. Vital, IV, 6.)

2. Destructis monasteriis monastica religio debilitata est, et canonicus rigor usque ad Normannorum tempora reparatus non est. (O. Vital, IV, 6.)

Dieu, » ont tout renversé et tout rendu à la barbarie. Il fut un temps
où le clergé anglais se distinguait par sa profonde connaissance des
lettres grecques et latines. Tout a été oublié; et après tant de révolutions, les Normands trouvent les Anglais barbares et presque
complétement illettrés (1). O. Vital n'est pourtant pas hostile au
vaincu; nul n'a de jugement plus sévère pour l'avidité de cette
partie du clergé normand qui courut à la curée : c'est lui qui nous
a conservé les imprécations de Guitmond d'Aversa, dont nous aurons à nous occuper.

Le continuateur inconnu de l'histoire ecclésiastique de Bède
explique, comme Vital, par les bouleversements politiques le
changement profond qui se fit dans les mœurs des différentes classes
de la société : comme il est naturel, le clergé seul ne fut pas
atteint, mais chez lui le changement parut plus sensible. Le XIIe
chapitre du livre III présente des mœurs des Anglais une peinture
pleine d'intérêt. Quand l'anonyme parle des temps lointains, l'éloge
est sans réserve; le ton change tout à coup, dès qu'il touche aux
temps voisins de la conquête. Le contraste est sensible, et l'excès
est peut-être dans le blâme comme il a été dans l'éloge (2). Mais
son témoignage est en tout point conforme à celui d'O. Vital, quand
il dit que, quelques années avant la conquête, les clercs se conten-
taient d'une littérature toute mondaine et de hasard, balbutiaient
à peine les formules sacramentelles : un clerc sachant la grammaire était un prodige et un sujet d'étonnement : les moines s'ha-
billaient de tissus délicats et n'observaient plus aucune règle dans
le choix de leurs aliments (3). Le même auteur oppose à l'organisation religieuse de l'Angleterre la régularité nouvelle du clergé

1. Cur Anglos agrestes et penè illitteratos invenerint Normanni. (*Ibid.*)
2. Optimates gulæ et veneri dediti... in cibis urgentes crapulam, in potibus irritantes vomicam. *De Gest. Anglor.*, liv. 2, ch. XII, dans le : Rerum
Britannic... scriptores vetustiores ac præcipui. (In-fol. *Heidelberg*).
Aucun manuscrit ne donne le nom du continuateur de Bède. On sait par
son histoire même qu'il était originaire de la Grande-Bretagne. Il semble
établi qu'il vécut à l'époque de Guillaume le Conquérant ou de son fils.
Guitmond d'Aversa parle de lui comme d'un contemporain. La continuation
de Bède va jusqu'en 1100 environ.
3. Clerici tulmutuariâ litteraturâ contenti, vix Sacramentorum verba
balbutiebant. Stupori erat et miraculo cæteris qui grammaticam nôsset.
(*Ibid.*)

normand : « La vie religieuse et la règle étaient presque mortes en
« Angleterre; les Normands les ressuscitèrent par leur arri-
« vée (1). » Mathieu Paris reprend, dans le même esprit et dans
les mêmes termes, l'accusation portée par le continuateur de Bède
contre le clergé anglo-saxon (2). Dans les temps qui ont suivi la
conquête, cette double infériorité du clergé anglais, au point de
vue de la discipline et des connaissances, semble un fait incontesté :
si c'eût été une calomnie du vainqueur, le temps en eût fait justice;
on n'en trouverait pas la trace dans des écrivains du XIV⁰ siècle; ou
tout au moins, dans ce long intervalle, le vaincu aurait pu faire
entendre sa voix et déposer contre le vainqueur. Nulle part on ne
trouve un témoignage favorable au vaincu : et Knyghton qui écrivait vers la fin du XIV⁰ siècle, parlant de Stigand, le représente
comme un prêtre ignorant, semblable sur ce point à la plupart des
évêques anglais (3). Il copie Malmesbury, mais il y ajoute, et son
témoignage est plus grave encore : nous le citons en entier, malgré
sa date, car il n'est que la confirmation et le développement de
textes contemporains de la conquête : « C'était alors une vérité
« banale qu'on ne méritait pas d'être évêque si l'on ne savait user
« largement (4) des pompes du siècle, de la chasse en plein bois,
« des recherches de la table, du luxe des habits, de grands équi-
« pages de chevaux : quant au salut des âmes, c'était le dernier de
« leurs soucis. Si on leur reprochait de sacrifier la religion et les
« lettres pour l'intrigue et l'argent : autres temps, autres mœurs,
« répondaient-ils; paroles légères qui atténuaient mal l'indignité de
« de leur conduite. » Knyghton nous laisse voir quelle était, trois
siècles après, l'opinion de l'Angleterre; son jugement est conforme
à celui des écrivains du XI⁰ et du XII⁰ siècle. La Chronique saxonne,
qui n'est pas suspecte, nous montre la simonie ouvertement pratiquée et comme de droit commun avant 1066; c'est par hasard que
ce précieux témoignage nous est fourni. En 1043, l'archevêque
Edwig renonça à la dignité épiscopale à cause de ses infirmités;

---

1. Religionis normam, usquequâque in Angliâ emortuam, adventu suo
suscitârunt. (*Ibid.*)

2. *Grande Chronique*, I, 17, 18.

3. Vir utique sicut pœne cæteri tunc temporis in Angliâ episcopi illitte-
ratus existens. (Knyghton. *Twysden*, p. 2332.)

4. Qui nesciret abuti. (*Ibid.*)

avec la permission du roi et sur l'avis du comte Godwin, il consacra évêque Siward, abbé d'Abingdon; cette promotion fut connue d'un très-petit nombre de personnes, jusqu'au jour où elle
devint un fait accompli, car l'archevêque avait pensé que « si la
« nouvelle s'ébruitait, un candidat moins fidèle et moins instruit
« pourrait acheter ou obtenir cette dignité (1). » La simonie, qui
consacrait la servitude de l'Église vis-à-vis du pouvoir civil, et qui
déshonorait, en le mettant à prix, le caractère sacré du sacerdoce,
était depuis vingt ans l'objet de toutes les attaques du parti réformateur de Rome. La pratique du commerce des choses saintes n'était
point particulière à l'Angleterre, et aucune partie de l'Europe chrétienne n'avait échappé à cette honte; l'exemple était venu de Rome
elle-même (2); mais la réaction allait être des plus vives, et, à ce
seul titre, l'Angleterre était condamnée. Par un abus de même
ordre, en Angleterre comme sur le continent, un même évêque
occupait deux siéges épiscopaux, jouissait de leurs revenus : ce fut
un des griefs canoniques invoqués contre Stigand.

On peut donc l'affirmer sans crainte d'être dupe d'un parti pris :
le clergé Anglo-Saxon était en 1066 inférieur en moralité et en
instruction à cette partie du clergé qui représentait aux yeux du
pape et d'Hildebrand l'Église romaine, et sa croyance s'écartait
sur un article fondamental de l'orthodoxie romaine. Sans doute
cette Église normande elle-même comptait alors parmi ses membres
des indignes et des ignorants : se refuser à l'admettre, c'est donner
dans le système; on ne saurait rendre raison des violences et
des grossièretés d'un grand nombre d'abbés et de moines substitués aux anglo-saxons. De quelque ardeur qu'on le souhaite, il est
une couche profonde dans les sociétés où le bien descend rarement, dans laquelle les réformes sont longues à s'opérer et promptes à disparaître; il y eut dans le clergé normand ce bas-fond que
la réforme monastique n'atteignit pas ou ne transforma qu'à demi;
lâchés sur l'Angleterre, ces moines, un moment affranchis de la
discipline qui les maîtrisait en Normandie, se portèrent à tous les
excès; on ne saurait en être surpris. Mais ce que l'on connaissait à
Rome du clergé normand, cette haute classe qui dirigeait l'Église

1. Aut impetraturum aut empturum. — Éd. Gibson, p. 157.
2. Quamvis et ibi venalitas multùm operetur. — Guil. de Malmesbury.
De Gest. Pont., I, p. 116, éd. 1596.

provinciale l'emportait incontestablement sur la classe correspondante du clergé d'Outre-Manche (1) ; il faut renoncer à attribuer aux travaux de l'intelligence une influence salutaire sur les mœurs, ou reconnaître qu'une province circonscrite comme la Normandie n'avait pas inutilement vu se développer chez elle des écoles, comme celle dont le Bec est resté le type, et des centres d'étude, comme l'étaient devenus depuis trente ans tous ses monastères. Cette supériorité a paru tellement évidente, qu'on a voulu l'étendre à la nation normande tout entière ; d'éminents historiens, lord Macaulay par exemple, l'ont affirmée ; pendant longtemps ce fut une croyance populaire que les scandales des nobles et du clergé anglais, la corruption du pays tout entier avaient attiré sur l'île le fléau providentiel de la conquête (2). Sans reconnaître la supériorité morale de son vainqueur, le vaincu fait ainsi l'aveu de sa propre indignité.

Tel paraît avoir été l'esprit de la politique religieuse appliquée à l'Angleterre après 1070. Le détail des faits doit confirmer ce jugement d'ensemble.

Malgré le nombre et la précision des textes qui permettent d'arriver à la vérité sur ce point, les historiens de Guillaume ne se sont pas assez occupés d'établir le vrai caractère de sa politique vis-à-vis du clergé. Il ne doit pas être question du seul clergé anglo-saxon, mais de l'Église elle-même, considérée comme puissance spirituelle à la fois et comme corps politique constitué. Que devient la persécution systématique du clergé vaincu, si l'on peut établir que, la part faite aux violences inévitables, une même politique a été appliquée au clergé normand et au clergé anglais ?

Malmesbury a un mot significatif, qui a été trop peu remarqué : quand il parle de la dégradation de Stigand condamné comme « indigne et faux archevêque », il fait précéder ce jugement d'une courte phrase : « Guillaume, fidèle au plan qu'il avait commencé « à suivre en Normandie... (3) ». — Aux yeux d'un moine con-

---

1. Eo tempore (1066) Normannia præclarè vigebat sapientibus Ecclesiarum prælatis et optimatibus... Omnes hi pollebant et excellentiâ præclaræ generositatis et claritudine religionis multimodæque probitatis (O. Vital, III, 1).

2. Henri de Huntindon. *Historiæ*, lib. 5. *Prologus.*

3. Willelmus propositi quod in Normanniâ *cœperat tenax.* (Malmesb. *De Gest. Reg.*, 3.)

temporain, bien préparé pour saisir le caractère purement religieux de ces changements, c'est le même plan qui se développe des deux côtés de la Manche. Il n'y a pas deux hommes et deux politiques : le même esprit inspire le duc et le roi; les conditions d'application seules sont différentes.

Avant d'entrer dans le détail des faits relatifs à l'Angleterre, résumons la politique religieuse de Guillaume en Normandie, avant comme après la conquête. Lanfranc ne se sépare pas de Guillaume; il est mêlé à la plupart des événements qui nous occupent, et, même quand il ne paraît pas, il les prépare et les inspire.

Nous avons vu l'application du duc Guillaume, avant 1066, à rétablir, par les décrets des conciles provinciaux, la discipline dans les deux ordres de clergé, dans la cathédrale et dans le cloître. Après la conquête, cette préoccupation est encore manifeste : en 1072, un concile fut tenu à Rouen, et porta des peines sévères contre les moines vagabonds. — En 1073, nouveau concile à Rouen; Guillaume le préside. En 1074, nouveau concile à Rouen, Guillaume y assiste; l'article premier renouvelle les condamnations contre les simoniaques ; l'article 6 remet en vigueur la règle de Saint-Benoît pour les couvents des deux sexes ; l'art. 8 défend aux évêques d'ordonner un clerc ignorant. En 1080, le concile de Lillebonne prescrit de nouvelles mesures contre l'inconduite des clercs et le concubinage (1). L'ensemble de ces actes témoigne d'un effort constant de réforme ecclésiastique.

Guillaume obéissait à ce besoin d'ordre et d'organisation qui en font un des plus grands princes du moyen-âge ; mais, comme il est naturel chez ces âmes encore rudes, la brutalité et le despotisme étaient souvent le complément ou le moyen de ces réformes. Même pour les siens, Guillaume était dur, brutal, redoutable (2); l'arbitraire présida souvent à ses actes; en retour de sa protection, il exigeait l'obéissance et le respect du pouvoir. Réformateur tyrannique, il ne recula jamais devant la violence : on peut en juger par sa conduite envers le couvent d'Ouche. Robert, abbé d'Ouche, avait été impliqué dans un mouvement des seigneurs normands

---

1. Bessin. *Concilia Rotomag. Eccles.* Rouen, 1717.
2. On se rappelle Herluin, ne voulant croire au retour de Lanfranc, que lorsque le prieur est devant ses yeux.

contre le duc; craignant la colère de Guillaume, il passa en France,
et de là se rendit à Rome auprès du pape. — « Le duc, par le
conseil du vénérable Ansfroi, abbé de Préaux, de Lanfranc,
prieur du Bec, et d'autres personnages ecclésiastiques, demanda à
Renier, abbé de la Sainte-Trinité-du-Mont, à Rouen, de lui donner
Osbern, prieur de Cormeilles ; et sans que celui-ci s'y attendît, il
lui confia le soin de l'abbaye d'Ouche, dans un synode tenu à
Rouen, sous la crosse de l'archevèque Maurile. L'évêque Hugues
conduisit ensuite Osbern à Préaux par l'ordre du duc *(jussu ducis)*
et là, soudainement, à l'insu des moines, le consacra abbé, l'emmena à Ouches avec lui, et l'imposa de par le Duc *(ex imperio
ducis)* aux moines consternés. Ceux-ci se trouvèrent dans un grand
embarras ; en effet leur abbé vivait encore ; c'était lui qui avait
fondé leur église, qui les avait initiés à la vie monastique ; il était
chassé sans preuves, non par le jugement d'un concile, mais par
la tyrannie d'un prince en fureur. Ils hésitaient à recevoir un autre
abbé, et cependant ils n'osaient pas le refuser ouvertement, à
cause de la violence du duc. Enfin sur les remontrances de l'é-
vêque Hugues, ils préférèrent souffrir la violence, et ils se mon-
trèrent obéissants au chef qu'on leur donnait, plutôt que de rester
sans le joug d'une autorité, d'offenser la puissance du duc, et d'exciter par leur résistance un surcroît de malveillance qui pouvait
avoir pour effet la destruction *(ad destructionem)* du nouveau
monastère (1) ». A lire ce récit, ne croirait-on pas assister à la dé-
possession violente d'un abbé anglo-saxon? Là scène se passe dans
un des couvents les plus favorisés de la Normandie. Il n'est pas
inutile de remarquer que Lanfranc fut en cette circonstance le
conseiller de Guillaume, et que cette rapide exécution fut en partie
son œuvre. Nous en savons la date : 1060. L'affaire de Saint-Evroul
est surtout politique ; celle de Rouen, de beaucoup postérieure, est
exclusivement religieuse. Le successeur de l'archevêque Maurile,
Jean, ancien évêque d'Avranches, avait porté dans l'exercice de
ses fonctions toute l'ardeur d'un zèle que sa sincérité ne gardait
pas toujours des excès. De haute naissance, d'un esprit cultivé, il
s'appliqua pendant dix années à transformer le clergé de son
diocèse ; le concile de 1072, dont O. Vital nous a conservé les

____

1. O. Vital, III, 5.

actes authentiques (1), porta les peines les plus sévères contre le concubinage des prêtres et la licence des moines. On reprochait à Jean l'impatience d'un réformateur égaré par son zèle et cette hauteur qui ajoute encore à l'amertume de la soumission. L'année suivante, les moines de St-Ouen se soulevèrent contre lui ; l'agression eut lieu en plein office, et l'archevêque faillit être lapidé. Guillaume s'intéressa personnellement au jugement de l'affaire ; un concile présidé par le duc livra à leur abbé les moines coupables : Ils furent jetés en prison et gardés étroitement (2). Le couvent de Saint-Ouen fut l'objet d'une réforme profonde : le soin de l'opérer fut confié à Helgot (3), prieur de l'abbaye de Caen, cet arsenal du monachisme normand.

Deux textes fournis par Eadmer et O. Vital ont une importance capitale. Ils établissent la continuité d'une même politique en Angleterre et en Normandie : « Le roi Guillaume voulant conserver « en Angleterre les usages et les lois que ses ancêtres et lui-même « avaient toujours appliqués en Normandie, fit choix pour évêques, « abbés et autres hauts personnages d'hommes dont l'obéissance « sans réserve à ses lois fût le premier mérite... (4) ». Eadmer insiste sur le caractère despotique de son autorité ; mais nous ne voulons retenir de son témoignage qu'une chose : le même système est appliqué à la Normandie et à l'Angleterre.

O. Vital n'est pas moins formel : « Ce qu'en tout temps le roi « Guillaume aima par-dessus tout chez les ministres de Dieu, « c'était la vraie religion. La renommée l'atteste de cent manières, « et les œuvres permettent de l'établir avec certitude. Lorsqu'un « homme de Dieu, au terme de sa carrière, quittait le monde, et « qu'une Église veuve de son pasteur était dans le deuil, le duc, « plein de sollicitude, députait vers la maison affligée de sages « envoyés, et pour soustraire aux dilapidations des tuteurs pro-« fanes les biens de l'Église, il en faisait dresser l'inventaire. Puis, « il réunissait les évêques, les abbés, les hommes les plus sages

1. O. Vital, IV, 9.
2. V. Bartholom. Cotton. *Monachus Norvicensis*. Éd. Luard, p. 50.
3. D'Achéry. *Notes sur la Lettre XV de Lanfranc*, d'après la *Chronique de Robert du Mont*.
4. Usus atque leges quas patres sui et ipse in Normanniâ habere solebant, in Angliâ servare volens. (Eadmer, p. 6.)

« pour prendre leur avis, et recherchait avec eux quel était le
« meilleur que l'on pût choisir, le plus capable de diriger la mai-
« son de Dieu pour les choses divines et humaines. Un conseil
« d'hommes sages désignait le plus distingué par les mérites de sa
« vie, sa science et ses croyances ; le roi le mettait gracieusement
« en possession de la dignité abbatiale ou épiscopale. Il observa cette
« règle pendant les cinquante-six années de son gouvernement comme
« duc de Normandie, et comme roi d'Angleterre (1) ; aussi laissa-
« t-il des traditions vraiment religieuses et un exemple à la posté-
« rité. Il avait en horreur la simonie ; et dans le choix des abbés
« et des évêques il regardait moins la richesse et la puissance que
« la sainteté et la sagesse du candidat (2). »

Ce texte par lequel la politique religieuse de Guillaume est
jugée d'ensemble, sans distinction de périodes ni de pays, et qui
montre à travers les vicissitudes d'un demi-siècle une même pensée et une même action, prête aux citations qui précèdent un nouvel appui. Ainsi, pour les contemporains qui portent leurs regards
au-dessus des faits quotidiens et qui, au terme de ce long règne,
en jugent les résultats et en cherchent la pensée directrice, Guillaume appliqua aux deux pays les mêmes principes. Nous ne
disons pas les mêmes procédés : car il est telle situation qui rend
la violence inévitable ; mais cela nous paraît suffire pour tenir
l'esprit en garde contre la théorie d'une persécution systématique.

Cette induction tirée du caractère du personnage et des textes
est confirmée par l'examen attentif des faits.

Aux fêtes de Pâques de l'année 1070, le roi Guillaume tint sa
cour à Winchester ; on y remarqua la présence de l'évêque de
Sion, Hermenfroi, et des deux cardinaux Pierre et Jean. Hermenfroi semblait naturellement désigné pour le rôle de représentant
de la papauté auprès de Guillaume ; depuis quinze ans au moins, il
était en rapports avec ce prince ; déjà en 1055, il avait paru au
concile de Rouen où fut déposé Mauger. On ne peut dire si dans
l'intervalle il resta mêlé aux affaires religieuses de Normandie et
d'Angleterre. On le voit cependant assister en 1062 à l'élection

1. Quinquaginta sex annis... quibus regimen in Ducatu Normanniæ seu
regno Angliæ tenuit. (O. Vital, IV, 6.)
2. O. Vital, IV, 6.

d'Aldred comme archevêque d'York (1), et l'autorité dont il est revêtu partout où il paraît, en fait à nos yeux le légat ordinaire de la papauté dans cette partie du monde chrétien. Après les opérations du concile de Winchester, les deux cardinaux Pierre et Jean, envoyés extraordinaires, quittèrent l'Angleterre ; Hermenfroi ne les suivit pas ; il ne prit congé du roi que plus tard.

C'est à la demande du roi que le pape Alexandre avait députe vers lui ces trois légats (2) ; il les lui envoya comme à son fils de prédilection, dit O. Vital. L'accueil fait par le roi aux ambassadeurs du Saint-Siége montrait aussi tout le prix qu'il attachait à leurs services ; il les retint auprès de lui pendant près d'une année et les entoura de respect, à l'égal des anges du Seigneur (3). Le fait de demander aux envoyés de Rome une consécration nouvelle de sa puissance et de recevoir de leurs mains la couronne était le signal de la rupture avec le clergé saxon. Pendant l'octave des fêtes de Pâques, un concile fut réuni à Winchester : Guillaume en avait ordonné la convocation et le pape avait accordé son assentiment (4). La dégradation de Stigand fut la grande affaire de ce concile ; toute la politique nouvelle était en germe dans ce premier acte. Au point de vue politique, Stigand était redoutable ; malgré l'interdit anticipé sous lequel il vivait depuis quatre ans (5), sa dignité, ses richesses, le souvenir de ses rapports avec Godwin et Harold en faisaient, même contre son gré, un des chefs du parti saxon (6). Pour Rome, il était coupable ; on lui reprochait trois choses : il était en même temps titulaire de l'évêché de Winchester et de l'archevêché de Cantorbéry ; il avait accepté la succession du Normand Robert, dont la cour de Rome n'avait jamais reconnu la déchéance, et il s'était servi pendant quelque temps pour la célébration des offices du pallium du prélat dépossédé ; il avait solli-

1. Florentius Wigorn., anno 1062. — Roger (cité par Baronius, XVII, p. 222) dit qu'Hermenfroi assista à l'élection de Wulstan, non d'Aldred.

2. Ex petitione ipsius Alexander idoneos... legaverat vicarios. (O. Vital, IV, 6.)

3. O. Vital, *ibid*.

4. Jubente et præsente rege Guillelmo, Alexandro papâ consentiente. (Roger de Hoveden. *Annales*, pars prior, p. 259.)

5. Cet interdit était réel : Stigand avait été suspendu depuis longtemps de ses fonctions épiscopales par Alexandre II. (O. Vital, III. 14.)

6. Illum cujus inter Anglos auctoritas erat summa. (Guill. de Poitiers.)

cité et reçu le pallium du pape Benoît, que le parti d'Hildebrand avait toujours traité d'antipape, et dont l'élection avait été annulée.

Cette triple accusation était fondée. Stigand est un des hommes de cette époque dont la mémoire a été le plus chargée ; mais en disputant le souvenir de sa vie aux calomnies et aux mensonges, on doit reconnaître qu'il fut de tout point le véritable représentant du clergé anglais ; il ne fut ni meilleur ni pire que la plupart des hauts personnages ecclésiastiques de son temps et de son pays. Le fait d'une simonie scandaleuse est attesté par tous les auteurs. Dans un chapitre qui a pour titre : « *De novâ servitute Ecclesiæ anglicanæ.* » M. Paris dit de lui : « *Stigandus qui prius simoniace fuerat episcopus Helmhamensis* (1). » Malmesbury, qui n'est pas hostile à Stigand, raconte que sa vie fut un long effort d'intrigues pour arriver aux plus hautes dignités ; il quitta successivement Elmham pour Winchester, Winchester pour Cantorbéry ; tous ces honneurs furent achetés ; à son tour, il trafiqua des évêchés et des abbayes, réservant pour lui seul les plus riches. Le véritable jugement sur Stigand est cependant celui de Malmesbury lui même : « Je « crois, dit-il, qu'il fut plus coupable d'erreur que de parti « pris (2) ; c'était un homme illettré, comme la plupart des évêques « anglais de cette époque ; on pourrait dire presque tous. » Les « hontes de sa vie » (3), dont parle Guillaume de Newbridge, ne sont rien de plus que le faste princier et les mœurs toutes séculières (4) des seigneurs ecclésiastiques, et s'il était naturel qu'un pouvoir plus sévère les proscrivît, l'histoire doit quelque indulgence à un homme dont le seul crime est d'avoir été de son temps.

La chute de Stigand entraîna celle de son frère Agelmar, évêque d'Elmham. L'archevêque déchu de Cantorbéry fut mis en prison ; mais il ne tarda pas à s'échapper et il chercha un asile en Écosse.

Cette mesure fut le signal des changements dans le haut personnel ecclésiastique de l'Angleterre. Dans le même concile un grand nombre d'abbés furent frappés et leurs dignités conférées à des

1. *Histor. Anglorum*, anno 1070.

2. Ego conjicio illum non judicio, sed errore peccâsse, quòd homo illiteratus, sicuti plerique et penè omnes tunc temporis Angliæ episcopi. (Guill. de Malmesbury. *De Gest. Pont.*, I.)

3. Dedecora vitæ. (Guil. de Newbridge. *De Rebus Anglicis*, I.)

4. Sæcularibus curis et actibus nimis intentus erat. (O. Vital, III, 14.)

Normands. Ces substitutions en masse de dignitaires normands aux dignitaires saxons frappèrent les contemporains, qui remarquèrent surtout le caractère administratif de ces mesures; d'ailleurs, les premiers choix furent loin d'être toujours heureux; plus d'une fois les moines normands, devenus abbés en Angleterre, surpris par cette grandeur inespérée et comme saisis de vertige, s'abandonnèrent à l'exercice immodéré de leur pouvoir; ce changement de fortune fut aussi « regrettable, aussi dangereux pour leurs inférieurs que pour eux-mêmes (1). »

Il est naturel que sur cette question critique les auteurs se divisent en deux partis : les uns ne voient dans ces changements que des mesures administratives (2), et le trafic des richesses de l'Église pour payer de grands services; les autres, rendus plus clairvoyants par leur partialité même qui cherche partout des raisons de louer Guillaume, ont deviné les motifs religieux.

On a peut-être exagéré l'importance particulière du concile de Winchester, en rapportant à cette assemblée la réforme de la vie du cloître et la constitution nouvelle de l'Église (3). Ce fut plutôt le prélude de la réforme; on déblaya le terrain pour élever l'édifice nouveau de la constitution romaine. Pour l'une et pour l'autre, il ne suffisait pas de légiférer et de frapper; il fallait la longueur du temps et une fermeté éclairée dans l'application des nouveaux principes. Le rôle de Lanfranc était tout marqué et son heure était venue.

Après le concile de Winchester, les deux cardinaux Jean et Pierre quittèrent l'Angleterre; Hermenfroi resta auprès de Guillaume, et peu de temps après il convoqua un nouveau concile à Windsor. On a quelquefois confondu ces deux assemblées et O. Vital rapporte à la seconde la déposition de Stigand, fait capital de la première (4). L'erreur est manifeste; mais elle est de peu d'importance : les deux conciles, tenus à quelques semaines

---

1. Mutatio quæ quibusdam utilis et nonnullis periculosa, tam magistris quàm subditis, facta est. (O. Vital, IV, 6.)

2. Ob confirmationem scilicet sui, quod noviter adquisierat, regni... suspicione, ut diximus, tantùm inductus novi regni. (Roger de Hoveden. *Annales, pars prior.*)

3. Gfrörer. *Grégoire VII...*, tome III, ch. XXII.

4. O. Vital, IV, 6. — Milon Crispin (VI) fait la même confusion.

de distance (octave de Pâques et Pentecôte), ne sont que la continuation l'un de l'autre ; leur caractère est le même ; il n'y a de changement que dans le lieu des séances.

A Windsor, le jour de la Pentecôte, le roi donna au chanoine de Bayeux, Thomas, l'archevêché d'York, vacant depuis la mort d'Aldred ; son chapelain Vauquelin, ancien moine de Saint-Étienne, reçut l'évêché de Winchester. Le lendemain, sur l'ordre de Guillaume, le légat Hermenfroi ouvrit le concile. L'évêque des Saxons du sud, Agebrik, de nombreux abbés furent déposés ; et le roi fit donner à son chapelain Herfast l'évêché d'Elmham, à Stigand, l'évêché des Saxons du sud. Quelques moines normands reçurent en partage des abbayes. Le choix d'Herfast était malheureux : le nouvel évêque devait à la seule faveur la dignité épiscopale ; on ne sait rien de ses mœurs et aucun texte ne les accuse ; mais son ignorance était profonde. Lanfranc le lui avait autrefois fait sentir cruellement. Quel que fût le dessein de Guillaume, ses choix risquaient de s'égarer, s'ils n'étaient dirigés ; il importait qu'un homme d'Église prît la direction de ce mouvement, et les traditions religieuses de l'Angleterre attribuaient naturellement ce rôle à l'archevêque de Cantorbéry. Il fallait pour ce siége un homme que la sainteté de ses mœurs mît au-dessus du soupçon, dont le nom seul ajoutât à l'éclat de sa dignité, versé dans l'étude des lettres divines et humaines, et dont le caractère établît tout d'abord une autorité indiscutée sur les évêques suffragants et « le bercail » tout entier (1). Lanfranc était désigné pour cet honneur ; ses talents, son caractère, le rendaient éminemment propre à ce rôle. Depuis longtemps, il exerçait dans le conseil de Guillaume une décisive influence ; et l'administration religieuse de la Normandie lui était abandonnée (2).

S'il faut en croire M. Crispin et O. Vital, l'évêque de Sion lui-même serait allé en Normandie, avec d'autres envoyés de Guillaume, pour offrir à Lanfranc le titre d'archevêque de Cantorbéry (3) ; la proposition du roi lui fut communiquée dans un concile des

1. In sede metropolitanâ meditabatur sanctum vitâ, famâ clarum, eloquentiâ divini verbi potentem. — Guil. de Poitiers.

2. Ipsius (Lanfranci) consilio rex ipse, ante conquestum et posteà, omnia sua tractabat negotia. (M. Paris. *Liber de Abbat. S.-Albani*, p. 29.)

3. Ch. VI.

évêques et des abbés de Normandie. Lanfranc refusa d'abord l'écrasant fardeau dont on voulait le charger; il demanda du temps pour se recueillir, certain qu'il devait se résigner à sacrifier aux fonctions épiscopales le calme et les méditations fécondes de la vie monastique. Peut-être aussi, avant de se livrer aux orages politiques, l'immensité de la tâche effrayait-elle son courage. Comme à la mort de Maurile, il se sentait pris de regret et d'effroi à l'entrée d'une vie nouvelle. Si nous pouvions dérober leur secret à ces âmes que le monde et Dieu se sont disputées, nous serions surpris par le sentiment profond des devoirs que l'épiscopat représentait à leurs yeux, et nous serions moins prompts à soupçonner la sincérité de ces résistances qui surprend nos vulgaires ambitions. La reine et son fils, tous les seigneurs normands le priaient d'accepter : mais cet esprit mesuré, qui ne livrait rien à l'entraînement ni au hasard (1), hésitait encore. Sous quelque aspect qu'on la considérât, cette nouvelle dignité était faite autant pour épouvanter que pour éblouir. Sacrifier le repos du cloître pour les périls d'une administration en pays conquis et des luttes peut-être sanglantes; livrer à la haine des partis sa mémoire et les restes d'une existence presqu'à son terme, telles durent être ses craintes. Il ne fallut rien moins que l'ordre formel d'Herluin « auquel il obéissait comme au Christ (2) », pour triompher de ses scrupules. A l'abbé du Bec se joignirent tous les barons normands qui avaient reçu de Guillaume l'ordre d'insister auprès de Lanfranc.

Il hésitait encore, dit Crispin, lorsqu'il passa la mer; il espérait fléchir le roi et il attendait plus de joie de son retour (3). Guillaume le reçut avec les plus grands honneurs et Lanfranc subit sa grandeur nouvelle.

A quelque parti que l'on appartînt, le choix d'un archevêque de Cantorbéry était un événement considérable : la cérémonie de la consécration se fit avec une pompe inaccoutumée ; le roi convia tous les hauts personnages ecclésiastiques et séculiers du royaume (4); les évêques normands déjà consacrés et un grand nombre

---

1. Quia omne factum et dictum ejus discretionis dirigebat norma. (O. Vital, IV, 6.)
2. *Vita*, 6.
3. Sperans jucunditatem in reversione. (*Vita*, 6.)
4. Multa dignitas regni Ecclesiastica et sæcularis. (*Vita*, VI.)

de prélats et d'abbés saxons se rendirent à Cantorbéry ; on compta huit évêques présents à la cérémonie, le 28 août 1070 (1). Il y eut comme un semblant d'élection par les anciens de l'Église de Cantorbéry, les évêques, les seigneurs, les clercs et le peuple (2). L'importance qu'attachait Guillaume à cet événement parut telle que les évêques empêchés s'excusèrent par lettres de ne pouvoir y figurer (3). Lanfranc fut assisté par les évêques Guillaume, de Londres, Siward, de Rochester, Vauquelin, de Winchester, Remy, de Dorcester, Herfast, d'Helmham, Hermann, de Sherborne, Gison, de Wells, et Stigand.

Du jour où il fut installé, il se substitua naturellement au roi dans la direction suprême des affaires ecclésiastiques : il n'y eut pas abdication de la part de Guillaume, qui conserva toujours la haute main et la surveillance sur cette partie importante des affaires de l'État : mais, sauf deux circonstances où l'accord de ces deux hommes parut un instant troublé, ces deux volontés, dirigées par les mêmes principes et cédant aux mêmes intérêts, n'en firent qu'une. A une époque où les limites de l'autorité spirituelle étaient mal fixées, et où le soin des âmes donnait aux gens d'Église l'occasion et le droit d'intervenir partout en arbitres, l'influence de Lanfranc pouvait aisément devenir toute puissante ; nous en suivrons le développement, et, nous le verrons, ministre sans rival, gouverner l'Angleterre en l'absence de Guillaume, diriger en toutes circonstances les conseils du roi, son ami (4).

Dès la fin de 1070, Guillaume s'en remet à Lanfranc du soin de continuer l'œuvre commencée : le nom du roi ne paraît plus que rarement dans les actes des conciles tenus en Angleterre ; celui de Lanfranc semble donner aux décisions toute leur autorité. La Chronique saxonne ne parle plus de Guillaume, et Lanfranc y apparaît comme le seul responsable de tous les actes d'administration religieuse postérieurs aux conciles de 1070.

---

1. La *Chron. saxonne* donne la date du quatrième jour des calendes de septembre.

2. Eligentibus eum senioribus ejusdem Ecclesiæ cum episcopis et principibus, clero et populo Angliæ. — Gervasius. *Act. Pont. Cant.*, p. 1653.

3. Reliqui autem qui aberant, per nuntios et litteras significaverunt quare interesse non possent. (*Chron. saxon.*, éd. Gibson, p. 175.)

4. Regis... specialis consiliarius. (M. Paris. *Hist. Angl.*, an. 1071.)

L'homme aux mains duquel l'Église saxonne était remise, n'était pas exempt des préjugés de la conquête, et on méconnaîtrait son vrai caractère, si on lui prêtait cette impartialité sereine qu'en aucun cas la passion ne saurait troubler. Lanfranc croyait à l'infériorité intellectuelle et morale du clergé anglo-saxon ; cette appréciation sincère fut le principe de son gouvernement ; mais il ne sut pas toujours cacher sa hauteur dédaigneuse, surtout dans les premiers temps. La grossièreté et l'ignorance des évêques anglo-saxons rebutaient cet esprit cultivé : il ne leur épargna pas toujours ces jugements trop vrais, qui, dans la bouche du vainqueur, irritent autant que l'injustice (1). Il ne recula pas devant l'emploi des moyens violents, et « comme établi par Dieu pour arracher, dis- « perser, disséminer, édifier et planter, il s'efforça de rétablir « l'Église d'Angleterre d'après un plan nouveau (2) ».

L'ironie tempère ici l'éloge ; l'auteur semble accuser un réformateur impatient et capricieux ; il reconnaît pourtant qu'il y avait beaucoup à corriger et à rétablir, et que clercs et moines voulaient une réforme profonde.

Pour saisir le vrai caractère de l'œuvre de Lanfranc, il faut la considérer dans son ensemble sous plusieurs aspects ; nous ne raconterons pas sa vie année par année ; à suivre trop servilement l'ordre chronologique, on se condamne à sacrifier le groupement logique des faits qui en facilite l'intelligence. Nous étudierons d'abord sa conduite envers l'Épiscopat, et l'examen des textes relatifs aux évêques dépossédés et à leurs successeurs confirmera, dans la plupart des cas, le jugement général porté plus haut ; les textes sont malheureusement rares et peu précis ; il se dégage pourtant de cette étude une impression qu'il faut recueillir.

Il est à remarquer d'abord que la Chronique saxonne, qui n'est pas suspecte, n'a pas une expression de haine pour Lanfranc : dans le récit succinct qu'elle donne des événements, elle accorde toute une page à l'exposé de son administration ; et bien qu'elle lui attribue la responsabilité tout entière de ces mesures, elle ne le

1. Cœpit prælatos Angliæ... pro simplicitate contemnere et ydiotas vocare et aliquos de litteraturæ ignorantiâ accusare. (M. Pàris, *Histor. Angl.*, an. 1073.

2. Ailredus abbas. *De Vit. et Mirac. Edwardi conf.* — Twysden, p. 406.

juge pas sévèrement : elle énumère, à leur date, les dépositions d'évêques et d'abbés; aucune expression de sympathie ou de colère n'accompagne ce simple compte rendu. A deux reprises, l'épithète *venerabilis* est donnée à Lanfranc (1), et, si banale qu'elle paraisse, elle vaut la peine d'être notée sous la plume d'un écrivain d'ordinaire si sobre de louanges; même envers ses amis, et si contenu dans ses haines.

Il n'est pas difficile de compter parmi les évêques appelés par Lanfranc quelques-uns de ces hommes qui en tout pays eussent fait honneur à leur dignité et à l'Église. L'évêché de Rochester était plus que tout autre, par l'effet de son voisinage, sous la main de l'archevêque de Cantorbéry. A l'époque de la conquête, le titulaire était Siward, qui garda son siège au moins pendant quatre ans encore, puisqu'on le voit assister en qualité d'évêque suffragant au sacre de Lanfranc (2). Il laissa son Église dans un état de dénûment absolu (3) ; quatre chanoines à peine y continuaient les pratiques religieuses ; ils offraient l'affligeant spectacle de religieux à peine vêtus, nourris par la charité publique (4).

Lanfranc appela à Rochester, en 1076, un ancien moine du Bec, Hernost, qui mourut dans l'année. Son successeur fut aussi un moine, Gondulphe. C'était un homme d'une religion éprouvée, d'un esprit cultivé, propre à l'administration, et que ses heureuses facultés semblaient prédestiner à une rapide fortune (5). Il était né dans le diocèse de Rouen et avait gagné de bonne heure l'amitié de l'archevêque Maurile. Assailli par une tempête, au retour d'un voyage à Jérusalem, il fit le vœu d'embrasser la vie monastique. Élève de Lanfranc au Bec, il suivit son maître à Saint-Étienne, et forma avec Anselme des relations d'amitié qui durèrent autant que sa vie. On a conservé dans la correspondance d'Anselme quelques lettres à Gondulphe, qui honorent l'évêque de Rochester.

Gondulphe seconda Lanfranc avec le plus grand zèle dans son

1. Éd. Gibson, p. 180 et 195.
2. Gervasius, p. 1653.
3. Omnium rerum indigentia intus et extrà. (Guil. de Malmesbury. *De Gest. Pont.*, I.)
4. *Ibid.*
5. Religionis plenus, litterarum non nescius, in rebus forensibus acer et elimatus, et qui putatus sit divinâ potissimùm electione hunc honorem meruisse. (*Ibid.*)

œuvre de restauration littéraire : s'il n'a pas laissé la réputation d'un écrivain, on ne peut douter qu'il n'ait donné tous ses soins aux choses de l'esprit : en 1734, parmi les livres d'Herman van de Wal on a trouvé une bible écrite en partie de sa main, portant la suscription suivante : *Prima pars Bibliæ per bonæ memoriæ Gundulphum Roffensem episcopum*(1). Sous sa direction, et par les soins de l'archevêque, l'Église de Rochester reprit son ancienne importance, et la vie monastique y fut rétablie dans des conditions de dignité et de bien-être toutes nouvelles (2). L'année même de l'installation de Lanfranc, mourut l'évêque de Hereford, Gauthier, dont la vieillesse libidineuse fournit à Malmesbury un récit piquant. Gauthier était Lorrain ; il avait été promu à la dignité épiscopale en 1060 ; son successeur fut Robert, Lorrain comme Gauthier. Ainsi les Anglo-Saxons n'étaient pas les seuls à offrir les scandales, ni les Normands à représenter la réforme : cet exemple mérite d'être remarqué. Robert passait pour savant ; il était venu en Angleterre quelque temps après la conquête, et le vénérable Wulstan l'avait ordonné prêtre. Il s'établit entre ces deux hommes une amitié profonde ; c'est lui que Wulstan manda à Worcester à ses derniers moments (3), et qu'il informa de sa mort par un songe miraculeux. L'évêque saxon n'eut pas d'ami plus dévoué. Robert fut consacré par Lanfranc le 29 décembre 1079. Il possédait toutes les connaissances astronomiques de son temps : l'abacus, le comput lunaire, le cours des astres lui étaient familiers (4) : il se fit surtout une grande réputation comme chronographe. Le moine Marianus Scotus de Mayence avait consacré les loisirs de son existence à mettre d'accord les calculs chronologiques de Denys le Petit et les dates des écrivains sacrés. Robert connut le volumineux traité de Marianus ; il en publia un abrégé qui fit longtemps autorité et qui fit oublier l'original (5). Malmesbury considère Robert comme le savant le plus considérable de son temps.

1. *Hist. littér. de la France*, IX, p. 374.
2. Monachi plus quinquaginta facti, a quibus et amatur regula et omnia abundant necessaria. Deputatur id Gondulphi gloriæ maximèque Lanfranci industriæ. (Malmesb. *De Gest. Pont.*, I.)
3. *Siméon de Durham.* — Twysden, p. 220.
4. *Chron. Jean Bromton*, p. 970.
5. Malmesb. *De Gest. Pont.*, 2.

Le changement de personnes ne fut point partout violent : lorsque le siége épiscopal fut transféré de Sherborne à Salisbury, l'évêque Herman ne fut pas dépossédé et il présida à la construction d'une nouvelle église : la mort seule l'empêcha d'en faire la dédicace (1). Son successeur, Osmond (1077), fut un évêque accompli. Il appela et sut retenir auprès de lui les clercs les plus instruits : il composa pour son église une bibliothèque importante, copiant et reliant lui-même les livres (2) ; sa vertu ne fut jamais l'objet d'un soupçon (3) ; son gouvernement fut quelquefois rude, parce qu'il pardonnait mal aisément à autrui des faiblesses qu'il ne connaissait pas lui-même : les contemporains ne lui adressèrent pas d'autre reproche. Il composa pour son église un recueil de canons ou *consuetudinarium* qui fit longtemps autorité pour l'Angleterre, le pays de Galles et l'Irlande (4).

Le choix de pareils hommes, fussent-ils les seuls, témoigne assurément de préoccupations autres que celles de la conquête. Il serait puéril de chercher à justifier tous les choix nouveaux ; il arriva à Lanfranc lui-même, plus circonspect ou moins pressé par la nécessité que Guillaume, de dépasser quelquefois la mesure que sa prudence lui fixait : jamais il ne se laissa entraîner plus loin hors des limites de la justice que dans l'affaire de Wulstan.

On ne saurait dire exactement la date de cet événement : si on le place, comme le veut Labbe (5), à la fin de 1070, on explique plus aisément l'erreur de Lanfranc par l'ignorance où il était encore des mérites divers de ses suffragants. Mais aucune autorité ne confirme le système de Labbe, et le concile de Londres où Wulstan faillit être déposé n'est autre évidemment que le concile de 1075. Bromton donne la date de 1076 (6). Mais Malmesbury, qui rapporte les actes authentiques de ce concile, le place en 1075 (7).

---

1. Morte senili tempus dedicationis prævenit. Malmesb. *De Gest. Pont.*, 2.

2. Malmesb. *Ibid.*

3. Castitate præminens. (*Ibid.*)

4. Wright. *Biogr. Britan. litter.*, II, p. 23. — *Chron. de Bromton*, p. 977.

5. IX, 1203.

6. Twysden, p. 976.

7. *De Gest. Pont.*, livre I. — Mathieu de Westminster donne 1074. — Dans Spelman, l'affaire de Wulstan est rapportée à deux conciles différents : en 1070, au concile de Londres, II, p. 4, et en 1078, II, p. 14.

C'est donc au moins cinq ans après la prise de possession de son siége que Lanfranc s'attaqua à l'évêque de Worcester. Le peuple d'Angleterre devait plus tard faire un saint de Wulstan ; ce n'était pas seulement la glorification de sa conduite politique : toute sa vie était un titre à cet honneur. Élevé à la dignité épiscopale par l'archevêque Aldred, en 1062, il avait montré pour défendre les priviléges de son Église la plus grande énergie : à la cour du roi Édouard il avait apporté la même simplicité de mœurs ; il était pour tous un sujet de surprise et un exemple. Le grief de Lanfranc contre Wulstan était son ignorance (1). On est tout d'abord surpris de la contradiction des textes sur ce point : mais cette contradiction n'est qu'apparente. Malmesbury témoigne lui-même en faveur de Wulstan : l'évêque de Worcester ne saurait être comparé à ces clercs grossiers qui composaient en majeure partie l'Église anglaise ; il avait appris des lettres ce qu'on en enseignait en Angleterre de son temps ; mais tourné de bonne heure vers les choses de la religion, il avait négligé comme indignes d'un prêtre les lettres profanes et la dialectique (2). Les Anglo-Saxons avaient, dans la dernière période de leur histoire, traité le latin comme une langue morte ; leurs ouvrages ordinaires commençaient à s'écrire en langue vulgaire, et le saxon était souvent employé dans les homélies. Bien que l'ignorance de Wulstan ne fût pas réelle, il manquait de cette haute culture que donnait le commerce des lettres profanes ; aux yeux du maître du Bec il ne pouvait passer pour un lettré. On ne peut se refuser à admettre la sincérité du motif ; toute autre raison manquerait de vraisemblance. Wulstan ne conspira point, et après 1075 il gagna les bonnes grâces de Guillaume et de Lanfranc. Cependant cet usage constant de la langue vulgaire auquel se plaisait Wulstan pouvait porter ombrage à Lanfranc pour d'autres motifs. Cette langue était, au début surtout (3), inconnue aux

1. Inclamatum est in Vulstanum a Lanfranco de litterarum inscitiâ. (Malmesb., *ibid.*)

2. Fabulas poetarum et tortiles syllogismos dialecticorum, quæ nec nosset nec nosse dignaretur. (Malmesb., *ibid.*)

3. Ingulph nous dit (p. 512, éd. 1596) que, même dans les écoles, on apprenait aux enfants la grammaire « *linguâ Gallicâ* ». Mais O. Vital raconte que lorsqu'il fut envoyé par son père en Normandie, à l'âge de douze ans, il ne comprit pas la langue qui se parlait autour de lui : « *Linguam, ut Joseph in Ægypto, quam non noveram, audivi* ». (Livre XIII, chap. dernier.

conquérants ; elle avait la faveur du menu peuple, et c'est dans ce langage accessible à tous que le clergé anglo-saxon avait répandu des doctrines contraires à la foi romaine. Le souvenir des homélies d'Ælfrik la condamnait. Cet amour pour le langage de tous, était comme une forme de la résistance aux lois de Rome : la catholicité voulait, avec une même foi, une même langue. La scène de la résistance du prélat menacé et son invocation au roi Édouard est pleine de grandeur : « C'est de toi, Édouard, dit-il, que j'ai reçu ce bâton pastoral ; c'est à toi seul que je veux le rendre » ; et il frappa de sa crosse la pierre tumulaire du Confesseur. Les imaginations émues par tant de fierté dans le malheur, se plurent à voir une intervention miraculeuse : la crosse s'enfonça dans le marbre et nul ne put l'en arracher avant la révocation de la sentence. Le ciel s'était prononcé ; Lanfranc et Guillaume conservèrent à Wulstan sa dignité : une faute avait été épargnée au chef de l'Église anglaise.

Malgré ce dernier exemple, et peut-être à cause de cet exemple, il n'en reste pas moins établi que s'il y eut un parti pris, ce ne fut pas celui de la haine aveugle et de la conquête. Non qu'il faille juger de tous les nouveaux évêques et abbés par les hommes dont nous avons présenté les mérites : il y eut les avides et les ignorants, pressés de jouir et corrompus par la victoire même. C'est la triste condition des chefs de ne pouvoir refuser le prix de certains services et de voir après la victoire leur autorité méconnue. Aucun de ces choix n'est imputable à Lanfranc ; son rôle consiste même à réparer la faute presque inévitable de la première heure. Si on lit attentivement les historiens qui ont présenté un tableau complet de cette époque, et dont l'impartialité est établie, O. Vital par exemple, on voit sur le seul fait de la composition du nouveau clergé les témoignages les plus contraires. Nous avons cité plus d'un texte d'O. Vital très-favorable aux nouveaux venus ; on pourrait en opposer maint autre qui serait la négation formelle des premiers.

Le chapitre VIII du livre III est tout entier consacré à la peinture de ces cupidités insatiables des gens d'Église, de ce trafic des choses saintes, des dignités, évêchés, abbayes, archidiaconats, doyennés. Les éloquentes imprécations de Guitmond d'Aversa ont fait durer cet affligeant souvenir. O. Vital n'est pourtant pas en désaccord avec lui-même; et Guitmond n'a pas exagéré, mais il n'a vu qu'un côté des choses. Il est hors de doute qu'il y eut alors un double courant de Normandie et de France vers l'Angleterre; d'abord ces légions de moines affamés de liberté et de jouissances, que sur le continent même la discipline naguère rétablie contenait à peine, ces natures grossières qui ne connaissent jamais qu'une vertu de contrainte, et qui se ruèrent sur l'Angleterre comme sur une proie. Leurs excès furent inouïs et ils semblent donner raison aux historiens qui ne veulent voir dans la conquête sous ses deux formes qu'un pillage : tels ce Turold, que Guillaume, un jour de bonne humeur, envoyait dans le monastère de Peterborough, pour mettre au premier rang des frontières menacées cet abbé soldat : tel ce Toustain, pour lequel la réforme religieuse n'était que caprice et prétexte à vexer les moines saxons; ce Guérin de Lire, qui faisait jeter au vent les cendres de ses prédécesseurs : tels ces abbés qui faisaient de leur cloître une arène et portaient les armes contre leurs moines : tel ce Robert, évêque de Litchfield, dont les excès provoquèrent à deux reprises l'intervention du roi et de Lanfranc; tel enfin cet évêque qui faisait servir un banquet par des femmes à demi-vêtues et qui tournait bruyamment en ridicule l'indignation des Anglais à ce spectacle. Il y eut aussi dans la conquête politique des violences analogues. Peut-on nier pourtant qu'il soit sorti de ce sang et de ces ruines un ordre nouveau? L'arrivée des Normands en Angleterre n'a-t-elle été, comme le veulent les écrivains saxons, qu'un inutile fléau de Dieu? Dans l'ordre temporel, au-dessus des violents, des despotes improvisés par la victoire et d'autant plus odieux, de ceux que la possession inespérée de biens acquis sans efforts transporta jusqu'au délire, il y eut les politiques, qui, dès le premier jour, eurent leur plan de gouvernement et le suivirent jusqu'au bout. Dans l'ordre spirituel aussi, il y eut, au-dessus des exagérés, les politiques; Lanfranc est leur chef; on doit remarquer qu'aucun des moines ou évêques que l'histoire a flétris ne fut sa créature. L'opposition ne tarda pas à éclater entre ces deux classes du clergé anglo-normand : c'est un signe grave que Guitmond ait osé tenir devant Guillaume le rude langage qu'O. Vital a conservé. Le récit d'O. Vital montre bien que le roi n'en fut pas blessé, mais que certains évêques et abbés accusés de rapacité ne pardonnèrent pas au moine sa franchise. Les hommes comme Guitmond étaient les auxiliaires naturels de Guillaume. L'évêque de Litchfield, Robert, avait dépouillé le monastère de Coventry, forcé les coffres où les moines avaient enfermé leurs trésors et démoli leurs maisons pour se faire bâtir un palais. Nous ignorerions ces excès sans une lettre de Lanfranc qui condamne l'évêque et qui le somme de mettre fin à ces violences (1). Lanfranc écrivit à deux reprises : la seconde fois, il prescrit, il ordonne au nom du roi et en son propre nom (2), de rendre au couvent de Coventry tout ce qui lui a été enlevé : « l'abbé et ses moines ont « porté plainte auprès de moi : vous êtes entré de force dans le « dortoir, vous avez brisé leurs cassettes, enlevé leurs chevaux « et tous leurs biens. C'est encore peu : vous avez démoli leurs « maisons, et fait porter les matériaux dans vos fermes. Vous êtes « resté huit jours entiers au couvent, avec votre maison, vivant « aux dépens des moines. Vous oubliez que ce ne sont pas là vos « devoirs, que vous outre-passez votre puissance, qu'il vous fau- « drait veiller sur les âmes avec la sollicitude d'un pasteur et leur « fournir, en paroles et en actions, le salutaire exemple d'une « bonne vie et de bonnes mœurs. » Quel compte Robert tint-il de ces ordres ? On l'ignore. Mais c'est beaucoup que la lettre ait été écrite, sous un prince qui n'aimait pas à ordonner en vain.

Les démêlés de l'abbé de Glastonbury, Toustain, et de ses moines sont souvent cités. La singularité de son despotisme qui voulait leur imposer un chant nouveau aboutit après bien des querelles (3) à une révolte (1083). L'église fut ensanglantée par la lutte des moines et des soldats de l'abbé, le crucifix fut criblé de traits, et les marches de l'autel couvertes de sang. Toustain était une créature de Guillaume (4); il avait été moine à Caen. Il n'en fut pas moins sacrifié sans pitié, et renvoyé à Caen en exil (5). Dans sa disgrâce, il implora Lanfranc. La réponse de l'archevêque nous est parvenue. « Priez Dieu pour qu'il se souvienne de vous et qu'il

---

1. *Lettre* 29.
2. Mandans et præcipiens ex parte regis et nostrâ. (*Ibid.*)
3. Hinc lites verborum animorumque discordiæ... post jurgia ventum ad arma. — Malmesb. *De Gest. Pont.*, 2.
4. Qui dono regis Willelmi patris ejus monasterii abbas factus. (*Ibid.*)
5. Hujus criminis noxâ totâ vitâ regi infamatus. (*Ibid.*)

« vous prenne en pitié : faites-le avec instance vous-même, faites
« prier aussi vos amis; pour nous, nous ne négligeons rien à cet
« effet. Faites offrir par des amis et de fidèles envoyés votre sou-
« mission au roi notre maître. S'il vous repousse, n'en soyez que
« médiocrement triste et inquiet. Car Dieu visitera son peuple
« quand son heure sera venue. Que la miséricorde de Dieu soit
« avec vous (1). » Lanfranc n'ignorait pas ce que vaudraient auprès du roi les efforts de Toustain; ses consolations ironiques sont
précieuses à recueillir.

Il arriva que, dans certaines parties du royaume, à Durham par
exemple, dans le voisinage des frontières les plus menacées et
souvent en plein pays soulevé, l'évêque fut moins un personnage
religieux qu'un chef militaire : ce n'est pas au XIe siècle et dans une
période de conquête que la confusion momentanée de ces deux
personnages peut surprendre. L'évêque saxon de Durham, Egelrik, souleva le pays contre Guillaume; impuissant sur terre, il
combattit sur mer : Malmesbury, peut-être sévère, l'appelle pi-
rate (2); mais Guillaume usa de son droit et ne fut que prudent en
lui donnant un successeur. Egelrik fut exilé de son diocèse (3) et il
subit sa peine à Westminster : l'évêque Vaucher lui succéda.
Après la mort de Walkheoff, institué gouverneur de la province
en même temps qu'évêque, Vaucher avait moins à « réformer les
« mœurs par son éloquence (4) » qu'à contenir par l'épée tout
mouvement de révolte.

De tous les prélats de la conquête, il en est peu qui aient été plus
diversement jugés que Vaucher : pour les uns ce ne fut qu'un chef
militaire, et sa tyrannie fut impitoyable; ses exactions, les rapines
de ses gens mirent le comble aux souffrances des vaincus (5). Il
semble même qu'il ait été moins évêque que comte; la seule lettre de
Lanfranc à son adresse ne dit pas un mot des choses de la religion; l'archevêque lui parle, non de son Église, mais de son camp: «Les Da-
« nois arrivent; c'est un fait certain. Le roi vous en a averti ; for-
« tifiez votre camp; hommes, armes, aliments, préparez tout,

<hr>

1. *Epist.* 53.
2. *Piraticam adorsus.* Liv. II.
3. *Ibid.*
4. *Ibid.*
5. *Hist. Episcop. Dunel.*, (Wharton. *A. Sacra*, t. I.)

« veillez à tout avec zèle (1) ». Pourtant, en lui, le comte ne semble pas avoir fait tort à l'évêque. On consulte avec fruit sur ce point particulier Siméon de Durham. Siméon qui s'est peut-être contenté de reproduire ou de mettre en latin, dans son histoire de l'Eglise de Durham, l'histoire de Turgot, contemporain de Vaucher, donne de lui une opinion moins défavorable. Turgot avait eu à se louer de Vaucher, il pourrait être suspect ; mais il est Anglais (2), et on peut sans doute l'en croire quand il représente Vaucher comme un homme de noble naissance, instruit d'une façon peu commune dans la littérature sacrée et profane, digne par l'honnêteté de sa vie de l'honneur que lui réserva Guillaume (3). L'histoire de l'Église de Durham qui est attribuée à Turgot, et l'histoire des rois d'Angleterre dont on laisse le mérite à Siméon, témoignent des efforts de Vaucher pour rétablir la vie monastique dans son Église (4). Depuis deux siècles, cette région, une des plus ravagées de l'Angleterre, était restée en dehors de tout mouvement de réforme religieuse (5) ; l'habit de moine y était devenu un objet d'étonnement (6). Le zèle de Vaucher n'en parvint pas moins à rétablir quelques centres religieux, bientôt peuplés de moines qu'il y attira de tous les points de l'Angleterre : Turgot fut du nombre. On peut lire dans les deux ouvrages attribués à Siméon le développement donné à cette partie de l'œuvre de Vaucher. Ainsi, ceux mêmes que leur position et les circonstances condamnaient à ce rôle de gardien armé de la conquête, ne paraissent pas avoir tout à fait perdu de vue les devoirs religieux de leur dignité. Les écrivains ecclésiastiques se sont attachés surtout à présenter cet aspect de leur histoire ; et il importe, sans l'exagérer, d'en tenir compte, pour rester dans la vérité et dans la justice.

1. *Epist.* 25.
2. Prosapiam trahens de genere Anglorum non infimo. — Simeo Dunel. *Hist. de Gest. Reg.*, p. 206.
3. Simeo Dunel., p. 41.
4. Hujus strenuitas pontificis, videlicet Walcheri, non solum nullum rerum Ecclesiasticarum passa est detrimentum, verùm etiam in earum augmentum... (Simeo Dunel., p. 46.)
5. Simeo Dunel., p. 206.
6. Monachorum nomen erat provincialibus inauditum ; in stuporem vertebantur, quum quemlibet monachilis habitus et vitæ forte conspicerent. *Ibid.*

Le successeur de Vaucher, Guillaume, fut exclusivement un homme d'Église. Six mois après la mort de Vaucher, le roi désigna pour occuper le siége de Durham (1) un ancien clerc de l'Église de Bayeux, qui avait pris la robe de moine au couvent de Saint-Carilée. Le roi avait souvent éprouvé sa prudence dans des affaires délicates ; la voix publique le proposait comme l'idéal du religieux (2). Il était connu pour ses mérites et ses talents à la cour de Guillaume, à la cour du roi de France : Rome elle-même savait son nom. L'œuvre religieuse de Vaucher fut reprise et continuée; un trait distingue cependant l'épiscopat de Guillaume. En prenant possession de son évêché, il trouva le territoire complétement dévasté par les longues guerres et les rigueurs de la vengeance du roi ; et le lieu consacré par la présence du corps de saint Cuthbert dans un état d'abandon indigne d'un tel souvenir. Le corps de saint Cuthbert, honoré dans l'Angleterre tout entière, surtout dans l'Église de Durham, comme saint national, était comme le palladium de la contrée. Le premier soin de Guillaume fut de rétablir le culte du saint Saxon. Il convoqua les anciens de son diocèse, pour apprendre d'eux les usages consacrés : on lui répondit que de tout temps, lorsque le siége épiscopal était encore dans l'île de Lindisfarne, le culte du saint avait été confié à des moines, mais que les révolutions successives avaient tout emporté. L'évêque prit conseil du roi, de la reine Mathilde et de Lanfranc (3) : le roi s'adressa au pape Grégoire qui donna son approbation ; et le culte de Cuthbert fut restauré avec une magnificence inconnue jusque là. L'historien de l'Église de Durham n'a pas assez d'éloges pour cet acte pieux. Pour tout autre que pour l'évêque, c'était politique autant que piété. La date du rétablissement du culte de Cuthbert est fixée à l'année 1083.

Quelques années plus tôt, la proposition de l'évêque eût trouvé peut-être moins bon accueil auprès de Guillaume et de Lanfranc. Pendant les premières années de la conquête, les saints saxons qui avaient été pour les vaincus comme un suprême refuge contre les violences de la victoire, étaient devenus pour les conquérants aussi

---

1. Ab ipso rege electus. Simeo Dunel., p. 49.

2. Morum honestate ità compositus, ut per id temporis nemo in hâc ci putaretur esse præferendus. (*Ibid.*)

3. Simeo Dunel., p. 50.

odieux que les vaincus eux-mêmes : tandis que les plus grossiers s'abandonnaient contre eux à toutes les fureurs de la haine, les esprits supérieurs n'échappaient pas à ce préjugé ; Lanfranc lui-même blessa le patriotisme saxon par l'injustice de ses jugements sur le martyre de Saint-Ephège. Saint-Ephège, archevêque de Cantorbéry, était mort dans les tourments pour n'avoir pas voulu laisser payer sa rançon par son Église. Avec plus de tact et une âme plus généreuse, Lanfranc n'eût pas traité avec dédain son prédécesseur martyr. Mais il était sincère, comme en témoigne sa conversation avec saint Anselme, rapportée par Eadmer. — « Plus j'y réfléchis, plus la sainteté de quelques-uns de ces saints saxons me paraît contestable ». — Mais s'il commit la faute, il sut la reconnaître et la réparer : en 1079, Anselme passa le détroit et alla trouver Lanfranc à Liminge. La condition des vaincus fit plus d'une fois l'objet de leurs entretiens ; et Lanfranc, comme il eut fait d'un cas de conscience, consulta lui-même son ami sur les mérites d'Elphège. Avec plus de subtilité peut-être que d'éloquence, Anselme prouva que si la cause, et non le supplice, fait le martyre, Elphège avait mérité cet honneur : car il était mort pour la justice:— « mourir pour la justice, n'est-ce pas mourir pour Jésus-Christ » ? — Lanfranc se laissa persuader ; de ce jour, il rendit à Elphège les honneurs dus aux martyrs; il confia à Osbern le soin d'écrire l'histoire de sa vie et [de sa passion, et un chant pieux composé en l'honneur d'Elphège fut ajouté à la liturgie de l'Église honorée par son courage. L'injustice de Lanfranc était réparée.

Mais ces erreurs passionnées ne le furent point partout; et les noms des Adhelm, des Werburge, des Swithun, etc., furent longtemps encore méprisés par les nouveaux venus. La restauration du culte de saint Cuthbert est pourtant une preuve que dans la seconde partie de son administration, Lanfranc, et avec lui Guillaume, renoncèrent à cette proscription des saints nationaux.

Ainsi s'était opérée cette substitution d'un clergé à un autre. Le changement de personnes se fit sans merci, et, sauf Vulstan, on ne citerait pas un seul évêque ou abbé qui n'ait été tôt ou tard remplacé ; la mort épargna à quelques-uns cette douleur. Il est naturel que les contemporains y aient vu un système violent de conquête et rien de plus; il y eut système en effet, il y eut violence, et les sauvageries de la conquête se retrouvent là encore, plus odieuses, parce qu'on souhaiterait davantage les en voir exclues ; mais ce ne fut pas une simple spoliation au profit du vainqueur. Tout ce système repose sur l'opinion arrêtée des chefs ecclésiastiques du parti normand, que le clergé anglo-saxon était inférieur en moralité, en instruction, et qu'il était plus aisé de le remplacer que de le modifier. Ajoutons à cela les nécessités politiques qui condamnèrent la plupart des hauts personnages du clergé saxon comme rebelles, et les convoitises du grand nombre qui ne vit dans les bénéfices ecclésiastiques qu'un butin : nous aurons les trois éléments de cette révolution profonde. Lanfranc ne représente à vrai dire qu'un des aspects de cette révolution : il seconde Guillaume, dont la politique a besoin de son aide ; alors, il n'est qu'agent : il fait effort pour contenir les violents et les avides ; c'est trop peu d'un homme contre une foule, il est souvent impuissant : mais Lanfranc n'obéit qu'à sa volonté propre, quand il remplace par des hommes de son choix des prélats ou des abbés que la politique eût peut-être épargnés, ceux dont la grossièreté, l'ignorance ou la résistance à l'orthodoxie romaine sont les seuls crimes. La réforme qu'il voulait accomplir, l'établissement d'une discipline et d'une hiérarchie nouvelle n'étaient possibles qu'à cette condition : il y aurait une égale erreur à se représenter Lanfranc comme ayant subi à regret ou sans y rien ajouter la volonté de Guillaume ; il fut l'agent de la révolution politique, parce que à ses yeux la révolution religieuse n'était possible qu'à ce prix ; et ce plan une fois conçu, il l'appliqua avec la fermeté d'un homme à qui la vue nette du but à atteindre permet d'aller à travers tous les obstacles sans dévier. Relever l'état des mœurs, renouveler les études, appliquer la discipline nouvelle de la cour romaine, et en même temps faire de l'Église de la Grande-Bretagne tout entière une unité distincte dans la Chrétienté, soumise à la primauté de Cantorbéry, tels furent ses projets ; on peut dire à son honneur : telle fut son œuvre. Nous n'avons encore vu que les moyens.

CHAPITRE VI

Origine ldè la question de suprématie. — Pontificat d'Augustin. — Lettre du pape Grégoire le Grand. — Droits primitifs d'York et de Cantorbéry. — Décadence d'York : ses causes. — Conséquences du pontificat de Théodore. État de la question en 1070. — Le débat est exclusivement religieux. — Intervention de Guillaume. — Le débat devient politique et religieux. — Première décision en 1070. — Concile de Winchester (1072). — Confirmation de la supré-. matie de Cantorbéry : ses conséquences.

A l'arrivée de Lanfranc en Angleterre, deux siéges archiépiscopaux se disputaient la suprématie. D'une antiquité presque égale, rivaux d'importance, fiers de la sainteté de leurs traditions, les deux siéges d'York et de Cantorbéry pouvaient opposer l'un à l'autre des noms de prélats également illustres par leurs vertus, leurs talents, l'éclat de leur rôle politique. Situées presque aux deux extrémités de l'Angleterre, les deux villes semblaient devoir exercer une autorité ecclésiastique presque égale sur le reste du royaume; rien ne semblait plus naturel que ce partage de juridictions.

Ce fut pourtant une des luttes les plus sérieuses que Lanfranc eut à soutenir.

Pour éclairer cet épisode, il faut remonter jusqu'aux premiers temps de l'établissement du christianisme en Angleterre.

Du temps du roi fabuleux *Lucius*, que les chroniqueurs font régner de 179 à 191 après J.-C., on comptait dans la Grande-Bretagne vingt-huit évêchés, distribués dans trois provinces ecclésiastiques. Les trois métropoles étaient : Londres, York, et la ville des Légions *(Urbs legionum)* (Caerleon).

Mais quelle que soit la précision toute factice apportée par les auteurs de ces chroniques dans leurs indications, l'obscurité la plus complète couvre ces premiers temps de l'histoire ecclésiastique de la Grande-Bretagne. Quelques siècles plus tard, tout vestige du christianisme avait disparu; il y eut à l'époque de saint Grégoire le Grand comme une résurrection.

Lorsque le moine Augustin aborda dans l'île de Thanet, qui avait déjà été le point de départ de deux invasions d'un tout autre caractère, rien n'avait survécu de l'ancienne organisation, peut-être imaginée par les moines.

Bientôt séduit par l'ascendant de l'apôtre que Rome lui envoyait, le roi de Kent, Ethelbert, le reconnut pour son père spirituel, et soutenu par le pouvoir politique, Augustin commença la conquête pacifique de l'île entière. Après la conquête, l'organisation. De Rome, saint Grégoire conduisait tout, réglait tout. Il ordonna à Augustin d'aller en Gaule recevoir le pallium des mains de l'archevêque d'Arles; et dans une lettre souvent citée par les défenseurs de l'Église d'York au cours des débats, il établissait en termes précis la nouvelle division ecclésiastique de la Grande-Bretagne. La partie méridionale de l'île était seule encore convertie au christianisme : il y eut donc un archevêché à Cantorbéry. Cantorbéry, centre du royaume de Kent, berceau de la foi nouvelle, siége de la première Église où Augustin eût officié sur une terre encore païenne, remplaça Londres. — « Ainsi la ville de Londres, qui du « temps des Bretons avait toujours eu un archevêque, vit cette « dignité transférée à Cantorbéry; pour que s'accomplît cette pro- « phétie de Merlin : la religion sera effacée de l'île; il y aura un « déplacement des premiers siéges épiscopaux; et Cantorbéry sera « ornée de la dignité enlevée à Londres (1) ». Il semble pourtant que dans la pensée de saint Grégoire, les deux noms de Londres et de Cantorbéry se confondent; c'est toujours au siége de Londres qu'il attribue la suprématie, rapportée par Augustin à Cantorbéry. Saint Grégoire appelle toujours l'archevêque de Cantorbéry *Lundoniensem* et non *Cantuarensem*. Guillaume de Newbridge en fait la remarque; et dans son esprit, cette confusion tout extérieure n'enlève rien aux droits supérieurs de la capitale du royaume de Kent (2).

1. Delebitur religio in Insulâ et transmutatio primarum sedium fiet : dignitas Londoniæ adornabit Dorobernum. — Math. de Westm., anno 604.
2. Cantuarensis verò episcopus, quem beatus Gregorius *Lundoniensem* vocat. — Guil. de Newbridge. *Rerum Anglic.* Liv. V, ch. X.)

Il était parfaitement établi, et hors de conteste, que le siége épiscopal d'Augustin avait toujours été Cantorbéry, et non Londres; les adversaires eux-mêmes du prélat de Cantorbéry ne songèrent jamais à abuser contre lui de cette confusion du pontife. D'après le plan de saint Grégoire, il devait y avoir dans la partie sud-est de l'Angleterre, convertie tout d'abord, et avec une sorte de rapidité miraculeuse, une Église distincte, formant un tout organisé. Quel que fût le siége métropolitain, Londres ou Cantorbéry, la métropole devait étendre sa juridiction sur douze évêchés. Ces douze évêques ordonnés par l'archevêque métropolitain, étaient soumis à son autorité, comme le métropolitain lui-même était soumis au « Saint-Siége apostolique ». L'archevêque recevait de Rome le pallium, insigne de cette suprématie spirituelle. Les douze évêchés désignés de première inspiration, pour donner un caractère d'ordre et de fixité à ce mouvement de conversion, se trouvaient tous dans la région située au sud de l'Humber. Bientôt, du vivant même d'Augustin, Rome entreprit d'étendre son influence jusqu'aux frontières de Scotie et d'attaquer l'île par le nord-est, comme elle avait fait d'abord par le sud-est. Des missionnaires furent envoyés dans le royaume de Northumberland; York devint rapidement un centre religieux de quelque importance; le nord ainsi conquis, saint Grégoire put concevoir un plan d'organisation qui s'appliquât, non plus à une région déterminée, mais à l'ensemble des sept royaumes barbares convertis. L'Humber servit presque toujours de limite entre les deux grandes divisions ecclésiastiques. Le nord, dans la pensée du grand pontife, devait avoir sa métropole comme le midi. Égales entre elles, également dominées par la cour de Rome, York et Cantorbéry restaient les deux villes maîtresses, dont la juridiction s'étendait sur un nombre égal d'évêchés suffragants. Comme Cantorbéry, York devait avoir autour d'elle douze évêchés et jouir des droits et des honneurs de ville métropolitaine (1). Il paraît donc hors de doute que le pape saint Grégoire se proposait de constituer deux centres religieux indépendants, dont l'autorité rayonnât sur une moitié du royaume. Il est vrai que le premier évêque d'York, Paulin, fut sacré par

1. Ipse quoque (Eboracensis episc.) XII episcopos ordinet et Metropolitani honore perfruatur. (*Lettre de S. Grégoire.*)

Augustin ; mais Augustin était alors investi de l'autorité sans égale qui s'attache au premier apôtre d'un pays. Il n'était pas seulement archevêque du pays de Kent, il était surtout disciple du Christ, envoyé du pontife, presque saint lui-même. Un pareil antécédent ne créait pour le titulaire futur du siége de Cantorbéry aucun droit particulier : car si en la personne de Paulin le siége d'York semblait reconnaître la suprématie de Cantorbéry, c'était à la personne d'Augustin et non à sa dignité que ce signe de déférence était accordé. La lettre si souvent citée de saint Grégoire ne laissait aucun doute à cet égard : « Après votre mort, écrivait-il à Augustin, l'évêque d'York devra exercer sur les évêques ordonnés par lui une autorité complétement libre de toute suprématie de l'évêque de Londres (1) ». Il devait y avoir entre les deux siéges parité complète d'influence, pour chacun indépendance absolue : pour établir le rang des deux titulaires, on aurait égard seulement à l'ancienneté de leur ordination (2).

Les prescriptions pontificales étaient claires et précises; mais à cette distance de la capitale du monde chrétien, dans un siècle encore mal éclairé sur les caractères de l'autorité papale, saint Grégoire fut obéi dans les limites où ses ordres ne contrariaient pas les vues personnelles du prélat de Cantorbéry. Le nombre de douze évêques fixé par le pape pour la province de Cantorbéry fut dépassé : Augustin s'appliqua à étendre vers le nord les limites de sa province, de manière à y comprendre les régions les plus riches et les mieux cultivées de l'Angleterre; la province d'York se trouva insensiblement réduite aux parties incultes, à cès contrées du nord, boréales, comme disent les chroniques : elle fut entièrement séparée de la province de Cantorbéry.

La fortune des deux siéges archiépiscopaux fut d'ailleurs liée à la fortune même des deux royaumes où ils se trouvaient. Le royaume de Kent était au commencement du VIIe siècle le plus puissant des États de la Grande-Bretagne (3). Le roi Ethelbert avait alors étendu son autorité jusqu'aux rives de l'Humber; de

---

1. Post obitum verò tuum, ità Episcopis quos ordinaverit præsit, ut Lundoniensis Episcopi nullo modo ditioni subjaceat. *Lettre de S. Grégoire.*

2. *Ibid.*

3. V. *De Antiquitate Britannicæ Ecclesiæ, et nominatim de Privilegiis Ecclesiæ Cantuar...,* etc., etc. (Hanovriæ, 1605.)

tous les points de l'île on se rendait à Cantorbéry pour obtenir justice. Le pays de Kent avait toujours passé pour la partie la plus agréable de la Grande-Bretagne ; on disait que nulle part la vie n'était plus facile. Borné au sud et à l'est par la mer de Germanie, au nord par la Tamise, à l'ouest par les comtés de Surrey et de Sussex, le royaume de Kent était cité pour la fertilité de ses campagnes, le caractère généreux de ses habitants, le nombre de ses villes et de ses fermes. Les Cantiens passaient pour les plus civilisés de tous les peuples de l'île ; Jules César leur avait déjà rendu ce témoignage (1) ; on les comparait aux Gaulois leurs voisins pour la douceur et l'élégance de leurs mœurs. La situation de leur pays, au point marqué par la nature pour les relations avec le continent, les avait forcés à se mêler aux peuples voisins : moins confinés dans leurs limites que les autres peuples de l'île, ils recevaient bien les étrangers ; plus tard un moine érudit les appelait φιλόξενοι.

Le pays où s'élevait York était tout autre : beaucoup moins fertile, presque sauvage, à deux pas de ce repaire de barbares si redoutés, les Scots, il n'offrait aucun des avantages de Kent ; aux dernières limites du monde habité, il semblait perdu pour la religion comme il l'était pour les hommes. On pouvait dire de lui avec plus de raison encore ce qu'on répétait de l'Essex et de Londres : qu'il s'était converti plus par nécessité que par enthousiasme, et qu'il était venu bien tard à la foi (2). York avait été une ville importante du temps de la domination romaine ; mais depuis que la frontière du Nord n'avait plus été l'objet d'une surveillance assidue et que les dangers de l'invasion étaient venus d'un autre côté, York avait été comme un ancien avant-poste oublié ; son rôle avait singulièrement décliné. Sans doute c'est aux souvenirs de son histoire que l'antique Eboracum dut de devenir le siége du pouvoir religieux dans le nord de la Bretagne ; mais à un moment où York ne vivait plus que de souvenirs, Cantorbéry opposait à sa grandeur déchue tout le prestige d'une puissance actuelle. Comme sa rivale d'ailleurs, Cantorbéry était fière de l'anquitité de son histoire. Sous le nom de *Dorobernia* ou *Dorobernum*, elle faisait

---

1. *De bello Gallico*, V.

2. Tardius ad fidem conversos, necessitate magis quàm voluntate. (*De Antiq. Britan.*), p. 15.

remonter son origine fabuleuse à l'an 890 avant l'incarnation du Christ.

La puissance appelle la puissance. La première dans l'ordre politique, Cantorbéry ne pouvait manquer de devenir rapidement la première dans l'ordre religieux. Ce ne fut pas sans luttes, sans protestations. Même au lendemain du pontificat de Grégoire, les prétentions de Cantorbéry se font déjà jour. En 626, Justus, évêque de Rochester, fut appelé au siége archiépiscopal de Cantorbéry. Le pape Boniface lui écrivit : « Par l'autorité du bienheureux Pierre, nous voulons et ordonnons qu'à l'avenir le siége métropolitain de *toute la Bretagne* soit dans la cité de Dorobernum, et que toutes les provinces du royaume d'Angleterre soient soumises à l'Église métropolitaine de cette même cité » (1).

Deux ans après, à l'occasion de la consécration d'un nouveau titulaire de Cantorbéry, York protesta. L'archevêque d'York, Paulin, l'ancien disciple d'Augustin et l'apôtre du nord de l'Angleterre, consacra le nouvel archevêque de Cantorbéry dans l'Église de Lincoln. Le pape Honorius leur écrivit à ce propos : « Lorsque l'archevêque de Cantorbéry ou l'archevêque d'York viendra à mourir, c'est au survivant que revient le droit d'ordonner le nouveau prélat. » (2) Ainsi semblait confirmée par l'égalité des attributions, l'égalité d'importance. Mais le même pape écrivait à l'archevêque de Cantorbéry : « Nous voulons que toutes les Églises et toutes les régions de l'Angleterre soient soumises à votre juridiction ; que Cantorbéry conserve à perpétuité le siége métropolitain, la dignité archiépiscopale, et qu'elle reste la tête de toutes les Églises d'Angleterre » (3). Cette lettre est de l'année 632, moins de trente ans après la mort de Grégoire le Grand. Il y avait en effet dans les choses mêmes une force contre laquelle les décisions pontificales les plus récentes ne pouvaient prévaloir. Grégoire le Grand s'était prononcé dans la plus complète ignorance des lieux et des choses. Sans doute, il eût lui-même modifié cette organisation primitive : ses successeurs ne se firent aucun scrupule de retoucher son œuvre.

1. *Raoul de Dicet. Abbreviationes Chronicorum*, an. 626.
2. Beda. Liv. II, ch. XVII.
3. Et caput omnium Ecclesiarum Anglorum semper in posterum servetur. — *Raoul de Dicet*. Ibid., an. 632.

Le siége de Cantorbéry eut pour lui l'appui des différents pouvoirs politiques qui se succédèrent dans l'Angleterre méridionale. Par une bizarrerie dont les exemples ne manquent pas, l'orgueil des rois de Kent était flatté à la pensée que l'archevêque de Cantorbéry, trop souvent leur maître, dominât spirituellement l'Angleterre tout entière. Ils possédaient dans leur royaume le siége primatial des trois îles : leur vanité, leur ambition y trouvaient également leur compte ; leur prestige s'en trouvait accru d'autant. Dans une question surtout religieuse, on ne pouvait oublier que Cantorbéry avait été le berceau de la religion nouvelle ; comment contester à la première ville conquise à la foi ce *primatus honoris*, et ce *primatus honoris* ne pouvait-il pas se changer tôt ou tard en *primatus auctoritatis?* Cet argument d'un ordre sacré revenait à chaque heure sous la plume des défenseurs de Cantorbéry. « Kent est soumise à Rome, parce que c'est Cantorbéry qui a envoyé à York des missionnaires. Cantorbéry a été la première dans la foi ; elle doit être la première en dignité » (1).

Il se trouva aussi que le siége de Cantorbéry fut occupé souvent par des hommes d'un talent supérieur ; tel prélat illustre qui recevait la dignité archiépiscopale en récompense de ses mérites, ajoutait encore par leur éclat à la réputation et à l'autorité des futurs titulaires. La dignité faisait remarquer l'homme ; l'homme rehaussait le prestige de la dignité. Jusque vers la fin du viie siècle, le nom d'Augustin rayonna seul sur la cité où il avait fondé sa première église. Vers 670, un grand pontife recueillit sa succession spirituelle. Dès lors les noms de Théodore et d'Augustin deviennent dans cette grave question de suprématie, comme le palladium de Cantorbéry. Le pontificat de Théodore marque la fin de cette période de contestations et de crise, pendant laquelle York se considère encore comme l'égale de Cantorbéry. Mais à ce moment les exemples de résignation ne manquent pas : « Théodore fut le premier des archevêques de Cantorbéry à l'autorité duquel toute l'Église d'Angleterre consentit à se soumettre » (2). On le voit parcourir l'Angleterre, ordonner des évêques dans tous les lieux où il juge opportun d'en établir, corriger les abus, décider

---

1. *Beda*, liv. 2. — Raoul de Dicet, an. 626.
2. Raoul de Dicet. An 670.

souverainement dans toutes les questions litigieuses. A York, il trouve un archevêque du nom de *Cedda* : on lui reprochait de n'avoir pas été ordonné suivant les rites par l'évêque de Winchester. Cedda reconnut humblement ses torts, offrit de se démettre de sa dignité et par abnégation mérita le pardon de Théodore qui le confirma dans son titre, et l'ordonna lui-même suivant les rites catholiques. Le titulaire d'York n'était plus l'égal du titulaire de Cantorbéry.

L'archevêque Théodore était un homme supérieur et un administrateur éminent. Les droits de l'église de Cantorbéry ne devaient pas péricliter entre ses mains. Ancien moine, il avait puisé à Rome toutes les connaissances littéraires de son temps et son nom a mérité de rester attaché à cette résurrection des études qui est l'honneur du viie siècle en Angleterre. Son autorité n'en fut que plus grande de son vivant et après sa mort. Les chroniques nous le montrent tenant des synodes généraux pour le règlement de toutes les questions qui intéressaient l'Église d'Angleterre : il suffit de lire l'histoire de Bède ou les abrégés des chroniques pour se faire une idée de ce pouvoir supérieur, et en quelque sorte discrétionnaire, exercé par Théodore sans conteste, dans l'intérêt de l'Église, de la civilisation, de l'ordre public. Qu'il le voulût ou non, ce pouvoir s'exerçait au profit de son Église de Cantorbéry, dont la suprématie s'affirmait ainsi de jour en jour. Théodore reçut et justifia le titre de *summus Angliœ pontifex*. Les trente-trois évêchés énumérés par les anciens auteurs reconnurent Cantorbéry comme leur métropole et leur capitale religieuse : l'Écosse elle-même, malgré les divisions politiques des deux royaumes et les traditions qui la rattachaient plus étroitement au siége d'York, ne tarda pas à reconnaître l'Église de Cantorbéry pour « *sa mère.* » Cantorbéry fut alors comme l'intermédiaire obligé entre l'Angleterre et Rome : toutes les fois qu'une Église faisait un appel à Rome, elle en appelait en même temps à Cantorbéry ; cet appel avait pour effet de maintenir les choses en état jusqu'au jugement : on le nommait *appellatio tuitoria* (1).Jamais ce privilége ne fut accordé à un autre prélat : dans la province d'York elle-même, ou dans les régions les plus septentrionales de l'An-

______
1. *De Antiquit. Brit.*, p. 23 et 24.

gleterre, quand on faisait un appel au prince, c'est à l'archevêque de Cantorbéry que l'on s'adressait pour maintenir et défendre, en attendant le jugement, les possessions contestées. Les
papes ne firent donc que sanctionner un fait accompli, lorsqu'à
plusieurs reprises ils se prononcèrent solennellement dans le
débat, et il n'était point nécessaire, comme le fit le pape *Formose*, d'appuyer ses décrets des menaces de l'excommunication et
de la damnation éternelle pour en faire une réalité (1).

A l'époque de la conquête, il y avait donc une longue possession
en faveur de l'ancienne capitale du pays de Kent. Malgré les
invasions successives et les changements de domination, le centre
politique du pays n'avait pas été déplacé; le centre religieux
avait dû rester le même. Cette suprématie ecclésiastique du midi
n'était pas un fait nouveau : l'innovation eût consisté au contraire
à rétablir entre les deux siéges une parité d'influence et de juridiction, désavouée par l'histoire (2).

Ce fut en 1072, la sixième année du règne de Guillaume, que
se tint le concile où la politique de Lanfranc fit une dernière fois
régler la question. Le dernier des prélats saxons d'York, Aldred,
était mort en 1069, à la nouvelle d'une invasion de deux cent
quarante navires danois, destinés à soutenir les prétentions
d'Edgard. Son siége resta vacant plusieurs mois; le jour de la
Pentecôte de l'année suivante, à Windsor, le roi éleva à la
dignité d'archevêque d'York le Normand Thomas, chanoine de
Bayeux. C'était un homme de manières polies, de mœurs douces (3);
il avait de bonne heure quitté la France pour parcourir les
écoles d'Allemagne et d'Espagne. Il apprit dans ce dernier pays
« bien des choses qu'il n'aurait pu apprendre ailleurs » (4); il
revint plus tard en Normandie, « la poitrine armée du bouclier des
sciences espagnoles. » (5) L'évêque de Bayeux dont il était

----

1. V. le *Décret de Formose*, dans Twysden, p. 1752.
2. Voir sur tous ces débats si confus la lettre de l'archevêque de Cantorbéry, Raoul, au pape Calixte. Elle est citée à la suite des *Actus Pontificum Eboracensium*, de Thomas Stubbs, dans le recueil de Twysden, p. 1735.
3. Propter morum elegantiam, tum propter multimodam scientiam. —
Thom. Stubbs, p. 1705.
4. Ibique multa alia quæ alibi non potuit addiscens. (*Ibid.*)
5. Th. Stubbs. (*Ibid.*)

devenu le familier, le nomma trésorier de son église ; Guillaume le prit à ces fonctions pour le faire archevêque d'York. Quoique Normand, il devait être l'adversaire de Lanfranc dans ce débat.

Ce n'était pas seulement pour Lanfranc une satisfaction de vanité ; de plus graves intérêts politiques et religieux étaient engagés. Que l'on fasse de Lanfranc un agent servile de la politique de Guillaume, ou qu'on lui reconnaisse une large part d'initiative, et sur certains points, le courage de la résistance, on ne peut lui refuser certaines vues d'organisation générale et le dessein désintéressé de réformer l'Église d'Angleterre à l'image de l'Église de Normandie. Il pouvait y avoir bien des changements à faire, changements de personnes et d'institutions : on devait s'attendre à bien des luttes, comme il est naturel toutes les fois qu'une réforme, même nécessaire, est faite par le vainqueur. Nous avons dit en quoi ces réformes étaient inévitables. Pour triompher de ces obstacles ce n'était pas assez de la dignité et de la puissance d'un archevêque. Cette autorité était circonscrite dans des limites étroites, si l'on regarde le royaume tout entier ; elle ne s'étendait que sur un nombre donné d'évêchés, d'abbayes ; toute une partie du royaume échappait à son influence. D'ailleurs, comment répondre qu'il y aurait toujours entre les deux archevêques conformité de vues, même esprit dans les desseins, même suite dans les volontés ? Que devenaient alors l'autorité de l'archevêque de Cantorbéry et l'efficacité de ses efforts, si son action était combattue par le prélat d'York, ou même si à l'activité de l'un répondait, de l'autre côté de l'Humber, la complète inertie de l'autre ? Rien de tout cela n'était impossible, même avec un clergé nouveau ; car il s'en fallait que tous les nouveaux occupants des siéges épiscopaux, même Normands, fussent animés du même esprit, eussent le même caractère et le même talent. Il fallait renoncer à rétablir l'ordre, la dignité dans le monde ecclésiastique, ou se réserver les moyens d'être obéi. La politique religieuse de Lanfranc n'allait à rien moins qu'à constituer en faveur du siége de Cantorbéry une sorte de papauté insulaire, soumise au siége de Rome, mais à lui seul, et jouissant même vis-à-vis de lui de cette quasi indépendance justifiée par l'éloignement et les traditions. Il convient de ne diminuer en rien l'importance de cette revendication et de ne pas en altérer les caractères. Qu'il se mêlât à ces projets quelque rêve d'autorité personnelle mieux affermie ; rien n'est plus aisé ni moins embarrassant à admettre. Mais ici du moins la satisfaction de ces désirs était d'accord avec les souvenirs du passé et les intérêts bien entendus du présent. L'Église d'Angleterre a toujours eu, par sa situation, comme un régime à part dans la catholicité. Les tentatives de la papauté pour la ramener au droit commun ne manquèrent pas ; mais sauf quelques époques où le pouvoir papal fut exercé avec énergie, le lien de la dépendance vis-à-vis de Rome fut beaucoup plus lâche en Angleterre que dans tout autre royaume de la chrétienté. La pureté du dogme n'était pas atteinte, mais la tendance à se constituer en Église nationale (*Anglorum ecclesia*) se retrouve à chaque page de l'histoire ecclésiastique de l'Angleterre. Cette Église formait, en effet, un tout distinct. Il y avait sur les frontières de la Gaule et de la Germanie des évêchés communs, un enchevêtrement de juridictions ecclésiastiques qui rendait impossible la délimitation exacte des deux pays, et ne permettait pas d'établir avec précision où finissait l'Église de France, où commençait l'Église d'Allemagne. Rien de pareil en Angleterre ; la nature y avait mis obstacle. Aussi l'union entre les différentes parties était-elle plus intime. Avant de se sentir membre de la chrétienté, chaque évêché anglais se sentait partie de l'Église d'Angleterre : il y avait entre eux, au-dessus de la grande solidarité chrétienne, une première et plus étroite solidarité : la solidarité anglaise. Il était naturel qu'une Église, animée d'un pareil esprit, eût chez elle-même son chef direct, sa capitale prochaine ; sans préjudice de la capitale universelle, toujours reconnue, obéie et vénérée ; mais dont l'action était moins présente. S'il était une ville à laquelle un rôle semblable pût convenir, c'était assurément Cantorbéry.

Ce vague désir d'émancipation vis-à-vis de la papauté n'était certes pas dans l'esprit de Lanfranc, qui resta toujours l'agent dévoué du Saint-Siége. Mais, qu'il le voulût ou non, sa politique ne pouvait manquer d'avoir ce résultat : bien qu'un peu tard, les papes le comprirent. Longtemps après le concile où le débat avait été clos, après la mort de Lanfranc, le pape Urbain II écrivait au vieil archevêque Thomas d'York une lettre où se devinent ses regrets (1).

1. Twysden, p. 1706 et 1707.

La politique de la papauté avait été de multiplier, sous prétexte d'honneur, cette dignité de *primat*, et d'affaiblir par là l'autorité des titulaires; mais dans un royaume insulaire, cette dignité unique reprenait tout à coup une importance toute nouvelle.

Tel était, au point de vue religieux, le vrai caractère de la question. Son importance, comme mesure politique, n'était guère moindre. M. Augustin Thierry a surtout envisagé ce côté des débats, trop exclusivement, semble-t-il (1). Pour lui, le nouveau plan de constitution ecclésiastique est surtout conçu en vue de la stabilité de la conquête. Il est permis de supposer au contraire que Lanfranc ne fit briller aux yeux de Guillaume les avantages politiques de ce changement que pour obtenir son appui. C'est à l'occasion de la consécration de Thomas d'York que la querelle commença (2). En 1070, suivant la *Chronique saxonne*, Thomas se rendit à Cantorbéry pour se faire sacrer par le nouvel archevêque. Lanfranc lui demanda une profession d'obéissance, sous l'autorité du serment (3). Thomas déclara qu'il ne se prêterait pas aux actes qu'on exigeait de lui, à moins que le droit de son rival ne fût établi par des textes et des raisons sans réplique (4). Lanfranc ne céda point ; son calme ordinaire paraît même l'avoir abandonné en cette occasion (5); il ordonna aux évêques et aux abbés convoqués pour la cérémonie d'enlever à Thomas les ornements qu'il avait revêtus; ce qui fut fait aussitôt. (6) Thomas se retira sans avoir reçu la bénédiction de l'archevêque. Il porta l'affaire devant le roi. Guillaume n'en soupçonna pas l'importance ; il n'y vit qu'un démêlé de moines. Étranger au détail des questions d'Église, indifférent à des discussions de textes, il s'imagina tout d'abord que les prétentions de Lanfranc étaient arbitraires, (7)

1. Tome II, livre 5.

2. *Chron. saxon.* Gibson, p. 175.

3. Quum verò Lanfrancus postularet confirmationem obsequii illius cum jurejurando, recusavit ille, dicebatque se id non debere facere. — Gibson, p. 175.

4. Se nunquàm id facturum, nisi super hâc re scriptas auctoritates aut congruas rationes audiret. — Bromton, p. 969.

5. Quo circà succensuit ei Lanfrancus. — Gibson, p, 175.

6. Eum devestire. (*Ibid.*)

7. Quod rex audiens, graviter æstimans Lanfrancum injustè petere et scientiâ litterarum magis quàm ratione et veritate confidere... — Stephani Birchingtoni *Histor. arch. Cantuar.* A. Sacra, I, 6.

contraires à la justice et aux traditions. Il avait plus de confiance, dit un chroniqueur, dans les talents littéraires de Lanfranc que dans son respect du droit. — L'archevêque savait attendre ; quand la première émotion fut dissipée, il se rendit à l'endroit où le roi tenait sa cour, lui fit demander une audience et l'obtint. Au sortir de cet entretien le roi Guillaume était calmé ; Lanfranc l'avait enveloppé des artifices de sa parole (1). C'est alors sans doute que la question prit une importance et un caractère tout nouveaux. Jusqu'à ce moment, elle était si bien dégagée de toute politique, que les Anglo-Saxons eux-mêmes, à ne considérer que les droits en présence, fortifiaient le témoignage de Lanfranc et grossissaient son parti (2). Le fait a son importance ; et bien qu'il soit rapporté par un historien des archevêques de Cantorbéry, il ne parait pas devoir être rejeté (3). Si la politique seule eût inspiré Lanfranc, comment admettre que, longtemps avant la décision de la question, la clairvoyance des vaincus n'eût pas deviné le danger ? Comment les Anglo-Saxons eux-mêmes auraient-ils été dupes ? Comment Guillaume eût-il hésité, et repoussé avec rudesse l'appui d'un pouvoir auquel rien ne résiste ? C'est alors sans doute que Lanfranc, menacé dans sa domination spirituelle, appela à son aide la politique, changea le caractère du débat, l'agrandit, l'éleva et sut intéresser à sa cause le roi de qui tout dépendait. Il l'y intéressa si bien, qu'elle devint la cause même du roi. Ce fût le triomphe de son habileté ; le moine avait raison de dire : *multimodæ persuasiones*. Il gagna l'esprit de Guillaume. Les arguments qu'il employa pour le séduire étaient d'une importance capitale ; il parla de la nécessité de maintenir à tout prix l'unité du royaume (4) ; il fallait pour la garantir une sorte de pouvoir à deux têtes, laïque et religieux, qui fît face à tout, et comprimât par la double autorité de la force et de la religion toute

1. Posteà persuasionibus Lanfranci multimodis distractus. — Stubbs, p. 1706.

2. C'est Guill. de Malmesbury qui en fait le premier la remarque : « Angli enim qui rem noverant, assertionibus ejus per omnia constantissimè testimonium perhibebant ». — *De Gest. Pont.*, liv. I.

3. Bien que la *Chron. saxonne* ne porte pas un jugement précis sur le caractère de ces débats, il est hors de doute qu'elle est plutôt favorable à Cantorbéry.

4. Propter unitatem et pacem regni. (Stubbs, page 1706.)

tentative de résistance (1). La paix du royaume était à ce prix ; son intégrité elle-même ne pouvait être sauvée que par là. Le nord-est de l'Angleterre était encore mal soumis ; c'est par là que les ennemis extérieurs de Guillaume avaient déjà paru ; ils pouvaient reparaître encore. Que devenait le fruit de la conquête, si l'archevêque d'York, gagné ou contraint, sacrait roi un barbare étranger ? Sacré par un primat, ce roi d'aventure ne pouvait-il tout remettre en question ? Il y aurait deux rois et deux royaumes (2).

Ces raisons politiques avaient trop de force pour ne pas décider le roi. C'étaient d'ailleurs des raisons et non des sophismes. On ne peut admettre sans réserve la citation souvent reproduite du moine Gervaise : « que dans les embrassements mutuels de la royauté et du sacerdoce les vaincus furent étouffés (3). » Gervaise, qui écrit vers 1200, sous le roi Jean, ne pardonne pas à Lanfranc d'avoir réduit à la condition commune la célèbre abbaye de Saint-Augustin, dont il est moine ; il est bien loin des événements pour que son témoignage soit sans réplique. Ce que Lanfranc proposa au roi, c'était une association des deux puissances pour maintenir l'ordre nouveau créé par la conquête : de cette association défensive à une oppression systématique, il y avait loin encore.

Il n'est pas aisé, on le voit, de démêler dans cette question la part d'influence des différents motifs. Il semble évident, d'après le récit de Thomas Stubbs (le plus circonstancié qui nous soit parvenu), que la question fut tout d'abord et simplement un débat religieux : si l'affaire eût été surtout politique, Lanfranc n'eût pas engagé une querelle de cette importance, sans prendre l'avis du roi ; et il est hors de doute que Guillaume ignorait jusqu'au premier mot de la question, lorsque Thomas d'York obtint de lui l'ordre formel donné à Lanfranc de renoncer à ses prétentions. C'est après ce premier échec que Lanfranc, battu sur le terrrain religieux, demanda aux

1. Utile esse ad regni integritatem et firmitatem ut Britannia uni quasi Primati subderetur. — Stubbs, p. 1706.

2. Sic regnum turbatum scinderetur. (*Ibid.*)

3. Dum regnum et sacerdotium in nostrum detrimentum mutuos commutarent amplexus. — Imaginationes Gervasii... Twysden, p. 1333.

Pour bien se rendre compte du sentiment qui inspire Gervaise, moine de Saint-Augustin, il faut lire la phrase tout entière : « Prælatus Lanfrancus omnes Angliæ subjugavit Ecclesias, nostramque, quia proxima est, sibi fecit tributariam. »

intérêts politiques une force nouvelle et donna à la question un tour tout nouveau. Il importe, pour ne pas dénaturer le caractère des faits, de tenir compte de cette différence dans les dates.

Guillaume, gagné au projet de Lanfranc, ne se retourna pas brusquement contre Thomas d'York ; il essaya tout d'abord d'obtenir par la douceur, par la séduction des promesses et les flatteries (1), ce qu'il était alors déterminé à imposer ; il caressa, il fit espérer ; il lui était dur de se désavouer lui-même. Thomas fut inflexible, et le roi passant des prières aux menaces, entra dans une violente colère, et ne vit plus dans le Normand Thomas d'York qu'un ennemi : « Il lui voua, disent les vieux auteurs, une haine éternelle. »

Quoique Normand, Thomas prétendait garder vis-à-vis du roi l'indépendance que semblait devoir lui assurer la possession d'un siége archiépiscopal ; il en défendit les droits avec toute l'ardeur d'un «nouveau citoyen d'Angleterre (2). » Il semble que s'il se fût agi seulement d'un nouveau plan d'organisation de la conquête, un de ces hommes qui devaient tout à la fortune des armes ne se fût pas montré si ardent à défendre des droits que, le vainqueur avait intérêt à méconnaître. Thomas prit son rôle au sérieux ; il résista et demanda à son rival de produire les titres qui établissaient ces priviléges contestés. Les titres, s'il y en eut jamais d'authentiques et en bonne forme, furent censés avoir été détruits dans le grand incendie, qui, trois ans avant l'arrivée de Lanfranc, avait dévoré une grande partie de l'Eglise de Cantorbéry (3). C'était une ruse de guerre, bien imaginée pour mettre fin aux querelles de textes. Le débat pouvait traîner en longueur ; Guillaume, que ces lenteurs irritaient et qui avait pris parti avec passion, rappela durement à l'archevêque d'York que dans une question où l'opinion du duc de Normandie était faite, l'ancien chanoine normand n'avait qu'à se soumettre. L'irritation du roi ne connaissait plus de bornes, il menaça Thomas de le chasser, lui et les siens, d'Angleterre et de Normandie. L'infortuné prélat se

1. Quam neque precibus neque blanditiis vel promissis rex a Thomâ impetrare posset... — Stubbs, p. 1706.
2. Ut novus Angliæ civis nimium conatus est ad exaltationem Ecclesiæ suæ (Ecclesiam Cantuarensem) humiliare. — Eadmer. *Hist. nov.*, p. 9.
3. Eadmer. (*ibid.*)

soumit alors (1) ; il y fut décidé par les instances de son entourage que les mènaces de Guillaume avaient ému (2) ; Guillaume exigea une profession de soumission personnelle : suivant Jean de Bromton, Thomas lut la formule d'obéissance rédigée par lui-même ; Stubbs, suspect sur ce point, veut qu'il ait refusé de la rédiger et de la lire lui même.

Il faut peut-être se tenir en garde contre l'exagération de Thomas Stubbs; écrivant l'histoire des archevêques d'York, il a tout intérêt à grossir les menaces de Guillaume pour excuser ce qui, au jugement de l'Église d'York, était une faiblesse, une abdication coupable des droits d'un siége indépendant. Nous avons raconté d'après Stubbs la dernière partie de cet incident ; nous ne sommes pas moins porté à croire que l'esprit de parti a exagéré les menaces du roi et la résistance de l'archevêque d'York. Mais le caractère général de cette lutte des deux archevêques n'est en rien modifié : on peut supprimer le récit de Stubbs en entier ; la lumière n'en est pas moins complète sur ce point.

Thomas s'était soumis; mais il ne renonçait pas à l'espoir de tout remettre en question. En 1071, Lanfranc se rendit à Rome avec l'archevêque d'York et l'évêque de Lincoln. Les deux derniers étaient appelés pour se justifier d'accusations graves, quoiqu'en partie mal fondées : Lanfranc obtint du pape que leur dignité épiscopale leur fût maintenue. Thomas reconnut mal ce service : tout à coup, sans avoir prévenu Lanfranc, il saisit le pape de la grave question de la suprématie de Cantorbéry. Pris à l'improviste, Lanfranc se défendit pourtant avec vivacité. Le pape savait que la question avait été déjà jugée par Guillaume. Il eut la prudence de ne pas se prononcer et il réserva à un concile que

---

1. Thomas regis edicto compulsus rediit, scriptamque de ejus obedientiâ professionem fecit et legit, in quâ se in omnibus quæ ad Christianæ religionis cultum pertinent obtemperaturum absolutè promisit ; et sic sacratus abscessit. — Bromton, p. 969.

D'après Gervaise, Guillaume avait convoqué une assemblée d'évêques pour faire décider la question. Dans ce récit, le voyage de Rome est postérieur à cette assemblée. Il y a évidemment confusion, et Gervaise place avant le voyage le concile tenu plus tard, d'après les instructions du pape.

2. Suorum qui hæc metuebant consilio adquiescens. — Stubbs, p. 1706.

le roi et Lanfranc devaient convoquer le soin de statuer en dernier ressort.

Le concile fut convoqué à Winchester, aux approches de Pâques de l'année suivante (1072). Le roi était présent, ainsi qu'un grand nombre d'évêques et d'abbés convoqués pour assister au triomphe de l'archevêque de Cantorbéry et pour consacrer par leur présence la validité du grand acte qui allait se consommer. Le légat du pape, Hubert, sous-diacre de l'Église de Rome, y assistait aussi.

Les deux adversaires reprirent la question à son origine, et la lettre de Grégoire à Augustin, les dispositions d'Augustin, les déclarations contradictoires des premiers papes furent l'objet de subtiles discussions. On a conservé un résumé du discours prononcé par Lanfranc en cette circonstance ; on y chercherait en vain des arguments politiques ; ce sont pourtant ces raisons politiques qui, une fois présentées à l'esprit de Guillaume décidèrent du succès. Il fut établi que l'archevêque d'York devait à l'archevêque de Cantorbéry la *manusdatio,* la *subjectio* et la *professio ;* que l'Église d'York serait soumise à l'Église de Cantorbéry ; et qu'en sa qualité de *primat de toute la Bretagne,* l'archevêque de Cantorbéry serait obéi en tout ce qui touche les dispositions de la religion. Cantorbéry laissait à York la juridiction perpétuelle sur l'évêché de Durham, et sur toute la région comprise entre les limites de l'évêché de Lichfield et le fleuve Humber, et l'Écosse. L'archevêque de Cantorbéry avait le droit de tenir un concile dans une ville de son choix, et l'archevêque d'York devait s'y rendre, avec tous les évêques et religieux soumis à ses ordres, à la première convocation et se conformer à ses dispositions canoniques. A la mort du titulaire du siége primatial, le prélat d'York devait se rendre à Cantorbéry, et reconnaître en qualité de Primat le nouvel élu. Tout évêque appelé au siége d'York par la faveur royale devait se rendre à Cantorbéry, ou dans tout autre lieu, à la discrétion du primat, pour recevoir de ses mains l'ordination canonique.

Tel est le résumé des droits consacrés par l'acte solennel de 1072.

Lanfranc n'abusa pas de ces avantages : l'acte portait que l'archevêque d'York devait faire profession de soumission sous la foi

du serment : le vainqueur ménagea le prélat ainsi amoindri ; et
« par amour pour le roi, » dit un auteur, ou pour ne pas déployer
dans son triomphe l'arrogance d'un parvenu, il dispensa l'archevêque d'York du serment, mais en réservant pour ses successeurs
le droit de l'exiger.

Ainsi fut consommé cet acte d'une importance capitale dans
l'histoire religieuse de l'Angleterre. Bientôt cette suprématie fût
reconnue en tous lieux ; et quelque temps après, le même pape
qui s'était montré si hésitant en 1071, écrivait à Lanfranc une lettre
où l'on remarqua ces mots : « l'Église de Cantorbéry, qui est la
métropole de toute la Bretagne. » Au lendemain de ces démêlés,
ces simples paroles avaient une toute autre signification que les
déclarations oubliées des Boniface et des Formose ; le pape donnait hautement sa sanction à tout ce que le prélat et le roi avaient
fait dans l'ordre religieux en Angleterre.

Mais il ne faut pas s'y tromper : ce qui fait l'importance de ce
fait, ce n'est pas sa nouveauté ; il n'était ni nouveau, ni im-
prévu. Si Eadmer dit quelque part que cette unité absolue était
une chose nouvelle, une chose inouïe avant le règne des Normands, il a écrit aussi ces paroles significatives : « Il est inutile
de dire tout ce que Lanfranc eut à soutenir de luttes pour abais-
ser Thomas d'York et le réduire au rang, à la mesure de ses prédécesseurs. (1) » On a vu que dans tout le cours de l'histoire
ecclésiastique de Bretagne, il y avait toujours eu comme une présomption de suprématie en faveur de l'archevêché du pays de
Kent, et qu'à certaines époques, ce droit avait été exercé dans
toute sa rigueur. Walsingham, qui parle de ce fait en passant, n'a
pas l'air d'y voir un droit nouveau ; il s'agit simplement pour lui
de la confirmation d'un droit : *Totius Angliæ primas confir-
matus est.* Kent avait eu pour lui l'avantage que lui assurait
l'appui toujours présent du pouvoir politique ; et au xie siècle, ce
fut encore la politique qui fit pencher la balance en sa faveur. Dès
lors, la situation de l'archevêque de Cantorbéry fut véritablement
unique en Angleterre, et saint Anselme avait encore raison de
dire, peu après la mort de Lanfranc, quand on le pressait d'accep-

1. Quantos labores perpessus sit et quemadmodum ipsum Thomam ad
mensuram antecessorum suorum humiliaverit. — Eadmer, p. 9.

ter la dignité primatiale : « Aratrum Ecclesiam perpendite ;... Hoc aratrum in Angliâ duo boves cœteris prœcellentes regendo trahunt et trahendo regunt : Rex videlicet et archiepiscopus Cantuarensis : iste sœculari justitiâ et imperio : ille divinâ doctrinâ et magisterio. (1) » C'était bien en effet l'image de l'action exercée conjointement par Guillaume et Lanfranc.

Il est à remarquer qu'il se produisit en Angleterre le contraire de ce qui arriva sur le continent : tandis que dans le reste de l'Europe la dignité de primat perdait de son influence, et qu'au pied du trône pontifical, archevêques et évêques étaient à peu près égaux en autorité et rangés sous le niveau d'une commune obéissance, un degré nouveau s'établissait en Angleterre entre le clergé du royaume et la cour romaine. L'influence exercée par ce pouvoir nouveau sur les destinées de l'Église d'Angleterre fut décisive ; soit qu'il s'agît de refaire de concert avec la royauté un ordre de choses nouveau, ou de résister aux empiétements du pouvoir politique. Cette concentration de l'autorité ecclésiastique préparait à la royauté, suivant les temps et les hommes, ou un puissant auxiliaire, ou de terribles dangers. Sauf au xiie siècle, les dangers n'existèrent jamais; le secours fut toujours précieux. Cet acte scella véritablement l'union de Lanfranc et de Guillaume : l'archevêque avait été conduit, par ambition ecclésiastique, à montrer au roi les avantages d'une union conclue sur ces bases : tout-puissants, l'un dans l'ordre spirituel, l'autre dans l'ordre temporel, et indirectement dans les deux, ils pouvaient à leur gré refaire l'Église et l'État, asseoir la conquête, et donner carrière à leur esprit de changements systématiques ou de réformes.

Ce débat eut un long retentissement et York souffrit longtemps de l'arrêt qui l'avait frappé. Thomas s'était soumis, mais à la dernière heure, et quand toute résistance était inutile. Ce fut le regret de toute sa vie, et il eut, jusqu'à sa dernière heure, présent à la pensée le souvenir de cette abdication de ses droits. Il survécut à Lanfranc de plusieurs années, et, par un jeu du sort dans lequel il vit un châtiment, il dut appliquer le premier l'acte fatal dans ses dispositions relatives à la consécration d'un nouveau primat. Nous avons un récit dramatique de la consécration de saint Anselme.

1. Eadmer, p. 18

Thomas s'était rendu à Cantorbéry ; il était dans l'église, revêtu de ses habits pontificaux, et prêt à sacrer le nouvel archevêque. On fit lecture de l'acte qui reconnaissait Anselme comme primat de toute la Bretagne. Thomas sortit tout à coup et quitta ses vêtements sacerdotaux. Il avait avec lui des membres éminents de l'Église d'York, le doyen Hugues, le trésorier Ranulph, l'archidiacre Durand, le chantre Gilbert et quelques chanoines. Tous suivirent leur archevêque et se retirèrent. Anselme lui-même et Vauquelin, évêque de Winchester, sortirent à leur tour et se jetèrent aux pieds de Thomas, en le suppliant de calmer son irritation. « Il n'y a que deux métropolitains en Bretagne, répondit le prélat d'York ; l'un ne peut être supérieur à l'autre. J'ai pu autrefois, par crainte, par excès de déférence me soumettre à un homme ; mais j'étais jeune ; je n'ai soumis que ma personne ; je l'ai fait, mais je ne le devais pas ; aujourd'hui je suis rendu à la liberté : je ne consacrerai personne en qualité de primat ». Cette explosion de regrets produisit un effet immense : les plus convaincus doutèrent de leurs droits et les convictions chancelèrent. Ce n'était plus du reste alors qu'une affaire de prêtres, un règlement ecclésiastique : on promit à Thomas que rien ne serait fait que dans un esprit de paix et de charité. On effaça tout ce qui était relatif à la *primauté ;* on n'en lut rien ; la cérémonie recommença et Anselme fut consacré simplement en qualité de métropolitain de Cantorbéry. Cette revanche fut prise en présence de tous les évêques de la province, d'un grand nombre d'abbés, de clercs et de laïques de tout ordre (1).

Par malheur ce récit se trouve dans un auteur du xive siècle ; il est trop caractéristique pour avoir été passé sous silence par les écrivains antérieurs ; et dans le récit qu'il fait de la consécration d'Anselme, Eadmer n'en dit rien. Il est possible même que le fait suivant raconté par Eadmer (2) ait servi de texte aux auteurs des âges suivants :

« Comme le temps de la consécration d'Anselme approchait, Thomas, archevêque d'York, et tous les évêques d'Angleterre se rendirent suivant l'usage à Cantorbéry, et le sacrèrent prélat avec toute la vénération qui lui était due, la veille des nones de décem-

1. Stubbs, p. 1707.
2. Page 21.

bre..... Vauquelin sur la prière de l'évêque de Londres, Maurice, auquel cet office revenait de droit, lut, conformément à l'usage ecclésiastique, le compte rendu de l'élection. A la première ligne, Thomas, archevêque d'York, fut gravement froissé et se plaignit que l'acte ne fût pas fait selon le droit. Il y avait en effet : « Mes frères, mes confrères dans l'épiscopat, votre fraternité connaît depuis combien de temps et par quelle série d'événements, cette église de Cantorbéry, *métropole de toute la Bretagne*, est veuve de son pasteur. » Thomas interrompit : « Eh! quoi! métropole de toute la Bretagne! Mais si Cantorbéry est métropole de toute la Bretagne, de quoi donc York est-elle métropole? Personne n'ignore pourtant qu'York est métropole. Nous savons certes que l'Église de Cantorbéry est l'église primatiale de toute la Bretagne, mais non pas l'église métropolitaine. » — On comprit que la réclamation de Thomas était fondée sur la raison. La rédaction fut changée sur-le-champ, et au lieu de : « Métropole de toute la Bretagne, » on dit : « Église Primatiale de toute la Bretagne, » et la discussion cessa.

Il est difficile de concilier les deux récits. Le premier est plus saisissant, le second semble plus vrai. Une scène comme celle que rapporte Thomas Stubbs ne fût pas passée inaperçue; et on n'en trouve le souvenir nulle part. Il n'en reste pas moins établi que jusqu'au dernier jour Thomas d'York défendit ce qui lui restait de ses droits : à l'accent de sa plainte, on devine, dans le récit d'Eadmer, toute l'amertume de ses regrets et la profondeur de son humiliation.

Au sortir de la réunion de Winchester, Lanfranc n'est plus le même homme : soutenu par le roi, par le pape, par le sentiment qu'il a de sa puissance, il est, après Guillaume, le second personnage de l'Angleterre.

CHAPITRE VII

Le monachisme en Angleterre avant la conquête. — Moines et clercs : leur rivalité nécessaire. —
Tentatives faites avant la conquête pour établir la domination exclusive des moines. — Parti
des évêques normands qui proposent une révolution en faveur des clercs. — Lanfranc prend
parti pour les moines. — Sa politique, avant tout romaine, est d'accord avec la tradition
anglo-saxonne. — Lanfranc et Dunstan : triomphe du monachisme. — Origine de l'importance
de l'abbaye de Saint-Augustin. — Conflits entre l'abbé et l'archevêque de Cantorbéry avant
1066. — Causes de conflit entre l'archevêque et les moines Augustiniens. — Réformes morales
et canoniques. — Nouveau caractère de la lutte en 1080. — Caractère de l'administration de
Lanfranc dans son diocèse. — Revendication des biens enlevés à l'archevêché. — Conflit entre
Lanfranc et Eudes. — Émancipation de l'Église de Cantorbéry.

Lanfranc n'avait pas besoin de dépasser les limites mêmes de
son Église pour trouver matière à de graves querelles ; les ennemis
personnels, les rivaux d'influence ne lui manquaient pas dans son
propre diocèse, et aux portes même de Cantorbéry, l'abbé de Saint-
Augustin, avec des prétentions d'une autre nature, n'était guère
moins redoutable que l'archevêque d'York. L'étude de son administration nous fera connaître plus d'une particularité intéressante
de la vie religieuse au xie siècle.

L'église de Cantorbéry avait autant souffert des invasions da-
noises que les églises les plus exposées du Nord et de l'Est. Sous le
pontificat d'Elphége, le quatrième successeur de Dunstan (1), les
Danois ravagèrent la ville de Cantorbéry et mirent le feu à l'église
du Christ. L'archevêque, qui avait provoqué cette agression en en-
courageant la résistance, fut pris, emmené à Greenwich où il resta
prisonnier sept mois : après les tortures de la captivité on le la-
pida (2). Plus tard, les dévastations des Normands achevèrent
l'œuvre commencée par les Danois ; l'église fut la proie d'un

1. Elphége, martyr en 1012, le 3e jour des Calendes de mai, la septième
année de son épiscopat. (Voir Victorius. *Archiep. Cantuar. Catalogus.*
Rome, 1604.

2. Eadmer. Éd. Selden, p. 4.

second incendie (1), et en 1070, lorsque Lanfranc prit possession de son siége, il la trouva entièrement ruinée et réduite à rien (2). Son premier soin fut de faire élever en toute hâte les demeures nécessaires aux moines qui desservaient l'église; cette installation provisoire dura quelques années; plus tard elle parut insuffisante; on la remplaça par des locaux plus vastes et plus riches. Les travaux de reconstruction de l'église furent entrepris en même temps et poussés avec vigueur; sept ans après, l'œuvre était achevée, des fondements aux combles (3); les ornements précieux, chappes, chasubles, dalmatiques, vases d'or et d'argent, furent prodigués, et l'église du Christ reparut, digne par la splendeur matérielle, de l'autorité souveraine qui s'attachait à son siége.

Presque en même temps, des constructions d'un autre caractère témoignaient du zèle du nouveau prélat : à l'extrémité nord de la ville, il fit bâtir un vaste local, divisé en deux parties : la moitié était réservée aux hommes infirmes ou malades; l'autre partie recevait les femmes. En face de cet hôpital, il fit bâtir une église sous l'invocation du pape saint Grégoire; il y établit des chanoines, soumis à la règle, et chargés de rendre aux malades les soins religieux. Des donations importantes assurèrent à ces divers établissements les revenus nécessaires à leur prospérité. A l'extrémité opposée de la ville, une léproserie s'éleva; hommes et femmes y étaient reçus, dans des corps de logis distincts; il établit près de ces malades maudits un service régulier d'infirmiers dont le dévouement fût éprouvé (4).

Ce n'étaient là que les actes d'un administrateur bienveillant et sage : le partisan de la réforme romaine va se révéler à d'autres marques.

Lorsqu'il prit possession de son église cathédrale, Lanfranc y trouva seulement quelques moines chargés du service religieux. Depuis longtemps ils avaient oublié les prescriptions de la règle, et leur vie ressemblait à celle des séculiers (5). Il semble même

1. *Chronica Gervasii*. Twysden, p. 1291.
2. « Ruinis penè nihili factam ». — Eadmer, p. 7.
3. V., dans la *Chronique de Gervaise*, la description de l'église reconstruite par Lanfranc, p. 1293 et 1294.
4. Eadmer, p. 9.
5. ...Monachos in eâdem Ecclesiâ consistentes, a sæculari vitâ in quâ illos invenit plus æquo versari, erexerit. — Eadmer. *Hist. Nov.*, p. 7.

que depuis le martyre de saint Elphége, les clercs eussent remplacé les moines : ils s'étaient tout au moins mêlés à eux (1). L'occasion semblait unique ; le nouveau prélat pouvait balayer jusqu'aux restes de l'ancienne organisation religieuse de l'Angleterre, et substituer dans toutes les églises les clercs aux moines, étendre et régler l'institution nouvelle des chanoines, et, en dehors de l'Église régulière, dont les sympathies pour le parti saxon étaient connues, fortifier une église séculière, animée d'un esprit nouveau, tout entière au roi, comme l'autre était tout entière aux souvenirs du passé. L'entreprise était d'autant plus aisée que tout un parti, dans l'entourage de Guillaume, proposait de la tenter. Il s'était fait comme une conspiration de certains évêques contre les moines ; on parlait de les refouler dans le cloître et de laisser aux clercs l'Église affranchie. A la tête de ce parti, se plaçait l'évêque de Winchester, Vauquelin, homme éclairé (2) et prélat irréprochable ; autour de lui, les excitations ne manquèrent pas, et il finit par gagner à sa cause le roi Guillaume. Cette conquête était aisée : l'esprit politique du roi ne se faisait aucune illusion sur la difficulté de rallier le cloître à son parti. Nulle part plus qu'en Angleterre, le monachisme n'a revêtu jusqu'au xie siècle un caractère plus véritablement national (3). C'est par les moines que l'île fut convertie à la foi du Christ ; la religion, en Angleterre, ne se fût pas comprise sans le moine qui l'avait toujours personnifiée. A ce titre, l'institution monastique avait une place à part dans les affections populaires, et à toutes les époques, plus que dans tout autre pays,

---

1. Non poterant clerici asumpti post martirium S. Elphegi... adeò plenè informari, nec a propriis voluntatibus coerceri, ut omnimodis regulam observarent. — Gervasius. *Actus Pontif. Cantuar.* Twysden, p. 1650.

Vers 1003, Elfrik, élève d'Éthelwold, avait obtenu du roi Éthelred un diplôme par lequel les clercs étaient chassés, et les moines remis en possession de l'église de Cantorbéry. Le diplôme est dans Spelman (I, 504).

En 1012, l'église de Cantorbéry fut pillée par les Danois, et les moines tués, à l'exception de quatre. Les clercs revinrent alors, et sous l'autorité d'un *Decanus* ils occupèrent l'église jusqu'à l'arrivée de Lanfranc.

V. aussi : *Anglia Sacra*, I. *Historia priorum Eccles. Cantuar.*

2. Cujus auctor fuerat Walkelinus... ad cætera bonus. (Guil. de Malmesbury. *De Gest. Pont.*, I, et Knyghton. — Twysden, p. 2263.)

3. V. Préface de William Stubbs à l'ouvrage : « *Chronicles and memorials of the reign of Richard II* », vol. 2. *Epistolæ Cantuarenses.* Londres, 1865.

elle avait paru l'institution nationale par excellence. Les noms de Columban, de Patrik, d'Augustin, de Théodore, de Dunstan représentaient, suivant les temps et avec leurs divers caractères, cette constante tradition. Toucher au cloître, après la conquête, c'était blesser le sentiment national ; mais si les moines restaient inflexibles dans leur haine, réduire leurs priviléges et amoindrir leur dignité, c'était inaugurer une politique sans merci et faire éclater aux yeux de tous l'évidence de la défaite. Guillaume vit le mal, et il crut tout d'abord à l'efficacité du remède. Vauquelin et son parti ne proposaient rien moins qu'un révolution radicale dans l'ordre religieux. Il importe d'en bien mesurer l'importance.

Au début de la prédication de l'Évangile dans la Grande-Bretagne, les caractères d'évêque et de moine n'étaient jamais séparés. Les premiers évêques, Augustin, Mellitus, Paulin, étaient soumis aux trois vœux ; et toutes les fois que la religion gagnait du terrain, c'est par une église et un couvent que la prise de possession était affirmée. Plus tard, à mesure que la population devint plus nombreuse, et que les siéges épiscopaux se multiplièrent, un clergé nouveau prit insensiblement la place des moines missionnaires : les clercs n'étaient pas liés à la vie monastique, ils pouvaient posséder ; et à certaines époques, le mariage même leur fut permis. Il s'établit donc insensiblement deux ordres de représentants de la religion : mais les clercs, à demi-embarrassés dans les liens de la vie laïque, tard venus dans l'histoire ecclésiastique de l'île, n'égalèrent jamais en dignité, et dans l'esprit du peuple, en sainteté, les aînés de la religion. Ce clergé nouveau se sépara peu à peu du cloître, et on peut fixer vers le milieu du viiie siècle la date à laquelle cette séparation fut consommée. Dès lors, des églises rivales s'élevèrent parfois dans les grandes cités ; il dut se faire entre les deux personnes morales qu'elles représentaient le partage des biens donnés autrefois aux moines seuls : les clercs, moines émancipés, réclamaient leur part de ces libéralités ; les moines, armés de la lettre des donations, mettaient à les retenir plus d'âpreté qu'on ne l'eût attendu de religieux soumis aux trois vœux. A l'époque de Dunstan, cette revendication des moines prit un caractère particulièrement agressif, et l'institution des clercs fut menacée de disparaître.

Il s'était produit cependant un fait étrange, dont l'Angleterre seule paraît avoir offert le spectacle. A l'origine, toutes les églises étaient au pouvoir des moines ; et l'évêque se conduisait au milieu de son clergé régulier comme l'abbé dans le cloître. Quand un évêque clerc succédait à l'évêque moine, rien n'était changé que la personne même du prélat ; le caractère de son administration et de ses rapports avec son clergé de moines restait le même. Mais insensiblement il s'établit pour chaque siége une tradition : on distingua ceux que les moines avaient défendus comme leur bien inaliénable : ce furent les églises des moines ; et ceux que les clercs avaient su gagner par des empiétements successifs, et émanciper : ce furent les églises des clercs. La supériorité resta toujours aux sièges dits monastiques : c'étaient les plus anciens ; ils avaient, à leur origine, le caractère sacré de l'autorité de saint Grégoire ; et, longtemps avant la conquête, c'était faire œuvre pie de transformer en Église de moines une Église de clercs. Les siéges vénérés de l'Angleterre, Cantorbéry, Winchester, Worcester, Sherborne, étaient monastiques ; dans le Nord, Durham avait hérité de Lindisfarne son caractère sacré ; et c'était une des infériorités d'York de n'être qu'un épiscopat séculier. Dans la première moitié du xie siècle, entre la réforme de Dunstan et celle de Lanfranc, alors que les invasions réitérées avaient fait disparaître jusqu'aux vestiges de la premiere, un singulier désaccord se remarquait dans l'organisation ecclésiastique : les religieux attachés au service d'une Église portaient encore le nom de moines (1), mais ils n'étaient pas astreints à suivre la règle monastique : le président s'appelait *decanus*, et les moines *canonici* (2).

On voit, par cet aperçu de la constitution des évêchés, quelle était la portée de la réforme de Vauquelin. C'était décréter la ruine du monachisme anglais, atteindre gravement les moines dans leurs intérêts matériels, en leur enlevant d'un seul coup l'administration et la jouissance des biens affectés aux églises, réduire leur influence en les privant de rapports journaliers avec la masse des fidèles. On relevait, entre eux et le monde, le mur du cloître ; et dans cet isolement, l'institution monastique ne pouvait manquer de

---

1. Eadmer, p. 7.

2. Æthelnoth munuc decanus œt Christes cyrcan. *Chronic. sax.*, 1020 cité par **W. Stubbs**, *loc. cit.*)

dépérir. Telle la réforme projetée apparaissait au vaincu. Au point de vue du vainqueur, les clercs, qui formaient un corps moins homogène que les moines, devaient être plus faciles à gagner; dès le premier jour, on se les attachait par la reconnaissance due à un grand bienfait et par la nécessité d'une protection continue pour en conserver la jouissance. D'ailleurs, plus près du monde, le clerc ne partageait pas les préjugés du cloître; l'évêque était son chef naturel; entre l'évêque et le moine il y avait l'abbé, puissance autrement redoutable pour un disciple de saint Benoît. Le clergé séculier offrait plus de garanties de soumission au pouvoir de l'évêque et du roi; désavoués par l'opinion, les clercs ne seraient rien que par le pouvoir politique : et, secrètement combattue par le sentiment de leurs intérêts, leur haine de l'étranger ne pouvait pas être vivace.

Si, méconnaissant le caractère plus général de la question, on ne veut y voir qu'un acte du drame de la conquête, le jugement ne saurait être douteux : proscrire les moines, c'est continuer la guerre sur un nouveau terrain; proscrire les clercs, c'est, qu'on le sache ou non, déclarer la guerre finie, et rester dans la véritable tradition anglaise. — Que Guillaume se soit prononcé d'abord pour le projet de Vauquelin, on ne peut en être surpris : il était surtout sensible aux avantages politiques de cette mesure. Pour les évêques qui la proposaient, elle avait un caractère religieux aussi bien que politique : c'était une tentative d'émancipation du clergé formé hors du cloître. Il est à remarquer que les chefs de ce parti appartenaient tous au clergé séculier (1) : du nombre des évêques sortis des rangs des clercs, très-peu s'abstinrent. Vauquelin fit preuve d'un grand esprit de décision; il prépara tout, comme pour un coup de main. Par ses soins, quarante clercs tonsurés comme les chanoines, et revêtus de leur costume, étaient prêts et n'attendaient qu'un signal pour prendre possession de l'Église de Winchester. Il fallait l'autorisation de l'archevêque de Cantorbéry; mais soit qu'il le crût favorable, soit qu'il regardât un désaveu comme impossible après s'être tant avancé, Vauquelin ne fit les

1. Omnes circiter qui ex clericali ordine per regem W. in Angliâ constituti pontifices erant. — Eadmer, p. 10.
...Concordi animo pontifices quos religionis ordo non sibi astrinxerat. (*Ibid.*

démarches officielles qu'au dernier moment (1). Lanfranc n'hésita pas à se prononcer, et au premier bruit de ces projets, il déclara que de son vivant une révolution de ce caractère ne serait jamais consommée. Irrité de cette résistance, le parti de Vauquelin éleva ses prétentions : la réforme prit un caractère plus général encore : puisque Cantorbéry était l'Église primatiale, c'était par là qu'elle devait commencer; il ne fut question de rien moins que de substituer, sous les yeux mêmes de Lanfranc et dans son église, les clercs aux moines. Les politiques, Guillaume et d'autres chefs militaires, se rallièrent à ce projet. Seul, Lanfranc résista.

— Dans quelle mesure suivit-il une inspiration personnelle? On ne saurait le dire. Le moine Eadmer, qui a de la piété pour Lanfranc, lui attribue tout le mérite d'une initiative dont son ordre profita : mais il est probable que Lanfranc ne fit qu'obéir; la politique dont il appliquait les principes avait été conçue par un esprit plus puissant; mais il en avait pénétré le secret, et nul ne la mit en œuvre d'une main plus ferme et plus à propos.

Alexandre II occupait encore le siége pontifical; mais depuis plus de vingt années, sous les divers papes, une même pensée dominait le monde chrétien : Hildebrand préludait aux réformes de Grégoire VII. Il voulait l'Église unie dans une même croyance, maintenue par une discipline uniforme sous la main du pouvoir pontifical; mais il exigeait qu'elle justifiât par la sainteté de ses mœurs cette puissance surhumaine. Né dans le cloître, ce projet de théocratie n'était possible qu'avec une milice de moines; le clergé séculier moins ardent au sacrifice, moins soumis, moins lettré, moins moral, était jugé insuffisant pour une pareille tâche. La théocratie dont Hildebrand avait déjà conçu la pensée, était une théocratie de moines (2).

Peu de prélats entrèrent plus complétememt que Lanfranc dans la pensée de la cour romaine : moine lui-même, il croyait comme Pierre Damien à la supériorité morale du moine sur le clerc. On ne saurait dire si, pris à l'improviste par l'attaque de Vauquelin, il se décida d'abord sans consulter Rome, et si la lettre du pape pro-

1. Eadmer, p. 10.
2. Alexandre II, qui ne se sépare pas d'Hildebrand, écrivait à Lanfranc en parlant des moines : « Quasi in eis non vigeat autoritas religionis. » Labbe, IX, 1143.

voqua ou ne fit qu'encourager sa résistance. Rien n'empêche d'admettre que la lettre pontificale fut réclamée par Lanfranc comme une sûreté pour l'avenir, pour confirmer un état de choses déjà rétabli : ainsi le veut Eadmer.

La lettre du pape est formelle (1). Aux yeux d'Alexandre II, les évêques du parti de Vauquelin sont des révoltés; ils veulent échapper à l'autorité pontificale et ils s'appuient sur les laïques et les puissants de la terre. Le pape cite les noms d'Augustin, de Laurent, de Mellitus, chers aux Anglais : l'autorité de ces souvenirs est habilement invoquée (2).

Lanfranc l'avait emporté; Guillaume sacrifia l'intérêt politique, dont on lui avait exagéré les avantages, à l'intérêt religieux, et les moines se fortifièrent dans leur position un instant menacée.

A considérer sous son double aspect l'histoire de cette querelle du clergé normand, elle est féconde en enseignements : on se trompe, si on prête à Vauquelin et à son parti une pensée exclusive d'hostilité contre les moines anglo-saxons : ils étaient animés d'un esprit anti-romain; et rebelles à toute idée de réforme par le cloître, favorables à l'émancipation du clergé, ils furent conduits, par le caractère de leur politique religieuse, à proposer des mesures de persécution contre les moines du parti vaincu. On se tromperait aussi en faisant de Lanfranc un défenseur désintéressé du corps monacal anglo-saxon; il soutint, même contre les attaques de prélats normands, les moines d'Angleterre, même anglais; en cela, il obéissait à un principe supérieur à toute question de race et de lieu; prélat, en communion d'esprit avec la cour romaine, c'est Rome et sa nouvelle politique de réorganisation universelle qu'il sert en Angleterre, même à l'avantage du parti vaincu. Il importe de démêler avec précision les mobiles divers de sa conduite. Les chroniqueurs contemporains ne s'y sont trompés qu'à demi : ils n'ont pas su indiquer nettement dans quelle mesure Lanfranc était l'agent de Guillaume ou le fidèle d'Hildebrand; mais dans cette circonstance ils n'ont eu garde de le présenter comme un persécuteur de la race vaincue. Par ce seul fait, Lan-

1. Eadmer, p. 10 et 11.
2. On ne peut dire exactement la date de ce débat; elle est comprise entre 1071 et 1073. C'est entre ces deux années que Jaffé (*Regesta*, p. 400) place la lettre d'Alexandre II.

franc méritait à leurs yeux de prendre place parmi les prélats nationaux : il était l'héritier de Dunstan, du moins il paraissait l'être.

Un siècle auparavant, Dunstan, le plus populaire des évêques anglo-saxons, avait opéré une réforme semblable à celle de Lanfranc : l'esprit qui l'inspira et les résultats parurent semblables. Pour rendre à l'institution monastique sa dignité première, Dunstan sépara aussi avec violence les moines et les clercs; il ne laissa à ceux-ci que le choix entre un départ soudain ou la prise de la robe : ailleurs, il les obligea de vivre canoniquement, soumis à la règle (1); les évêchés passèrent aux mains des moines; et avec un esprit d'ascétisme, tout nouveau après les invasions, on vit reparaître l'âge d'or de l'institut monastique (2). L'Angleterre religieuse se reconnut dans cet homme, et, après les révolutions qui ensanglantèrent le début du xie siècle, il était invoqué comme un saint. En protégeant les moines, Lanfranc s'abritait à l'ombre de ce grand nom; on s'inquiéta peu de savoir si sa conduite procédait exactement des mêmes principes : les actes parurent les mêmes, et le saint passa pour inspirer le prélat. « La faveur du bienheureux Dunstan se répandit sur Lanfranc (3). » Il le voyait en songe, et en toute occasion il pouvait compter sur une inspiration surnaturelle. Malmesbury rapproche ces deux noms : il est impossible d'admettre que les contemporains aient vu un persécuteur dans le prélat qui semblait continuer Dunstan. Aujourd'hui, à la distance où nous sommes des événements, nous n'aurons garde d'assimiler ces deux hommes; leur œuvre semble être la même : mais l'esprit en est essentiellement différent. Dunstan n'a qu'une pensée : rétablir la vie monastique en Angleterre, reprendre les traditions d'austérité, de travail légués par les moines du viiie siècle, et aussi reconquérir la puissance et la richesse compromises par les invasions. Il est Anglais avant tout, et c'est dans les souvenirs de l'histoire religieuse de l'Angleterre qu'il trouve son inspiration. S'il sert la cause de la chrétienté, c'est sans y songer. Quand il veut

1. « Aut canonicè est vivendum aut Ecclesiis exeundum ». Osbern. *Vie de Dunstan*, ch. 36. *Memorials of Dunstan*, by W. Stubbs. Londres, 1874.
2. Osbern. *Ibid.*, ch. XIX. — G. de Malmesbury. *De Gest. Pont.*, livre I.
3. Beatissimi Dunstani in eum favor effusus. G. de Malmesbury, *ibid.*
— Knyghton. Twysden, p. 2362.

un modèle de discipline, c'est à Fleury et non à Rome qu'il le demande. Lanfranc, au contraire, est avant tout Romain ; l'Angleterre qui, un siècle avant lui, avait donné le mouvement, le reçoit, et on peut se demander si, Rome indifférente ou muette, Lanfranc eût pris de lui-même l'initiative de cette grande restauration. Il se trouve, en marchant dans la voie ouverte par Hildebrand, paraître continuer les traditions anglaises; mais c'est par contre-coup, et la protection due au vaincu n'entre pour rien dans ses calculs.

Après avoir obtenu gain de cause pour l'administration générale du royaume, Lanfranc se hâta d'appliquer à son Église les mesures nouvelles. Par une de ces transformations comme l'histoire religieuse d'Angleterre en présentait déjà plus d'une, les clercs se soumirent à la règle monastique, et le *Doyen* devint le *Prieur* (1). Ce changement de nom était toute une révolution. Le parti de Vauquelin se reconnut vaincu, et pendant tout le règne de Guillaume l'Angleterre éprouva les effets de ce changement. Lorsque vers 1083, l'évêque de Durham, Guillaume, rétablit le culte de saint Cuthbert, il confia à des moines le service de la nouvelle Église; quant aux clercs qui jusqu'alors y avaient été attachés, il leur déclara qu'ils auraient dorénavant à vivre comme les moines ou à céder la place; à l'exception d'un seul, tous préférèrent partir (2).

On ne peut se défendre de quelque surprise quand on s'aperçoit que le défenseur déterminé des moines contre le parti des clercs paraît avoir été leur adversaire dans son propre diocèse. La lutte de Lanfranc avec les moines de saint Augustin a duré autant que son pontificat; et l'on croit découvrir tout d'abord entre ces deux parties de son administration un désaccord malaisé à justifier. Il faut prendre la question de haut et remonter jusqu'à l'origine du débat.

Lorsque le moine Augustin prêcha la foi chrétienne dans le royaume de Kent, la protection inespérée du roi Ethelbert lui

---

1. Cantuar. Ecclesiæ monachi, quasi canonici cathedrales, monacborum quidem habitum gerentes, sed regulam non adeò plenè observantes.

...Præpositum suum *Decanum* vocabant, quem nos post adventum Lanfranci *Priorem* appellamus. (Gervasius. *Actus Pontif. Cant.*, p. 1650.)

2. V. Siméon de Durham, p. 49 à 51.

permit de jouer rapidement un important personnage. Il se fit donner par le roi un temple voisin de Cantorbéry, dans lequel, avant sa conversion, Ethelbert et ses nobles sacrifiaient suivant les rites de leur religion. Augustin transforma le temple païen en église; il la consacra à saint Pancrace, martyr, et peu après, il obtint du roi une terre voisine, sur laquelle une nouvelle église ne tarda pas à s'élever (1). Elle fut dédiée aux apôtres saint Pierre et saint Paul. Un monastère fut fondé aux portes mêmes de l'église, et des moines furent établis pour assurer à perpétuité le service divin. Le nom d'Augustin s'ajouta bientôt à celui des deux apôtres, et bien qu'au xive siècle l'abbaye portât encore le nom officiel de couvent de Saint-Pierre, Saint-Paul et Saint-Augustin (2), c'est par ce dernier titre seul qu'elle est désignée dans le cours de sa longue et tumultueuse histoire.

Augustin donna au couvent un abbé de son choix, et il obtint de la faveur d'Ethelbert de riches donations, qui firent rapidement de l'abbaye un établissement important dans le royaume. Tout en conférant à un des siens la dignité abbatiale, Augustin retenait en fait l'autorité souveraine sur un couvent qui était son œuvre; mais, archevêque, il ne prit pas assez garde au danger de grandir démesurément le personnage de l'abbé et de constituer dans son Église une communauté assez puissante pour devenir en quelque sorte Église à son tour et rejeter toute suprématie. On a pu le remarquer à propos de la fondation de Saint-Étienne; c'était la politique de tout abbé de s'émanciper de son évêque, et nulle part on ne trouvait un esprit de corps plus intraitable et des prétentions à l'autonomie plus jalouses que dans l'histoire des grandes abbayes. Ce fut la faute d'Augustin d'oublier qu'il était archevêque et de traiter l'abbaye nouvelle comme l'eût fait son abbé. On eût dit qu'il prenait plaisir à donner des armes aux moines contre ses propres successeurs; l'acte authentique des privilèges conférés par le prélat mérite d'être rapporté (3).

Au nom de Jésus-Christ et du pape Grégoire, il était solennellement interdit aux archevêques futurs de Cantorbéry, à tout pou-

1. Guillaume de Thorn., p. 1760. — Elmham. *Hist. monasterii S.-Augustini Cantuariensis*, éd. Hardwick. Londres, 1858.
2. Guill. de Thorn. *Chronique*, p. 1760.
3. Elmham. *Ibid.*, p. 119 à 121. — *G. de Thorn.*, p. 1763.

voir ecclésiastique ou séculier, d'exercer sur le couvent de Saint-Augustin aucune domination, d'usurper les églises, ou les terres lui appartenant, d'inquiéter les moines, de les opprimer ou de les soumettre à un tribut. L'abbé devait être élu par ses frères dans le couvent ; l'archevêque de Cantorbéry gardait le droit de l'ordonner ; mais il l'ordonnait pour en faire le ministre de Dieu et non pas son propre serviteur. Il devait voir en lui un frère, un collègue, un égal, non un inférieur : l'abbé devait l'obéissance à Dieu, non à l'archevêque. L'archevêque ne pouvait dire la messe au couvent, comme il eût fait à un autel de sa juridiction (1), ordonner des prêtres, donner la bénédiction sans la permission de l'abbé ou des moines eux-mêmes (2).

Cette charte d'indépendance, qui faisait de l'abbé un personnage rival de l'archevêque, était mise sous la protection des imprécations les plus redoutables. Mais la solennité de cet acte eût mal défendu contre les empiétements de toute nature la perpétuité des priviléges, si la religion et la politique n'eussent concouru à les garantir. Saint-Augustin compta dès le premier jour au nombre de ses droits l'honneur de recevoir dans ses caveaux les corps des archevêques de Cantorbéry, des rois et des principaux personnages de Kent. Le privilége de sépulture est mentionné expressément dans la charte de fondation. Ainsi, l'abbaye devint rapidement, comme le disait par anticipation son fondateur, « *dépositaire de ce trésor de saints* (3). » C'est en vain que, par des raisons combinées de même nature, l'Église de Cantorbéry devenait peu à peu la « *mater primaria* » de l'Angleterre : Saint-Augustin n'en restait pas moins le berceau de l'Église de Cantorbéry elle-même. Comme il arrive toutes les fois qu'un privilége s'établit, les confirmations et les accroissements ne lui manquèrent pas ; les papes Adéodat et Agathon ajoutèrent à cette importance, pour la seule raison qu'elle était déjà considérable : Saint-Augustin ne releva plus que du Saint-Siége lui-même et ne reconnut l'autorité d'aucune Église (4). La cour de Rome aimait à saisir toutes les occasions de faire admettre son autorité souveraine dans les pays éloi-

1. Quasi ad suæ ditionis altare. (*Ibid.*), p. 1764.
2. Sine abbatis vel fratrum permissione. (*Ibid.*)
3. Hanc Ecclesiam Sanctorum thesaurariam. (*Ibid.*)
4. Elmham, p. 247.

gnés où elle était encore inconnue ; et sa politique, s'inspirant de
cette pensée, était parfois contradictoire. Dans le royaume de Kent,
elle préparait ainsi, en développant l'œuvre mal conçue d'Augustin, les éléments d'une lutte dangereuse entre l'archevêque et
l'abbé. L'abbé en était venu peu à peu à exercer une autorité souveraine dans le sud-est de l'Angleterre ; son autorité morale, sou-
tenue d'une puissance matérielle considérable, en faisait le premier personnage après le roi ; l'archevêque voyait son autorité
s'effacer devant la sienne ; les cérémonies rendaient sensible cet
amoindrissement : il ne pouvait entrer au couvent précédé de sa
croix.

La question des sépultures fournit le prétexte de la première
lutte entre les deux pouvoirs. L'archevêque de Cantorbéry,
Cuthbert, voulut affranchir son Église de cette humiliante rivalité :
pendant tout son pontificat, il vécut en bonne intelligence avec les
moines ; c'est par sa mort qu'il ouvrit les hostilités. En 758, sen-
tant sa fin approcher, il fit jurer à ses gens et aux moines de
l'Église du Christ de tenir cachée la nouvelle de sa maladie et de
sa mort, et de l'ensevelir secrètement, sans aucune cérémonie,
dans l'église cathédrale. Il mourut ; ses volontés furent exécu-
tées ; et quelques jours se passèrent avant que cette fraude ne fût
soupçonnée. Lorsque l'abbé Aldhum vint avec ses moines réclamer
le corps, on lui montra la tombe qui l'avait déjà reçu. Les Augustiniens comprirent que cette audacieuse surprise n'avait pu être
faite qu'avec l'accord tacite du roi ; ils dissimulèrent leur ressentiment (1).

Le nouvel archevêque, Bregwin, approuva les dispositions prises
par son prédécesseur. Nous comprenons mal aujourd'hui l'importance de ces questions de sépulture et de possession de corps ; mais
il faut revivre par l'esprit dans ces âges si différents du nôtre, et
nous y retrouvons, déguisés sous des prétextes particuliers à une
époque, ces conflits d'autorité et ces disputes sur la hiérarchie qui
sont de tous les temps. Bregwin, fort du consentement du roi, et
peut-être aussi du complaisant appui de la cour romaine, renou-
vela à son lit de mort les prescriptions de Cuthbert. Le caveau de

1. Elmham. (*Ibid.*), p. 317. — G. de Thorn. *Chronique*, p. 1773. — Godwin. *De Præsulibus Angliæ*, p. 65.

Cuthbert reçut son corps (762), et quatre jours après, comme il l'avait ordonné, on annonça la nouvelle de sa mort. Le nouvel abbé de Saint-Augustin, Lambert, se présenta avec une troupe d'hommes armés, et déclara qu'il enlèverait de gré ou de force le corps de Bregwin aux mains de ses rivaux. Quand il apprit que l'enterrement était fait, il résolut d'en appeler au pape pour défendre les droits et les libertés de son « Église. » La querelle menaçait de se compliquer ; les moines de l'Église du Christ comprirent qu'il n'était pas de leur intérêt de provoquer une décision qui pouvait leur enlever le bénéfice d'un double antécédent : par un habile compromis, ils élurent Jambert archevêque. L'appel au pape fut suspendu, et la cause parut jugée. Cependant l'âpre vieillard garda, comme archevêque, le souvenir de ses rancunes d'abbé ; il voulut être enseveli à Saint-Augustin, et sa volonté fut respectée (789). Mais il suffisait que la tradition eût été interrompue, pour que le privilége eût reçu une grave atteinte ; quelque douze ans après (802), on vit un archevêque, Ethelard, ancien moine de Malmesbury, désigner comme lieu de sa sépulture le couvent où il avait fait profession (1).

La frivolité du prétexte n'était qu'apparente ; elle cachait une lutte sérieuse. Malgré tout, l'abbaye n'avait rien perdu de son importance, et quelque temps avant la conquête, l'abbé avait vu sa dignité assimilée par les insignes même à celle d'un prélat : en 1059, Egelsinus avait reçu du pape Alexandre le droit de porter la mitre et les sandales ; ce droit s'étendait aussi à ses successeurs (2). Quatre ans auparavant, le pape Léon IX avait décidé que, dans les conciles généraux, l'abbé de Saint-Augustin prendrait place près de l'abbé du mont Cassin (3).

Sans doute la complaisance d'un abbé ou l'indifférence d'un archevêque pouvaient éviter ces troubles au comté de Kent ; mais vienne un prélat dominateur, ou seulement jaloux de ses droits, le conflit est inévitable. Si l'on ajoute que ce prélat appartient à la race victorieuse, que les animosités de parti peuvent revêtir le caractère d'une haine patriotique, on com-

---

1. Guil. de Malmesb. *De Gest. Reg.*, I, ch. LXXVI.
2. G. de Thorn., p. 1785. — Elmham, 89.
3. G. de Thorn, p. 1784. — Elmham, 89.

prend que l'histoire ait pu se méprendre sur le vrai caractère de ces faits (1).

Il importe de préciser les éléments divers de cette querelle, dont l'importance est capitale dans l'administration de Lanfranc : elle a été, en grande partie, l'unique cause des accusations les plus violentes dont les siècles suivants ont chargé sa mémoire.

En 1066, l'abbé de Saint-Augustin, Egelsinus, ne sépara pas sa cause de celle de Stigand ; mais après le couronnement de Guillaume, il abandonna aux Normands tous les biens et toutes les possessions du couvent. Peu rassuré par cette abdication, il réunit tous les trésors du couvent et les emporta en Danemark ; on n'entendit plus parler de lui (2). En 1070, quand il fut bien établi qu'Egelsinus avait fui, Guillaume confisqua toutes les possessions extérieures et intérieures du monastère de Saint-Augustin ; et il éleva à la dignité d'abbé le Normand *Scotland*. Le nouvel abbé s'occupa tout d'abord de réparer les ravages matériels de la conquête ; les historiens même qui ne lui sont pas favorables reconnaissent qu'il employa son crédit à rentrer en possession des terres et des domaines injustement enlevés (3). Il ne réussit pas toujours ; mais il fit oublier par ses services le caractère de son origine. Il était lié d'amitié avec le roi et avec Lanfranc ; doux et timoré, prêt à tout accorder à l'amitié, il se trouvait être parfaitement propre au rôle que l'archevêque pouvait être appelé à lui imposer.

Rien ne prouve que l'opposition des moines ait été provoquée par les tentatives d'empiétement de Lanfranc. Sans tenir compte des priviléges particuliers de Saint-Augustin, les occasions de luttes ne pouvaient manquer ; ce n'est pas à coup sûr son excessive puissance qui choqua tout d'abord l'archevêque. La puissance

---

1. M. A. Thierry (vol. 2, livre VII, p. 256) fait de l'abbaye de Saint-Augustin l'asile de l'ancienne liberté et le foyer des souvenirs nationaux. La lutte de Lanfranc et des moines n'est qu'un acte de la lutte des deux races. Sans doute le fait de la conquête mérite de ne pas être oublié ; il y a pourtant d'autres éléments de la question que M. A. Thierry n'a pas mis en lumière.

2. C'est Guillaume de Thorn qui raconte ainsi la fuite d'Egelsinus (p. 1787). On peut l'en croire.

3. Venerabilis abbas Scotlandus licet possessiones et jura temporalia monasterii sibi commissi undique potenter defenderet, utpote amicus regis et principum..... (G. de Thorn, p. 1790.)

et la richesse de l'abbaye avaient produit, là comme partout, ses ordinaires effets ; Lanfranc retrouvait à Saint-Augustin les moines tels qu'il les avait vus peut-être, un quart de siècle auparavant, en Normandie. Cavaliers intrépides, passionnés pour la chasse, ils entretenaient des meutes de chiens et chassaient au faucon ; le jeu des dés, la boisson occupaient leurs loisirs ; leur table était servie avec une délicatesse raffinée ; le luxe de leurs vêtements et le nombre des serviteurs dont ils se faisaient escorter les eussent fait prendre pour de puissants seigneurs, non pour des religieux (1). C'étaient les mœurs communes à tous les couvents d'Angleterre (2).

L'attention de Lanfranc fut tout d'abord attirée par ces scandales : il n'est pas douteux que ce fut là le caractère des premiers rapports de l'archevêque et des moines.

Malmesbury parle d'une façon fort nette de ces essais de réforme morale, en dehors de toute question de suprématie ou de race ; ces éléments intervinrent plus tard seulement, et servirent à dissimuler une résistance difficilement avouable (3). Il est à remarquer que le moine de Thorn date de l'année 1080 seulement (4) ce qu'il appelle la persécution de l'archevêque. Dix années s'écoulèrent donc sur lesquelles il est muet ; Malmesbury, et, d'après lui, Henri de Knyghton (5) éclairent pour nous l'histoire de cette période. Il n'était pas dans le caractère de Lanfranc

---

1. Canum cursibus avocari, avium prædam raptu aliarum volucrum per inane sequi, spumantis equi tergum premere, tesseras quatere, potibus indulgere, delicatiori victu et accuratiori cultu fragilitatem nescire, parcimoniam abnuere, et cætera id genus, ut magis illos consules quàm monachos præ frequentiâ famulantium diceres. — Guil. de Malmesb. *De Gest. Pont.*, livre I, éd. 1596, p. 118

2. Monachi Cantuarienses, sicut omnes tunc temporis in Angliâ, sæcularibus haud ab similes... (G. de Malmesb. *Ibid.*)

On peut remarquer l'erreur de M. A. Thierry qui se sert de ce passage vol. 2, livre VII, p. 260) pour établir la brutalité et l'immoralité des évêques normands. Ce texte est contraire à la thèse de l'illustre historien, puisqu'il est question ici des religieux qui ne sont, à ses yeux, que des patriotes saxons et des moines sans reproche.

3. Malmesbury, *loc. cit.*

4. Guil. de Thorn, p. 1791. « Anno Dom. Incarnationis 1080, Lanfrancus archiepiscopali pallio in Cantuariâ potitus, hanc Ecclesiam apostolicam persequi incepit... »

5. Henri de Knyghton. *De Event. Angl.*, p. 2362 et 2363.

d'attaquer hardiment les abus ; sa finesse italienne se plaisait aux ménagements ; comme la plupart des politiques d'au delà des Alpes, il savait attendre. « Comprenant que l'habitude de ces plaisirs était devenue pour les moines une seconde nature , (1) » il n'essaya pas de changer brusquement leurs mœurs ; mais par des avertissements répétés, par des encouragements pleins de bienveillance, il « polissait sur la pierre de la vertu ces âmes brutes » (2), s'attaquant à un vice, puis à un autre. Il appliqua à Saint-Augustin la règle qu'il suivait pour les autres couvents de l'Angleterre : et même en faisant la part de la partialité dans les éloges d'Eadmer (3), il est difficile d'admettre qu'il ait apporté dans ses procédés de réforme une violence à laquelle répugnait son caractère. Mais le couvent de Saint-Augustin était moins disposé que tout autre à subir une réforme ; son importance singulière, en le mettant hors de pair, semblait intéresser la vanité des religieux à ne pas recevoir de bonne grâce une réforme, même religieuse. Il faut ajouter le ressentiment légitime du vaincu. Le moine est peuple, a-t-on dit (4) ; participant aux haines populaires et bien placés pour les manifester sans danger, les religieux de Saint-Augustin ne purent manquer de donner à leur sourde opposition ce caractère : ainsi, peu à peu, les rapports des deux pouvoirs rivaux entrèrent dans une nouvelle phase. Alors, ce ne fut plus seulement le moine indigne, mais le moine saxon que Lanfranc surveilla ; mieux encore, le moine saxon de Saint-Augustin. A ce double titre, l'Augustinien repoussait en Lanfranc le Normand et l'archevêque. L'opposition changeant de nature, des mesures nouvelles furent nécessaires. La première période était close (1070-1080).

Alors commença la lutte : l'agression était venue du couvent. Il avait eu la maladresse de trop laisser paraître sa puissance traditionnelle à un moment où un nouvel ordre de choses faisait bon marché de la tradition. La lutte présenta ce caractère particulier

---

1. Guil. de Malmesb., *loc. cit.*

2. « Blandis monitionibus per intervalla temporis nunc illa, nunc ista subtrahens, cote virtutum rudes exacuebat ad bonum mentes, climabatque ab iis vitiorum rubiginem. (Malmesb., *loc. cit.*)

3. Eadmer, p. 8.

4. Ch. de Rémusat. *Saint Anselme*, p. 122.

à tous les actes de Lanfranc : une fermeté rare, sous les dehors d'une prudence cauteleuse. La complicité inconsciente de l'abbé devait lui permettre de tout tenter sans éclat ; il admit, plus que jamais, Scotland dans son amitié ; leur liaison était ancienne ; il en resserra les liens. D'abord il fit prier l'abbé d'envoyer ses prêtres dans son église cathédrale pour entendre ses sermons et ajouter plus d'éclat à ses solennités ; il le demanda ensuite lui-même. L'abbé résista ; c'était porter atteinte aux droits de l'église de Saint-Augustin. Lanfranc revint doucement à la charge ; aucun droit n'était violé ; il n'était question que d'entendre la voix de Dieu. L'abbé se laissa gagner et son amitié pour le prélat trahit les priviléges de son ordre. Il fallut forcer les moines qui résistaient. Lanfranc avait promis que dans ces réunions on ne prendrait aucune mesure d'organisation religieuse ; mais peu à peu, ce furent des chapitres, des synodes ; et Scotland y conduisit tous ses moines, tous ses paroissiens. Jusqu'alors, le seul juge des manquements à la religion avait été l'abbé ; Lanfranc évoqua toutes ces causes devant son tribunal : ce ne furent plus les commissaires de l'abbé, mais ceux de l'évêque qui fixèrent la peine et l'appliquèrent. Le mécontentement se traduisit d'abord par des murmures. Comme il arrive toujours dans un conflit d'attributions, après avoir ressaisi tout le pouvoir, Lanfranc crut n'avoir pas assez fait s'il ne leur en retirait jusqu'aux apparences. Il défendit aux moines de sonner leurs cloches avant que les cloches de l'église cathédrale ne leur en eussent donné le signal : les offices furent réglés à l'image de ceux de Cantorbéry. C'en était trop pour la vanité des moines ; ils prirent plaisir à violer les règles canoniques pour la célébration des offices (1). Par un dernier effort, ils chargèrent leur abbé de transmettre au pape leurs protestations ; l'abbé ferma la porte du cloître et leur défendit d'en sortir. Il n'est pas douteux que sur ce point les prétentions de Lanfranc ne fussent en désaccord avec la politique constante de la papauté (2). La cour de Rome avait intérêt à retenir sous son autorité immédiate les grands établissements religieux ; elle

1. Voir pour tout ceci Guillaume de Thorn, p 1791 et 1792.
2. Voir, entre autres, la lettre du pape au roi Édouard le Confesseur (1060), pour la fondation d'un couvent dédié à saint Pierre « Nulli omninò

empêchait ainsi une concentration redoutable de pouvoirs entre les mains de quelques prélats. Dans une pensée bien différente, il lui importait aussi de diriger immédiatement ces grands centres de la vie religieuse, où se formaient les hommes destinés à représenter la véritable Église.

La mort de Scotland ne fit qu'aggraver la situation (1) : le fait de se laisser imposer un abbé par l'archevêque consommait la subordination du couvent. Lanfranc et les moines portèrent contradictoirement la cause devant le roi. Le conquérant était mort; Lanfranc pouvait espérer beaucoup d'un prince qu'il venait de couronner; celui-ci donna pourtant raison aux moines qui avaient étalé devant ses yeux un grand nombre de parchemins signés d'Augustin, Agathon, Déodat, Ethelbert. Lanfranc avait en vain réclamé le droit de nommer directement l'abbé ; c'était une violation manifeste des règles de l'ordre et des priviléges augustiniens; mais l'amour du pouvoir lui fit dépasser la mesure. Il voulait imposer comme abbé un de ses moines de l'église du Christ ; il y avait toujours eu entre les deux corporations de très-vives animosités; on ne pouvait faire un choix plus malheureux. Les moines de Saint-Augustin, soutenus par le roi, élurent un des leurs ; ils eurent soin de choisir un Normand, Guy, que le roi avait pris en affection ; tant il semble qu'à ce moment l'esprit de corps passât pour eux bien avant l'esprit national. Lanfranc se refusa longtemps à la reconnaissance du fait accompli : il ne voulut pas sacrer l'abbé ; il ne fallut rien moins que les vives instances, peut-être un ordre formel du roi, pour l'y déterminer.

Il est incontestable qu'il paraît y avoir eu en même temps à Saint-Augustin un parti plus ardent à la résistance, qui trouva alors dans la question de race un aliment nouveau à ses haines. A ce point de vue, la comparaison des récits fournis par la *Chro-*

personæ, nisi Regi, subdantur... Absolvimus etiam cum locum ab omni servitio et dominatione Episcopali... » (*Baronius. Annales*, XVII, p. 179.)
Voir aussi la lettre du pape relative à Saint-Étienne de Caen.

1. La mort de Scotland coïncide à peu près avec celle de Guillaume le Conquérant. Elmham (p. 345) dit en effet que les menées de Lanfranc pour nommer directement l'abbé de Saint-Augustin furent arrêtées par la nouvelle de cette mort. D'après ce texte, Scotland serait mort quelques jours avant Guillaume. — Guil. de Thorn le fait mourir le 3e jour des nones de septembre. — M. A. Thierry prolonge sa vie jusqu'en 1088.

nique saxonne et par le moine de Thorn est pleine d'intérêt. La *Chronique* est muette sur le désaccord du roi et de l'archevêque au sujet du candidat à la dignité d'abbé ; Guy est présenté comme l'intime et le candidat préféré de Lanfranc, et dans l'esprit du chroniqueur, c'est assurément comme étranger qu'il est repoussé. Il n'est pas dit cependant que Scotland, étranger comme Guy, ait été accueilli par la même hostilité. C'est l'année même du couronnement de Guillaume le Roux que Guy aurait été conduit au couvent ; et il n'est pas question de ce débat contradictoire devant le roi, qui tient une si grande place dans le récit de Guillaume de Thorn. Ce débat a pourtant une importance capitale : quel intérêt avait Guillaume le Roux à repousser le candidat de Lanfranc ? La question de race ? Il était Normand. Mais le prince qui désirait tenir dans sa main tous les bâtons pastoraux de l'Angleterre sentit que, gouvernée par le protégé de Lanfranc, l'abbaye de Saint-Augustin échappait au roi pour devenir comme la propriété de l'évêque. La *Chronique saxonne* qui s'étend à l'histoire de l'Angleterre tout entière pendant cette époque, ne s'occupe qu'incidemment de Saint-Augustin. Comme la pensée de l'ennemi lui est toujours présente, elle ne voit en la personne de Guy qu'un étranger odieux ; Guillaume de Thorn au contraire, qui n'écrit que pour glorifier son couvent et établir ses droits, est satisfait d'avoir raconté la résistance des moines aux propositions de Lanfranc ; il ne dit pas un seul mot des troubles qui suivirent, et qui fournissent seuls matière au récit en deux pages de la *Chronique* (1). Ces troubles présentent en effet un caractère particulier auquel il est indifférent.

C'est donc dans la conciliation de ces deux récits qu'il faut chercher la vérité ; pour peu qu'on le veuille, elle apparaît nettement. Le parti saxon du couvent de Saint-Augustin ne s'est point montré dès le début ; il a subi sans protester un abbé étranger ; on peut croire que, s'il n'eût été surexcité par le ressentiment de l'orgueil monacal froissé, leur patriotisme fût toujours resté inactif ; mais les conflits d'autorité provoqués par Lanfranc rendirent inévitable une lutte que la soumission complaisante du parti saxon n'eût demandé qu'à éviter. Ce sont avant tout des moines

1. *Chron. saxon.*, éd. Gibson, p. 179 et 180.

révoltés ; à leur tète se distinguent quelques Saxons ; rien ne dit qu'ils fussent tous Saxons, et que les Saxons seuls furent frappés (1). Nous reconnaissons cependant qu'à partir de 1088 la lutte prit un caractère mixte, et que l'esprit de race y eut alors sa part. Ce changement est sensible surtout en 1089, après la mort de Lanfranc, lorsque les moines se soulèvent contre leur abbé, et intéressent à leur cause les habitants même de Cantorbéry. Quant aux rigueurs déployées par Lanfranc contre les moines rebelles, elles ne nous paraissent excéder en rien la sévérité des mesures usitées en pareille circonstance (2) : lorsque les moines de Rouen se révoltèrent contre l'archevêque Jean et le menacèrent du sort qui était réservé à l'abbé Guy, les châtiments ne furent pas moins rigoureux.

A nos yeux, ces deux documents d'âge et d'origine si différents, s'expliquent et se complètent l'un par l'autre. La *Chronique* nous présente, en l'exagérant, le caractère national de cette lutte, et se tait sur les autres motifs. Guillaume de Thorn, qui raconte les événements trois siècles après la conquête, animé de toutes les passions du moine, et de celles-là seules, ne soupçonne pas de cause de conflit en dehors des causes religieuses et canoniques. Nous n'hésitons pas à croire que ces dernières furent les vraies, du moins les plus puissantes. S'il est permis d'éclairer l'histoire d'une époque déterminée par la connaissance de l'époque qui l'a suivie, que l'on songe à la perpétuité de ces conflits entre Cantorbéry et Saint-Augustin : entre l'archevêque et l'abbé. A une époque où il peut à peine être question de vainqueurs et de vaincus, la lutte reprend avec une énergie nouvelle : la léttre de l'archevêque Richard (3) au pape Alexandre III (vers 1180)

---

1. M. A. Thierry nous paraît exagérer la pensée de l'auteur, quand il traduit ces mots de la *Chronique saxonne* (p. 179), « Elfrinum et alios quos voluit cepit, » par « Elfwin et plusieurs autres moines, *tous* Saxons de naissance. »

2. « Per Ecclesias Angliæ divisit, constrinxit donec eos per obedientiam profiteri coegit. (*Chronic. saxon.*, p. 180).

...Ferro compeditos multis diebus rigorem ordinis in claustro dicere fecit (p. 180.)

3. Adversus Primates et episcopos intumescunt abbates, nec est qui majoribus suis reverentiam exhibeat et honorem. Evacuatum est obedientiæ jugum... Nisi huic malo maturiùs remedium habeatur, verendum est ne,

permet de juger les prétentions réciproques : il faut lire les *Imaginationes* de Gervaise pour comprendre à quel degré d'exal-
tation, un siècle après Lanfranc (1), les esprits étaient montés.

Aussi, malgré les scènes de 1088 et 1089, n'hésitons-nous pas
à conserver à ces relations de Lanfranc et de l'abbaye un caractère particulier : c'est dans l'histoire de l'administration du diocèse
et non dans celle de la conquête que leur véritable place est
marquée. Lanfranc y parut prélat jaloux de ses droits ; son autorité sacerdotale, qui prenait facilement ombrage, ne put souffrir
un pouvoir indépendant du sien ; c'était le développement nécessaire de son plan de constitution religieuse, mais indépendant de
tout despotisme politique. Si plus tard la question politique y fut
mêlée, ce fut par le fait des vaincus, intéressés à tout confondre.
Quelques années après, Malmesbury constatait les effets de la
réforme morale qui, selon nous, avait surtout occupé Lanfranc.
De son temps, les moines étaient plus nombreux à Saint-Augustin
que dans n'importe quel autre couvent d'Angleterre ; par la régularité de leurs mœurs, ils pouvaient soutenir la comparaison avec
leurs frères de Cluny. Le souvenir de Lanfranc y était conservé
avec respect et tendresse, comme celui d'un père spirituel, non
d'un ennemi (2).

L'administration de Lanfranc présente d'ailleurs dans tout son
diocèse ce caractère d'une autorité qui n'admet pas de partage.
Il y avait aux portes de Cantorbéry, à l'est de la ville, une église
dédiée à saint Martin. C'était un siége épiscopal : l'évêque de
Saint-Martin était dans le principe un de ces chorévêques (3),
comme en connut le christianisme primitif, qui disparurent à mesure que la hiérarchie ecclésiastique se fixa. Il résidait toujours

sicut abbates ab episcopis, ita episcopi ab archiepiscopis, et a prælatis suis
decani et archidiaconi sui eximantur. — Cité par Hardwick, éd. d'Elmham,
p. XI.

1. Le pontificat de Baudouin, l'adversaire de saint Augustin, dura de
1186 à 1190.

2. Religione Cluniacensibus non impares. Plurimus inest iis adhuc Lanfrancus, multa viri memoria... nec in œvum abolebitur communis in omnes,
singularis in unumquemque illius charitas. — Guil. de Malmesbury. *De Gest.
Pont.*, livre I.

3. Habebat etiam quondam Cantuariensis archiepiscopus corepiscopum
quemdam qui in Ecclesiâ S. Martini... manebat. — Gervasius. *Act. Pont.
Cant.*, p. 1650.

dans le comté, et faisait fonction d'archevêque, quand celui-ci
était à la cour ou absent. Le titulaire, Godwin, étant mort (en 1070
ou 1071), Lanfranc refusa de lui donner un successeur. « Il ne
peut, disait-il, y avoir deux évêques dans la même ville. » Il
remplaça l'évêque de Saint-Martin par un archidiacre pris
parmi les clercs de son église (1).

Jaloux comme il l'était de ses droits, Lanfranc ne pouvait
laisser son église dans le dénûment où il la trouva. Sans doute la
puissance de l'église consistait surtout dans son caractère sacré ;
mais la puissance matérielle dont la dévotion des peuples l'avait
naturellement investie n'en était pas moins le complément nécessaire de son autorité morale. Une église n'était pas seulement
alors une juridiction, unie à tel coin du monde par un lien purement spirituel ; c'était une souveraineté temporelle, par le seul
fait qu'elle possédait une grande partie du sol. Enlever à une
église ses possessions, c'était diminuer son autorité et sa puissance
autant que ses richesses : aussi ces revendications de propriétés
ecclésiastiques, si fréquentes au moyen âge, ont-elles un caractère
propre : comme tout ce qui touche alors à l'Église, c'est affaire
politique autant que religieuse.

Lorsque, au mois de mars 1067, le roi Guillaume revint en Normandie, il laissa en Angleterre son frère Eudes, évêque de Bayeux,
auquel il avait confié la place de Douvres et l'administration du
comté de Kent (2). Là, comme en Normandie, Eudes se conduisit
plutôt en seigneur laïque qu'en évêque ; étrange composé de vices
et d'heureuses qualités (3), conseiller écouté de Guillaume pendant cette partie de sa vie (4), défenseur opiniâtre des églises
lorsqu'en les défendant il garantissait son propre bien, s'attaquant
à elles sans remords pour fournir avec leurs revenus à ses dépenses
de représentation princière, il traita le comté en pays conquis. Le
couvent et l'église du Christ furent particulièrement exposés à ses
atteintes (5). L'archevêque Stigand avait été emmené sur le conti-

1. Gervasius (*ibid*). — Dugdale. *Monasticon*, p. 26.
2. O. Vital, IV, 1
3. O. Vital. (*Permixta, ni fallor, in hoc viro vitia erant cum virtu-
tibus*, IV, 7.)
4. O. Vital, VIII, 1.
5. Cænobia sanctorum valde conqueruntur quòd multa eis Odo detrimenta
fecerit et fundos sibi antiquitùs datos a fidelibus Anglis, violenter et injustè

nent; son intervention n'eût peut-être rien empêché. Eudes, pour lequel le chroniqueur Guillaume de Poitiers montre une singulière partialité, traita le comté avec rigueur. L'abbaye de Saint-Augustin et l'église de Cantorbéry eurent particulièrement à souffrir, et, lorsque quatre ans plus tard, Lanfranc prit possession de son siége, il eut une véritable lutte à soutenir pour faire restituer à son église les biens enlevés et obtenir la confirmation des priviléges contestés. Eudes n'était pas le seul spoliateur ; Eadmer laisse entendre qu'il y en eut bien d'autres (1) ; les Normands qui occupaient les domaines du Kent ne se firent pas faute d'arrondir leur lot aux dépens des biens de l'Église : un autre texte en donne la preuve (2). Mais le procès entre Lanfranc et Eudes a seul fixé l'attention des contemporains, et il était naturel que la loi de restitution subie par le propre frère du roi fût appliquée par conséquence à tous les autres. Ce ne fut pas un débat de médiocre importance : les premiers actes du nouveau prélat allaient montrer le degré de confiance que méritait son administration ; les nouveaux évêques sauraient-ils être les défenseurs de leurs églises contre le pouvoir auquel ils devaient leur origine, ou n'en seraient-ils que les valets ? Telle était la question, d'un intérêt sans égal pour les vaincus, à laquelle Lanfranc allait répondre.

S'il faut en croire certains textes, l'administration des derniers archevêques saxons de Cantorbéry n'aurait pas échappé au reproche de négligence (3) ; bien avant la conquête et les violences d'Eudes, un grand nombre de domaines appartenant à l'Église étaient passés en des mains étrangères. C'est à cette double classe d'envahisseurs que Lanfranc s'attaqua. Il ne s'agissait pas seulement de la possession de terres, mais de droits : un grand nombre

---

abstulerit. O. Vital, IV, 7. — Dans le discours qu'O. Vital fait tenir à Guillaume en 1087, le roi invoque comme un des griefs les plus sérieux contre Eudes sa conduite envers les couvents : « Monachilium destructor cænobiorum... » O. Vital, VII, 16.

1. « Odo... ut de aliis taceam ». Eadmer, p. 9.

2. Le manuscrit de l'église de Rochester, cité par Selden. *Spicilegium*, p. 197.

3. Possessiones omnes villarum quæ vel antecessorum incuriâ vel exactorum violentiâ aliena ingemiscebant imperia. (Malmesb. *De Gest. Pont.* liv. I). — « Suorum negligentiâ antecessorum... » *Manuscrit de Rochester* Selden, p. 197.

de tenanciers avaient échappé à l'autorité de l'archevêque ; par là
le seigneur féodal était atteint. Il ne fallait rien moins que la faveur
signalée du roi pour mener à bonne fin une entreprise de cette nature : les contemporains (1) ne manquent pas de le faire remarquer.
C'était, sur un point, mettre un terme aux violences de la conquête;
toute l'autorité de Guillaume était nécessaire; souvent même
elle n'y suffit pas. Comme si la question intéressait, par les appli-
cations qui pouvaient en être faites, l'Angleterre tout entière, le roi
convoqua une assemblée générale des principaux personnages de
tous les comtés de l'Angleterre : elle se tint à *Pinnedene,* sous la
présidence de Geoffroy, évêque de Coutances. Il est remarquable
que les Anglais furent invités comme les Normands à prendre part
à ces conférences, et que tous prirent place les uns à côté des
autres, sans distinction (2). On ne pouvait en pareille matière se
passer du concours des Saxons, qui seuls étaient capables de décider historiquement la question; on voit pourtant à l'importance qui
leur est attribuée que la cause est en partie regardée comme la leur :
de l'évêque de Bayeux et de Lanfranc, tous deux étrangers, l'un
est leur adversaire, l'autre personnifie une politique telle qu'on
n'eût pu en souhaiter une autre d'un prélat saxon. Lanfranc réclama pour son église tous les droits royaux et archiépiscopaux
qui lui avaient été enlevés. Le débat dura trois jours, et le prélat
retira l'une après l'autre à l'évêque Eudes et à ses hommes toutes
les terres qu'ils avaient prises. Au nombre des gens de l'évêque
qui furent contraints de restituer, on cite Herbert, fils d'Yves,
Téroude de Rochester, Raoul de Courbe-Épine, Hugues de Montfort (3). On a conservé la liste détaillée des terres et des domaines
que l'archevêque recouvra; on ne sait pas avec autant de précision ce
qu'il faut entendre par les mots « *Consuetudines regales et archi-
episcopales* » qui reviennent plus d'une fois. Sans doute c'étaient
les droits ordinaires de *Saca* et de *Socca*, de *Tol*, de *Theam*, et

1. Malmesbury. (*Ibid.*)
2. Omnes pariter consederunt. (*Manuscrit de Rochester.* Selden-Spicil.,
p. 198.)
3. Hugues de Montfort est cité, dans le *Domesday Book*, parmi les treize
tenanciers du comté de Kent. (*Domesday*, éd. de Londres, 1783, vol. 1, p: 2.
Raoul de Courbe-Épine est cité parmi ceux qui possèdent dans la ville
de Cantorbéry. (*Domesday*, I, p. 2, col. 1 et 2, *recto.*)

d'*Infangthef*, qui sont énumérés dans la plupart des chartes de donation aux églises à cette époque, l'archevêque devait jouir sur ses terres d'un droit aussi complet et aussi libre dans son exercice que le roi sur les siennes : on s'appliqua aussi à prouver par de bonnes raisons que le roi ne devait conserver sur les terres de l'archevêque que le triple droit suivant : « 1° Tout homme de l'archevêque qui dégradait, en y faisant des trous, la voie dite Royale (l'ancienne voie romaine), menant à la ville, était justiciable du roi (1). — 2° De même pour tout homme de l'archevêque qui coupait un arbre sur cette voie et le jetait, après l'avoir coupé, sur la chaussée. — 3° Tout homme qui commettait un crime, homicide ou autre, sur cette même voie, s'il était pris sur le fait et emprisonné, était justiciable du roi. Le roi perdait ses droits, si le coupable n'était pas pris sur le fait et s'il s'enfuyait sans laisser une caution.

Ces droits, qui se bornaient à une sorte de police sur la grande voie du comté, étaient amplement compensés par ceux qui furent reconnus à l'archevêque sur toutes les terres du roi et du comte Eudes : depuis le jour où on cessait de chanter l'*alleluia* jusqu'à l'octave de Pâques, tout meurtrier était justiciable de l'archevêque, etc. Le manuscrit de Rochester résume ces droits en ces mots : « Sur ces mêmes terres, il a tous ceux qui semblent se rapporter au soin et au salut des âmes (2) ».

Lanfranc rendit donc à son église le service de la mettre en dehors de la conquête, et de la faire respecter par le vainqueur, comme une de ces institutions à la fois politiques et religieuses qui défient les changements humains, et auxquelles on ne touche pas impunément. Il intervint aussi en faveur de certains évêchés suffragants, notamment celui de Rochester (3). On voit par une lettre de

1. On trouve aussi dans le *Domesday* la mention fort précise de ces droits : « Concordatum est de rectis callibus quæ habent per civitatem introïtum exitum, quicumque in illis foris fecerit, regi emendabit. Similiter de callibus rectis extrà civitatem usque ad unam leugam, III pecticas, III pedes. Si quis infrà has publicas vias intus civitatem vel extrà foderit vel palum fixerit..., etc , etc. *Domesday*, éd. 1783, p. 2, *recto*, col. I.

2. Habet etiam in eisdem terris omnibus quæcumque ad curam et salutem animarum videntur pertinere. (Selden's Spicileg, p. 199.)

3. Ipse Episcopus ten. Estoches... in How Hund... Hoc... fuit est de Episcopatu Rofensi ; sed Godwinus Comes T. R. E. emit illud de duobus hominibus qui eum tenebant de Episcopo. Eo ignorante facta est venditio.

Lanfranc à l'évêque Maurice, qu'il s'efforça de rendre le même service à l'Église de Londres, et que cette pensée le préoccupait au moment même où il revendiquait les terres de l'Église de Cantorbéry (1). Il menait de front toutes ces affaires de même nature. Nous comprenons mal l'importance de ces questions; aux yeux des contemporains, elle était capitale; on le devinerait sans peine à ce seul fait : ils n'ont pas cru inutile de recourir au miracle pour expliquer un si heureux résultat. Eadmer, dont le récit diffère sur ce point seul du manuscrit de Rochester, raconte qu'après la première décision, Eudes reprit une seconde fois la question, et fit si bien que les arbitres étaient gagnés à sa cause. Lanfranc n'avait pas paru aux séances : il méditait dans sa chambre, quand on lui annonça cette nouvelle; sans se troubler, il répondit que ses adversaires se trompaient, et renvoya au lendemain le soin de se défendre. Pendant la nuit, l'archevêque vit en songe le bienheureux Dunstan : le saint lui recommanda de ne pas se laisser déconcerter par le nombre de ses ennemis; d'aller plein de confiance dans la salle des discussions ; il se chargeait de l'assister lui-même. — Lanfranc parut, déchira comme des toiles d'araignées le tissu de faussetés de ses adversaires ; personne n'osa prendre la parole après lui (2). Ainsi, il triomphait encore, et par le secours d'un saint saxon.

Cette œuvre de revendication ne se borna pas à ce premier effort; il ne s'était agi à l'assemblée de *Pinnedene* que des terres récemment enlevées, sur lesquelles les droits de propriété étaient faciles à établir ; mais jusqu'à la mort de Guillaume, Lanfranc insista auprès de lui pour ressaisir tous les lieux qui avaient pu appartenir à l'Église de Cantorbéry. Il sut intéresser à cette œuvre le salut de l'âme du roi, et il avait obtenu les promesses les plus solennelles, que la mort seule l'empêcha de tenir (3).

En dehors des questions de parti et des nécessités d'administration, Lanfranc semble avoir fait preuve envers ceux qui l'appro-

---

Postmodum regnante W. rege, diratiocinavit illud Lanfrancus archieps extrà Bajocensem epm. et inde est saisita Rofensis Ecclesia. (*Domesday*, éd. 1783, p. 5, col. 2, *verso.*)

1. *Epist. Lanfranci.* XXIV.
2. Eadmer, p. 9 et 10.
3. Eadmer, p. 12.

chaient de quelques-unes de ces qualités que les hommes aiment
surtout à trouver chez ceux qui les gouvernent. Il mit dans ses relations avec les religieux de son Église une charité toute frater-
nelle : Malmesbury remarque que, tout Lombard qu'il était, il sut
se garder du défaut commun à ceux de sa race, une avarice sor-
dide (1) ; il ne donnait pas aveuglément, et il aimait à voir sa
charité bien placée (2) ; il secourait non-seulement les religieux,
mais aussi leurs parents nécessiteux ; et sa charité délicate allait
au-devant de leurs demandes (3). On dit qu'il avait pour maxime
favorite : « Faites l'aumône, et toute faute vous sera remise (4) ».
On le voyait souvent servir lui-même les pauvres ; sa vie fut sans
tache, ou si l'on veut y trouver la trace d'une faiblesse, elle fut
unique, et le soupçon d'immoralité ne l'effleure même pas.

Ce n'est pourtant pas là qu'il faut chercher le mérite de Lanfranc ; son âme n'était pas de celles que vivifie l'amour des hommes :
il fut charitable, mais il ne connut pas ce saint délire de charité
qui égarait alors certaines âmes : en tout, il sut garder la mesure
et se défendre des excès ; entre ses diverses facultés, il y eut toujours équilibre, et dans l'administration de son diocèse, il parut ce
qu'il devait être. Si l'enthousiasme d'Eadmer n'est pas de mise, en
faveur d'un homme qui, ne l'ayant peut-être jamais connu, ne peut
l'inspirer, on lui doit cet éloge, que dans la crise qu'il eut à traverser, il fut toujours à la hauteur de son devoir.

1. G. de Malmesb. *De Gest. Pont.*, liv. I.
2. *Ibid.* et Eadmer, p. 8.
3. Eadmer, p. 8.
4. Malmesbury. (*Ibid.*)

CHAPITRE VIII

Conciles politiques. — Conciles religieux. — Les cinq grands conciles tenus par Lanfranc. — Le célibat des clercs. — La réforme monastique. — L'abbaye de Saint-Albans. — Les livres saints corrigés par Lanfranc. — Suprématie effective de Lanfranc sur tous les diocèses de l'Angleterre. — Rétablissement de la discipline et surveillance des mœurs. — Relations avec l'Irlande et l'Écosse. — La question de la Présence réelle en Angleterre. — Voyage de Lanfranc au Bec en 1077.

On peut faire deux parts des conciles tenus en Angleterre de 1070 à la fin du règne de Guillaume : les premiers règlent surtout les questions de personnes et d'attributions de dignités ecclésiastiques ; ils n'offrent pas un caractère exclusivement politique ; les seconds traitent principalement des questions de croyance, de discipline et de mœurs. Les trois conciles de 1070, tenus à Winchester, à Windsor et à Londres, composent un personnel ecclésiastique nouveau ; l'œuvre n'est pas complète à la fin de 1070, et Lanfranc la poursuivra dans les assemblées suivantes, ou de sa propre autorité en dehors de toute assemblée, jusqu'à la fin du règne ; mais il est remarquable que ce fut la seule préoccupation des membres de ces conciles et de leurs inspirateurs laïques. C'est à peine si au concile de Winchester la querelle de l'évêque de Worcester et de l'archevêque d'York, relative aux limites de leur diocèse, fut appelée ; un procès de ce caractère ne pouvait se juger qu'en temps calme et à une époque où l'Église anglaise aurait retrouvé sa constitution et un chef. C'est la seule fois qu'il est question d'administration dans ces assemblées : la pensée des gens d'Église et des hommes d'Etat est ailleurs ; il faut faire un premier choix et trouver des hommes. L'arrivée de Lanfranc ne pouvait subitement changer le caractère de ces assemblées ; d'ailleurs il ne fut jamais complétement modifié, et on profita toujours de ces assises du clergé pour consacrer les changements de personnes les plus importants. Mais ce ne fut qu'une partie de leur œuvre. Les hommes nouveaux n'étaient rien sans règles nóuvelles, et la partie dogmatique et disciplinaire dans les futurs conciles voulait être traitée dans un esprit nouveau. Cette œuvre n'était possible qu'après l'établissement de la suprématie du siége du comté de Kent; tout au moins, cette suprématie en rendait l'accomplissement plus aisé. Il est naturel que Lanfranc ait ajourné ses efforts, et qu'on ne trouve aucune trace de réforme avant le concile de 1072. Cette assemblée qui règle la question capitale de la suprématie, marque la date critique de ces deux périodes de conciles. Avant 1072, la pensée de la réforme ne se manifeste jamais dans ces assemblées; après 1072, surtout depuis 1074, quand les questions préliminaires ont reçu leur solution, elle est toujours présente.

Les premiers essais de la réforme ecclésiastique dont Lanfranc fut l'agent en Angleterre, coïncident donc assez exactement avec la date de l'avénement de Grégoire VII. Il ne faut pas tirer de ce rapprochement une conclusion rigoureuse; le pontificat d'Alexandre II, s'il eût duré encore quelques années, eût sans doute vu commencer l'œuvre nouvelle (1), et Grégoire VII rendit seulement plus féconde une activité qui n'attendait que le moment de se déployer. Mais c'est aussi et surtout dans l'histoire d'Angleterre qu'il faut chercher les raisons de cette coïncidence : dès le pontificat d'Alexandre II, la nécessité de cette réforme était, pour Lanfranc, un fait établi; le zèle de son successeur servit peut-être tout au plus à rendre le mouvement plus rapide.

En 1074 fut tenu, à Winchester, le premier concile où la question de la réforme fut posée sans détours et en première ligne; nous n'avons sur ce concile que des renseignements incertains. L'énumération des articles qu'en donne Labbe (2), montre que les points les plus importants de la discipline ecclésiastique furent touchés; l'article 1er défend la réunion si fréquente alors sous un même titulaire de deux siéges épiscopaux; l'art. 2 proscrit la simonie; l'art. 15 fait aux clercs une prescription rigoureuse de la chasteté; d'autres traitent de questions moins importantes, utiles cependant à régler pour l'uniformité de la discipline : la bière et

1. Lire la lettre d'Alexandre II à Guillaume. (*Let*. 83). Elle est de 1071.
2. **X**, p. 312.

l'eau pure ne doivent pas être employées pour le sacrifice de la messe; défense d'ensevelir dans les églises, etc. L'archevêque d'York, Thomas, assistait à ce concile (1). Bien que les prescriptions de cette assemblée, telles que nous les connaissons, soient moins précises et moins rigoureuses que les prescriptions des assemblées suivantes, celle de Londres, par exemple, elles n'en auraient pas moins dû produire un effet considérable; et il y a lieu d'être surpris que nous n'en trouvions pas dans les auteurs plus de traces. Dans sa courte histoire des archevêques de Cantorbéry, Gervaise cite le concile de Winchester, comme le premier des cinq auxquels Lanfranc ait présidé et qui aient commencé l'établissement des mesures nouvelles (2). Mais la *Chronique saxonne*, qui a une phrase significative pour le concile de 1075, laisse passer, sans la signaler, l'œuvre de 1074 (3); elle mentionne seulement à cette date la consécration d'un évêque de Dublin, et l'envoi au roi d'Irlande d'une lettre de Lanfranc qui nous a été conservée (4). Il ne faut pas exagérer la portée de cet argument; car la Chronique est également muette sur le second concile tenu par Lanfranc à Winchester, en 1076, dont il est impossible de contester l'existence. Remarquons toutefois que le texte des articles, indiqué pour les deux conciles de Winchester, en 1074 et en 1076, est, suivant certains manuscrits, identique (5). Peut-être y a-t-il eu parfois confusion entre eux; l'identité du lieu et le rapprochement des dates ne rendent pas cette supposition inadmissible. La confusion n'aurait porté, dans tous les cas, que sur la rédaction des décrets; car il paraît prouvé que Lanfranc tint en Angleterre cinq grands conciles, dont deux à Winchester; et que Winchester eut l'honneur d'être le siége du premier. En énumérant les cinq conciles, Gervaise rappelle, d'après G. de Malmesbury, que l'usage de ces grandes assemblées avait été depuis longtemps abandonné en Angleterre, et que Lanfranc le reprit, pour « arracher les vices anciens et semer des germes de vertu (6) ». Il ne tient aucun compte des assemblées

---

1. Spelman, II, 15.
2. Gervasius. *Act. Pont. Cant.* Twysden, p. 1654.
3. Éd. Gibson, p. 178.
4. Lettre de Lanfranc, 37ᵉ.
5. Labbe, X, p. 312 et 351.
6. Gervasius. (*Ibid.*), p. 1654.

antérieures à 1074, dont il est question pourtant dans son récit quelques lignes plus haut, tant le caractère lui en paraît différent ; c'est à cette date en effet que s'inaugure en religion un ordre de choses tout nouveau.

Le grand concile où la pensée de Lanfranc commença véritablement à se révéler est de 1075. Lanfranc convoqua tous les évèques, tous les abbés et tous les gens de l'Église d'Angleterre de quelque renom. Le concile s'ouvrit sous la présidence du primat dans l'église de Saint-Paul de Londres. L'archevêque d'York, Thomas, l'évêque de Londres, Guillaume, Vauquelin, évêque de Winchester, Hermann, évêque de Shireborne, Vulstan, évêque de Worcester, Gauthier, évêque d'Hereford, Grison, évêque de Vells, Rémy, évêque de Lincoln ou de Dorcester, Herfast, évêque d'Helmham ou de Norwick, Osbern, évêque d'Oxford, Pierre, évêque de Lichtfield, étaient présents. On remarquait aussi l'évêque de Coutances, Geoffroy, dont les nombreuses possessions en Angleterre semblaient faire un personnage anglais (1). L'Église de Rochester n'avait pas de titulaire, et l'évêque de Lindisfarne et Durham présenta une excuse canonique pour justifier son absence. On retrouve, parmi les noms des dignitaires, les titulaires des grandes abbayes du royaume, saint Augustin, Abingdon, Glocester, Verulam, Coventry et bien d'autres.

A voir le caractère de quelques-unes des questions préliminaires traitées dans ce concile, on serait porté à croire qu'il fut le premier en date de l'administration de Lanfranc. Celui de Winchester, en 1074, semble non avenu. On ne peut nier qu'il ait eu lieu ; mais son importance doit être bien restreinte. G. de Malmesbury, qui a consacré quelques développements à l'assemblée de 1075, la représente comme renouvelant pour la première fois, après une longue interruption, d'antiques usages tombés en désuétude. On commença par traiter des questions de préséance et de hiérarchie : d'après les règlements des conciles, celui de Tolède entre autres, les rangs furent fixés suivant la date de l'ordination ; certains siéges avaient droit pourtant à des priviléges ; on consulta les anciens et on recueillit les traditions. Les rangs furent enfin

---

1. Il figure parmi les signataires avec la désignation : « Unus de Angliæ terræ primatibus ». (V. Labbe, X, p. 348.)

fixés : l'archevêque d'York devait occuper la droite du primat,
l'évêque de Londres, la gauche. L'évêque de Winchester prit
place à la droite de l'archevêque d'York. En cas d'absence du
titulaire d'York, les deux places d'honneur à droite et à gauche
revenaient aux évêques de Londres et de Winchester. Ces trois
siéges retrouvaient, par cette consécration officielle de leurs anciens titres, une situation à part dans l'Église du royaume. Pour
tous les autres évêques, la date de l'ordination seule fixait les
rangs (1).

On reconnaîtrait la main de Lanfranc à ce seul signe que les
premiers soins des conciles furent accordés à la réforme monastique. La règle de Saint-Benoît est remise en vigueur : une des
prescriptions les moins observées, si l'on en juge par le soin avec
lequel on la rappelle, devait être le vœu de pauvreté ; il est
défendu aux religieux de rien posséder ; celui d'entre eux qui serait
mort sans faire la confession de ce qu'il possédait ne devait pas
être enterré au cimetière (2). — Il arrivait fréquemment qu'un
moine ou un clerc, lorsqu'il avait à se plaindre de son abbé ou de
son évêque, changeait d'abbaye ou d'église : c'était un péril pour
la discipline ; il fut défendu aux abbés et aux évêques de recevoir
un nouveau venu sans lettres de présentation ou de recommandation. Toutefois, on est frappé de voir que les articles relatifs à
la vie monastique ne tiennent pas dans ce concile la place qui
semblerait devoir leur être attribuée. La raison en est simple : il
suffisait de rappeler la règle et de la faire observer. Ce n'était
donc pas affaire de décrets nouveaux, mais de surveillance et de
fermeté dans l'application quotidienne des préceptes anciens : les
lettres de Lanfranc nous le montreront tout entier à ces soins.
Lanfranc nous apprend lui-même ce qu'il faut entendre par l'application de la règle : dans la préface des *Decreta pro ordine S. Benedicti*, il distingue les prescriptions nécessaires, sans lesquelles le
moine ne saurait atteindre à la perfection monastique, et les prescriptions que l'usage autorise ou modifie suivant les lieux. Au
nombre des premières, il compte : « la foi, le mépris du monde, la
charité, la chasteté, l'humilité, la patience, l'obéissance, le re-

1. V. G. de Malmesb. *De Gest. Pont.*, liv. I. — Labbe, X, p. 347 et seq.
2. *(Ibid.)*

pentir et l'humble confession de ses fautes, les fréquentes prières, le silence prescrit (1). » Les autres varient suivant les volontés de l'abbé. — Les *Decreta* sont d'ailleurs le document le plus important pour la connaissance de la vie monastique telle que Lanfranc la rétablit en Angleterre. Écrits spécialement pour l'Angleterre, adressés au prieur Henri, à l'adresse des moines de l'Église de Cantorbéry, ils nous offrent le tableau complet des réformes qui atteignirent le cloître. Ils servirent de modèle aux constitutions analogues du même temps ; peut-être même, furent-ils acceptés sans modification par la plupart des abbés ; Lanfranc laissait pourtant à l'abbé le droit de modifier, suivant les lieux et les circonstances, les dispositions accessoires (2).

La simonie fut aussi l'objet des préoccupations de l'assemblée de 1075. C'est même le seul trait vraiment romain et grégorien qu'elle présente. Il fut défendu d'acheter ou de vendre les ordres sacrés ou les offices ecclésiastiques. La lecture de ces courtes dispositions, dont nous avons à peine le sommaire, repose l'esprit par l'idée de l'ordre qu'elles nous révèlent : il fut établi jusque dans les moindres choses, et la même discipline qui avait fixé les rangs dans le concile soumit à l'autorité hiérarchique, pour le régler, le droit de discussion lui-même. Sans doute le souvenir des discussions où le désir de briller et l'impatience de se produire n'avaient engendré que confusion, était présent à tous les esprits ; on rendit aux conciles leur vrai caractère et leur autorité, en dirigeant la discussion et en contenant les vanités impuissantes. A l'exception des évêques et des abbés, nul ne put prendre la parole sans la permission de son métropolitain (3).

C'est donc véritablement au concile de 1075, et non à la première assemblée de Winchester en 1070, qu'il faut rapporter l'origine de la réforme monastique et le rétablissement de la discipline dans les deux ordres du clergé (4). Les contemporains ne se méprirent pas sur son vrai caractère, et les décrets en furent répandus

---

1. Decreta pro ordine... *Præfatio.*
2. (*Ibid.*)
3. Ad comprimendam quorumdam indiscretorum insolentiam. Guil. de Malmesb. *De Gest. Pont.*, liv. 1.
4. M. Gfrörer exagère l'importance canonique de l'assemblée de 1070. Aucun texte ne lui donne raison.

dans toute l'Angleterre, vivement recommandés et peut-être commentés, à la demande d'un grand nombre de gens d'Église, par les lettres du primat lui-même (1). Ces mots de la *Chronique saxonne* : « *Cujus gestionem, rogatu multorum, litteris commendavit,* » sont les seuls de tout l'ouvrage qui nous signalent dans l'œuvre de Lanfranc des mesures d'un caractère général. Des autres conciles, la *Chronique* ne retient que les changements de personnes. Nous n'avons pas énuméré tous les décrets de 1075 ; il y en eut un relatif aux sortiléges, aux degrés de parenté qui permettent encore le mariage ; d'autres réglèrent des questions d'administration ou de juridiction ecclésiastique dont l'examen viendra plus tard. Mais là n'est pas le véritable intérêt de cette assemblée ; il est tout entier dans le rétablissement de la règle monastique et de la véritable vie religieuse. A consulter seulement la date, on serait prêt à chercher autre chose encore : le grand concile romain où fut proclamée l'obligation du célibat ecclésiastique est de 1074 ; la question semble avoir été réservée en 1075. Malmesbury n'en dit rien. On trouve, il est vrai, dans la *Chronique de Bromton*, à la date de 1103, une allusion à un article d'un concile de Londres : « Les diacres ou sous-diacres qui après la défense prononcée par le concile de Londres ont gardé leur femme (2)..... » Il s'agit d'un concile présidé par saint Anselme, que Bromton place à Winchester et qui fut tenu à Londres en 1102 (3). Peut-être Bromton, bien qu'il écrivît dans la seconde moitié du xii⁰ siècle, par une confusion aisée à expliquer, pensait-il au concile de Londres de 1102, et non aux grandes assises tenues par Lanfranc vingt-sept ans auparavant.

Sans vouloir en donner une raison qu'aucun texte ne justifierait, constatons que la règle du célibat ecclésiastique n'est pas encore imposée à l'Église anglaise en 1075.

C'est au concile de Rome, en 1074, que Grégoire VII avait anathématisé les simoniaques et prononcé l'interdiction contre les

1. Quinto anno generale concilium Londoniæ celebratum, cujus gestionem, rogatu multorum, litteris commendavit. (*Chron. saxon.*, éd. Gibson, p. 179.

2. Subdiaconi qui post interdictum Londoniensis concilii feminas suas tenuerint... (*Chron. Johan. Bromton.* Twysden, p. 1001.)

3. Labbe, X, p. 728 et seq.

prêtres mariés. Au xie siècle et depuis, l'esprit d'opposition et la critique ont fouillé les écrits des Pères pour établir la tradition constante de l'Église ; tout un parti reprocha au pape de tenter de coupables innovations ; et la rigueur avec laquelle la réforme était imposée parut voisine du scandale. Le pape interdit la célébration des saints offices aux prêtres mariés : sévérité sans exemple, disait-on, et qu'un abus coupable des textes des Pères pouvait à peine justifier (1). Les sacrements, qui empruntent toute leur efficacité à l'opération secrète de l'Esprit-Saint, n'ont rien à craindre du caractère de l'homme qui les dispense ; ce n'est pas le caractère divin du sacrement que la papauté veut défendre : c'est un homme qu'elle veut frapper. — La subtilité de ces querelles théologiques cachait mal la vivacité des plaintes ; dans les pays où les décrets nouveaux frappaient une Église à moitié retenue dans le monde, ce dut être une révolution sans précédent, à la fois par la douleur et les conséquences du sacrifice. La papauté s'attaquait à la famille même du clerc, et le clerc régulièrement marié se multipliait, pour résister et maudire, dans la personne de sa femme et de ses enfants : souvent même, la fidélité et le respect du devoir dans l'union irrégulière du clerc, reconnue et consacrée par l'opinion, élevait la concubine à la dignité de l'épouse ; dans les deux cas, les décrets du concile de Rome frappaient le chef d'une famille et brisaient ces liens que jamais une puissance humaine n'a brisés impunément. Peu de révolutions furent plus profondes dans le monde : ce fut la guerre au foyer de tout clerc marié, lutte dans son ménage et lutte dans son âme, que le monde et la religion se disputent. Sans doute, si le cœur poussa les uns à défendre le bonheur de leur vie intime menacé, la faiblesse humaine entraîna les autres à disputer aux rigueurs du moine pontife la satisfaction de leurs passions : sentiments généreux et grossiers mobiles, tout fut mis en œuvre pour organiser la résistance. Les clercs préférèrent l'anathème au sacrifice de leurs affections (2) : il fut interdit aux fidèles d'entendre la messe d'un prêtre marié. Alors éclatèrent

1. Novo exemplo, et, ut multis visum est, inconsiderato præjudicio contrà sanctorum Patrum sententiam. (Math. de Westminster. *Flores historiar.*, liv. II. Francfort, 1601, p. 227.)

2. Dum clerici magis eligerent anathemati subjicere quàm uxoribus carere... (*Florent. Wigorn.*, liv. II, p. 638.)

dans la chrétienté ces scandales (1) qu'il faut rappeler pour replacer dans les passions et les violences de son temps le personnage qui nous occupe. Il y eut par endroits une crise redoutable ; parfois, dans cette lutte entre l'homme d'Église et le pape, le laïque, prenant parti pour le pape, se retournait pourtant par ses violences contre l'Église elle-même ; on vit des laïques baptiser, donner les derniers sacrements, fouler aux pieds l'hostie consacrée par les prêtres mariés et répandre le vin du calice (2). On attribua, sans motif, au pape, l'ordre de brûler les produits de la dîme apportés aux prêtres mariés (3) ; les laïques mirent souvent de la fureur à exécuter cet ordre (4).

C'est seulement en 1076, au concile de Winchester, que la question du célibat fut posée en Angleterre (5). Il fut décrété que les clercs ne pourraient être mariés. Lanfranc était partisan convaincu du système de la papauté ; son commentaire de la 1ʳᵉ épître aux Corinthiens laisse deviner sa pensée intime : « Ut ab hâc sententiâ excludantur qui *divinis auctoritatibus* uxores habere non possunt (6). » Il y a donc à ses yeux une classe d'hommes auxquels les saintes Écritures interdisent le mariage ; le célibat est plus qu'une prescription pontificale : c'est une règle divine. Il se garda pourtant d'apporter dans l'application de la mesure nouvelle la fougue qu'on eût pu craindre de ses convictions ; la sagesse de l'homme d'État le préserva de tout excès, et, grâce à sa modération, les secousses d'un changement subit furent épargnées au clergé anglais. Le concile de Winchester établit la loi de l'avenir, mais il respecta les droits du passé ; défense fut faite aux évêques d'or-

---

1. Ex quâ re tam grave oritur scandalum ut nullius hæresis tempore sancta Ecclesia graviori schismate discissa est. Walsingham. *Ypodigma Neustriæ*, p. 31.

2. Laïcis insurgentibus contrà sacros ordines et se ab omni Ecclesiasticâ subjectione excutientibus. (*Ibid.*)

3. Math. de Westminster, p. 227.

4. Walsingham. (*Ibid.*)

5. On trouverait dans l'histoire ecclésiastique de l'Angleterre un certain nombre de conciles où la question de la continence des clercs avait été discutée et résolue : notamment celui de 1009 (Labbe, IX, col. 789 et 790), qu fut le dernier concile important de la période anglo-saxonne. Mais ces décisions n'avaient jamais été respectées sévèrement : elles n'avaient pas d'ailleurs ce caractère d'universalité que leur donna la politique romaine.

6. *1ʳᵉ Épit. aux Corinth.*, chap. VII, note 1.

donner des diacres ou des prêtres sans une déclaration préalable de célibat, et le texte de cette déclaration fut fixé par le concile (1). Mais on laissa aux prêtres déjà mariés le droit de garder leur femme auprès d'eux. Ce fut un compromis plein de sagesse entre un passé digne de respect et les rigueurs peut-être fécondes de la nouvelle politique romaine. Il faut remarquer d'ailleurs que l'exemple de cette sagesse avait déjà été donné en Normandie par l'archevêque de Rouen, dont Lanfranc, quelque temps après, reconnaissait, en l'exagérant peut-être, l'influence sur ses propres décisions (2). On voit par ses lettres que les décrets du concile furent appliqués rigoureusement : il écrivit à l'évêque Herfast, à propos d'un clerc dont l'ordination ne s'était pas faite d'une façon régulière (3). Le clerc était marié; interrogé sur ses intentions, il déclara ne pas vouloir se séparer de sa femme : le diaconat, qui lui avait été accordé irrégulièrement, lui fut retiré, mais lui-même il ne fut l'objet d'aucune rigueur. Cette chasteté du clerc fut bientôt le principal mérite que l'on exigea de lui ; dans une lettre aux archidiacres de Bayeux, qui l'avaient consulté sur la conduite à tenir envers un prêtre coupable, Lanfranc représente comme un titre singulier à leur indulgence sa résolution sincère de vivre jusqu'à sa mort dans la chasteté. Cet effort est le meilleur gage que le coupable puisse donner de son repentir (4). C'est dans cette mesure que, par les conciles, Lanfranc fit triompher en Angleterre les principes de la réforme ecclésiastique. Si l'on doit rapporter en réalité à deux assemblées seulement l'honneur de cette œuvre, l'action personnelle de Lanfranc ne se ralentit jamais pendant dix-neuf années : ses lettres, trop rares, en font foi; elles nous permettent de reconstituer son plan de la vie monastique et de juger sa politique vis-à-vis du clergé séculier.

L'obéissance à l'abbé : telle est, à ses yeux, la vertu cardinale du moine. L'abbé est investi par la règle d'une autorité souveraine : « Il faut lui obéir en tout, même (que Dieu l'en garde!) si ses actions démentent ses paroles (5). » Pendant les troubles de l'âge

---

1. Labbe, **X**, 351. — Spelman, II, 11.
2. Vestro venerabiliumque Patrum exemplo provocatur. *Lettre* 17.
3. *Let*. 21.
4. *Let*. 62.
5. *Let*. 15.

précédent, le moine avait pris mainte liberté qu'il importait de réprimer : quand la règle lui semblait trop dure dans un couvent, il en sortait, errait souvent de monastère en monastère, ou faisait élection de domicile au gré de sa fantaisie. Lanfranc rappelle sévèrement à l'observance de ses devoirs un abbé trop facile, qui a laissé vagabonder un de ses moines. Lanfranc fait arrêter le moine errant, le renvoie dans son couvent : « On voit quel pasteur vous êtes, écrit-il à l'abbé, et avec quelle sollicitude vous savez gouverner les âmes confiées à vos soins (1)... » Le moine était lié à son couvent : il ne le quittait que pour un motif grave (2) et avec l'agrément de l'abbé : une lettre de Lanfranc adressée à l'abbé Guillaume sollicite pour le moine Renaud la faveur de changer pendant un an le séjour de son couvent contre celui de Glocester. L'homme qui franchissait le seuil du cloître, revêtait la robe du moine et se montrait pendant quelques jours sous ce costume, cessait de s'appartenir ; le retour vers la vie du siècle lui était fermé. Aux yeux de Lanfranc, héritier des traditions, la violence était préférable au scandale d'une renonciation ; contre ce moine de quelques jours, déjà pris du regret du monde, on peut user de violence : tout moyen est bon pour le retenir : « *Compelle intrare* (3). » On remarque la même sévérité appliquée aux femmes dans une lettre à l'évêque Geoffroy ; rien ne peut relever de son vœu celle qui a fait profession d'observer la règle ; les oblates elles-mêmes sont enchaînées par le vœu de leurs parents : *moneantur, increpentur, constringantur* (4).

Dans une seule circonstance Lanfranc se départit de sa rigueur ordinaire. Il fit œuvre de sage politique en se montrant humain. Dans les premiers temps de la conquête, un grand nombre de femmes et de jeunes filles saxonnes (5) s'étaient réfugiées dans les couvents pour sauver leur honneur. Elles y avaient pris le voile, et s'étaient soumises à la vie commune. Quand le calme fut rétabli, la plupart furent prises de regret pour ce monde qu'elles avaient abandonné par contrainte, et la question fut traitée devant

1. *Ep.* 57.
2. Rationabilem causam. *Ep.* 56.
3. *Ep.* 26.
4. *Let.* 32.
5. Matronis, virginibus... (Spelman, II, p. 7). — Eadmer, p. 57.

le concile de 1075 (1). Il fut décidé que toutes les nonnes qui pourraient établir par le témoignage solennel de deux autres religieuses que le seul motif de leur entrée en religion avait été la « crainte des Français (2), » seraient libres de se retirer. Ainsi était réparée une des violences les plus odieuses de la conquête.

Implacable dans ses rigueurs contre les moines coupables, comme on le voit par deux de ses lettres à l'archevêque Jean (3), Lanfranc a de l'indulgence pour la simple faiblesse que rachète le repentir : deux moines s'étaient échappés de leur couvent : ils allèrent trouver Lanfranc, s'accusèrent de leur faute, se déclarant prêts à recevoir la peine canonique : l'archevêque les traita rudement en paroles (4), mais il écrivit à leur abbé pour solliciter en leur faveur (5). Cet exemple n'est pas unique et la lettre 55 en est la preuve.

Après les deux grands conciles de 1075 et 1076, Lanfranc voulut avoir comme son monastère modèle, et il confia la dignité d'abbé de Saint-Albans à son neveu Paul, que la malignité de ses ennemis faisait passer pour son fils. C'est à la fin de juin 1077 que Paul fut installé. Par son origine et les hautes relations qui en étaient l'effet, Paul était l'homme qui pouvait le mieux relever Saint-Albans de sa décadence (6) : à l'intérieur, on avait perdu jusqu'au souvenir de la règle ; les biens temporels de l'abbaye avaient été ou violemment enlevés ou détournés sans bruit : il n'en restait rien. Saint-Albans avait eu le sort de la plupart des grands couvents d'Angleterre : en 1072, à l'abbaye de Glocester, le nouvel abbé Serlon trouva, quand il en prit possession, deux moines et huit jeunes gens de la première jeunesse (7). Paul fut,

---

1. Eadmer dit que la question fut traitée au concile : « Quæstionem ipsam consilio generalis concilii taliter solvit », p. 57. — Spelman fait du règlement de cette affaire l'objet d'une assemblée distincte. — Cependant Lanfranc, qui en parle dans sa lettre à l'évêque Geoffroy (lettre 32), ne fait allusion à aucune autorité solennelle ; il semble parler de sa propre autorité.

2. Timore Francigenarum. (*Let. de Lanf.* 32.)

3. *Lettres* 14 et 15.

4. Satis duris atque amarissimis verbis, prout decuit, increpavi. *Let.* 49.

5. *Let.* 49.

6. Intus et extrà ad nihilum penè devolutam. Eadmer, p. 8.

7. *Hist. Monasterii S. Petri Gloucestriæ*, éd. H. Hart, p. 10.

à Saint-Albans, l'agent de cette double restauration : l'église fut reconstruite, des bâtiments nouveaux s'élevèrent et d'abondantes donations assurèrent la fortune de l'abbaye. Lanfranc traita Saint-Albans comme son couvent de choix (1), et son œuvre spirituelle se développa à son gré sur ce terrain préparé par lui. Nulle part la réforme monastique ne fut plus complètement appliquée, et M. Paris en donne le véritable caractère, quand il dit : « l'abbé Paul fit observer inviolablement les usages approuvés dans tous les couvents d'outre-mer (2). » Saint-Albans devint comme une image des grands couvents du continent, du Bec, de Saint-Étienne par exemple, et la faveur de la papauté ne lui manqua pas (3).

On ne saurait dire dans quelle mesure les études furent encouragées et à quel degré le zèle de Lanfranc les porta. Il n'est pas douteux que ce soin n'entrât pour une large part dans ses projets ; le caractère des hommes qu'il choisit librement lui-même, quand il ne subit aucune influence, en est un sûr garant. Mais il n'est pas possible de dire avec précision si des écoles nombreuses furent fondées, où fut leur siége, quels furent les résultats. Peut-être quelques lignes de Lanfranc laissent-elles deviner que tous les efforts se tournèrent particulièrement vers les lettres sacrées : lui-même semble en effet s'être insensiblement éloigné des lettres profanes pour se donner tout entier à l'œuvre nouvelle que la religion exigeait de lui. Domnald, évêque de Dublin, lui avait écrit pour le consulter, entre autres choses, sur des questions de littérature : il serait intéressant d'en connaître le texte. La réponse de Lanfranc ajoute à nos regrets : « Vous nous avez demandé de répondre à quelques questions de littérature que vous nous proposez : mais nos devoirs d'évêque ne nous permettent pas de donner nos soins à des études de ce caractère.

1. Ut suam. Eadmer, p. 8.
2. *Mat. Paris.*
3. Facta est Ecclesia S. Albani quasi schola religionis et disciplinaris observantiæ per totum regnum Angliæ. Attulerat namque secum (Paulus) consuetudines Lanfranci et statuta monastica (a Domino papa meritò approbata) conscripta. Unde odor bonæ famæ hujus Ecclesiæ Romanam curiam et remota regna illustrando pervolavit, et multorum tàm prælatorum quàm magnatum corda feliciter ei inclinavit. (M. Paris. *Vitæ abbat. S. Albani. Vita Pauli abbatis.*)

Autrefois, il est vrai, nous leur avons abandonné les années de notre jeunesse; mais en recevant la charge de pasteur, nous avons pris le parti d'y renoncer entièrement (1). »

Non que Lanfranc eût renié le culte de sa jeunesse ; mais les études profanes lui semblaient peut-être une nourriture trop forte pour ces esprits grossiers ; en présence de cette société tombée si bas, il convenait d'aller au plus pressé, à la réforme morale, à l'éducation religieuse. Lanfranc ne néglige pas la bibliothèque de son Église : il l'enrichit de livres en assez grand nombre, surtout de livres de dévotion et de liturgie (2). C'est en effet à l'éducation religieuse qu'il se donna tout entier : même dans cette seconde partie de sa vie, il consacrait de longues heures à la lecture (3), il revoyait et corrigeait de sa main les livres de l'Ancien et du Nouveau Testament, les œuvres des Pères, rétablissant les passages altérés, en donnant une édition conforme à l'orthodoxie. Sans doute l'Église d'Angleterre dut compter de son temps un certain nombre de textes, de missels, de lectionnaires, de bibles, revus et corrigés par Lanfranc, comme on en voyait encore au Bec du temps de Milon Crispin. Il y avait un travail considérable de révision à opérer; l'usage de la langue vulgaire dans les choses de l'Église et l'ignorance croissante du latin avaient dû introduire dans les textes les fautes les plus grossières. C'est à ce labeur que Lanfranc se donna tout entier. Mathieu de Westminster lui rend ce témoignage qu'il corrigea avec le plus grand soin les livres que la grossière simplicité des Anglo-Saxons avaient laissé altérer (4). Robert du Mont, dans sa chronique (5), parle aussi de ce travail critique qui fut, pendant longtemps, un des titres de Lanfranc à la reconnaissance des membres éminents de l'Église anglaise, et Math. Paris rappelle à ce propos qu'un travail de même nature fut

1. *Let.* 33.

2. Pretioso insuper ornamento librorum istam Ecclesiam apprimè honestavit. (Dies obituales archiepiscoporum Cantuariensium ex martyrologio et obituario Ecclesiæ Cantuariensis. *A. Sacra*, I, 55.)

3. Lectioni erat assiduus, et ante episcopatum et in Episcopatu, quantùm poterat. (*Vita*, M. Crispin, 15.)

4. Libros quos rudis simplicitas Anglicana corruperat, ab antiquo diligenter sane correxit, quorum corroboratione se gaudet Ecclesia communiri. Math. de Westminster, ad an. 1089, éd. Francfort, 1601, p. 251.

5. Ad an. 1089.

accompli par Lanfranc en France (1). Six siècles s'écoulèrent sans que la probité littéraire du prélat reçût la moindre atteinte. C'est seulement à la fin du xviie siècle que l'accusation d'avoir à dessein falsifié les textes pour les accommoder à l'esprit de domination de la cour romaine fut formulée avec netteté. Il appartenait à Édouard Brown, adversaire déclaré de tout ce qui présente un air de papisme, de reprendre dans une note de l'archevêque Parker (2) sur le *Textus Roffensis* quelques mots à double entente, pour diriger une attaque contre Lanfranc. L'accusation d'Édouard Brown est formelle (3) ; mais elle n'a d'autre fondement que le désir de l'auteur de l'établir comme vraie. On ne saurait admettre que des auteurs de beaucoup antérieurs à Brown, insistant sur l'œuvre critique de Lanfranc, n'eussent pas rapporté, fût-ce pour la combattre, cette imputation calomnieuse. Si Guillaume de Thorn l'eût connue, il n'eût pas manqué de la reproduire en l'amplifiant, pour satisfaire ses rancunes de moine Augustinien ; il nous parle quelque part de prétendues tentatives de Lanfranc pour acheter le consentement des moines (4) à la nomination d'un abbé de son choix : avec quel empressement n'eût-il pas accueilli cette accusation d'avoir faussé les textes ? On n'en trouve chez lui aucune trace. C'est donc à la polémique protestante que l'histoire doit demander de justifier ses tardives attaques (5) : on ne saurait

---

1. Cujus emendationis luce tam Anglorum Ecclesia quàm Gallorum se gaudet illustrari. Math. Paris. *Ad an.* 1089.

2. *Anglia Sacra*, I, 55, note 2.

3. Maxima autem Patrum pars quorum scripta hodiè innotescunt, olim quoque cognita est, vel propriâ quâ scripta sunt linguâ, vel mutuatâ. Si hæc omnia volumina Lanfranci fidem orthodoxam sapere didicerunt, profectò habituri sumus bellos patres. Ad scripturas sacras quod attinet, suprà illius facultates fuit illas adeò corrumpere, quin linguarum originalium (quas ille non magis calluit quàm papa romanus) ope, a viris doctis fraus jamdiù detecta est... Patrum antiquorum scripta non adeò depravata sunt, quin collatis invicem variarum gentium exemplaribus, quæ Lanfranci censuras effugerunt, facile quid genuinum, quidve adulterinum discerni queat. Bene autem habet quod archiepiscopum hunc pium Mat. Parkerum habuimus..., etc. E. Brown. *Fasciculus rerum expetendarum.* Londres, 1690. *Préface*, 33.

4. Guil. de Thorn. Twysden, p. 1792.

5. Tous les auteurs qui se sont occupés de cette question concluent à l'insuffisance des preuves. (V. Chéruel. *Chronica Normannica.* — Charma, *Notice sur Lanfranc*, etc.)

établir sur des textes du xvie ou du xviie siècle un système qui présente quelque caractère de sincérité.

Dans cette œuvre de restauration littéraire, Lanfranc eut pour auxiliaire le nouvel abbé de Saint-Albans. Paul avait le goût des choses de l'esprit; il ouvrit dans son couvent un atelier de copie; il fit venir de loin des copistes de choix, et Lanfranc lui fournissait les exemplaires à recopier (1).

Grâce aux libéralités d'un noble normand, une dotation fut consacrée à la bibliothèque du couvent, et le monastère de Saint-Albans devint le rival du monastère attaché à l'Église primatiale.

Il est naturel que le clergé régulier ait eu les préférences de Lanfranc; il voyait en lui l'avenir et la dignité de la religion, et par ses affections intimes, il ne cessa jamais d'appartenir à l'ordre qu'il avait honoré. La *Chronique saxonne* lui rend justice quand elle l'appelle *Monachorum pater et fautor* (2); lui-même se plaît à rappeler son caractère de moine, et dans ses lettres 'les mots *nostri ordinis, nostro ordine*, reviennent à plusieurs reprises (3). Il fut en réalité le premier abbé de l'Angleterre (4) sous ce règne, comme il en était le premier prélat.

En effet, sa primauté ne fut pas un vain titre, et par le fréquent exercice qu'il fit de ses droits, il en établit définitivement le principe et l'étendue. Les passions excitées par le débat sur la suprématie parurent ne pas survivre à sa déclaration, et Thomas d'York donna lui-même plus d'une fois l'exemple d'une soumission sans réserve. Il écrivait un jour à Lanfranc : « Voici que votre fils, père vénérable, crie vers vous; ou plutôt votre fille, l'Église d'York, crie vers l'Église dont la divine Providence vous a fait le chef; elle

1. (Nobilis Neuster)... assignavit (sic volente abbate Paulo scripturarum amatore) ad volumina Ecclesiæ necessaria facienda. Ibique fecit abbas ab electis et procul quæsitis scriptoribus scribi nobilia volumina Ecclesiæ necessaria. Libros præelectos scribi fecit, Lanfranco exemplaria ministrante. Dedit igitur huic Ecclesiæ viginti octo volumina notabilia. (M. Paris. *Vitæ* 23 *abbat.* S.-Alb.)

2. Éd. Gibson, page 195.

3. *Epist. Lanf.*, 55-57.

4. Adeò ipsius exemplo vel metu professio monastica in religione sudabat. Non tunc episcoporum ambitus, non abbatum vœnalitas proficiebat : ille majoris gloriæ, amplioris gratiæ apud regem et archiepiscopum erat, qui tenacioris sanctitudinis opinionem habebat. Guill. de Newbridge, III, ch. XVIII.

va vers elle, comme au sein maternel (1). » L'autorité de Lanfranc
s'étendit sur toute l'Angleterre ; son influence dépassa même les
limites du royaume. La plupart des évêques nouvellement établis
dans son Église furent sacrés par lui-même à Cantorbéry ; la *Chronique saxonne* en donne la liste (2). Dans les limites même de
l'Eglise d'York, il ne se fit jamais une consécration d'évêque qu'il
ne l'eût autorisée. En 1077 (3), un clerc des îles Orcades se présenta à Thomas avec une lettre du comte Paul, qui demandait pour
lui la dignité épiscopale. L'autorité métropolitaine de Thomas
s'étendait sur les Orcades (4), comme sur une partie de l'Ecosse ;
mais les conciles ne reconnaissaient pas la validité d'une consécration, si elle n'était faite en présence de deux évêques au moins.
Thomas s'adressa à Lanfranc pour obtenir de lui la nomination
de deux assesseurs : c'était chose délicate ; car on pouvait craindre
que Thomas ne profitât de la solennité de ce concours pour s'attribuer sur les deux assesseurs et sur leurs Églises une sorte de
primatus. L'évêque Rémy avait même accusé tout haut Thomas
de cette prétention : à l'humilité de sa protestation (5) devant Lanfranc, on voit combien peu ces projets, même réels, étaient justi-
fiés par sa puissance. Il prit Dieu à témoin que les évêques assesseurs garderaient vis-à-vis de lui toute leur indépendance ; et à
cette condition seule, Wulstan de Worcester et Pierre, évêque de
Chester, consentirent à se rendre à son appel. Lanfranc eut bien
soin de donner copie aux deux prélats de la lettre de Thomas,
pour qu'elle figurât dans les archives de leurs Églises et garantît
l'avenir (6).

En effet, ce n'est pas à l'archevêque seul de Cantorbéry que
l'église d'York était suspecte. En 1070, au premier concile tenu
par les légats du pape, Wulstan, évêque de Worcester, avait présenté une requête que l'assemblée refusa de prendre en considération. Huit ans auparavant, l'évêque Aldred, alors titulaire du
siége de Worcester, avait en même temps la garde de l'évêché de

1. Lettre de Thomas à Lanfranc. *Lettre XI.*
2. Éd. Gibson, p. 178 et 179.
3. La date est donnée par le *Chronicon saxon.*, p. 179.
4. *Epist. Lanf.* 12
5. *Lettre XI.*
6. *Epist.* 12.

Hereford (1). Appelé à la dignité d'archevêque d'York, il donna à un de ses chapelains l'évêché d'Hereford et désigna Wulstan pour le siége de Worcester. Le choix de son successeur n'avait pas été fait au hasard : l'église d'York avait eu à souffrir des invasions et, à cette date, ses revenus étaient médiocres, peut-être inférieurs à ceux de l'église de Worcester. Aldred conçut le projet de conserver, sous le nom d'un autre, son ancien évêché, et de détacher en même temps de l'église de Worcester un certain nombre de domaines, destinés à grossir les revenus d'York. On dit même que le roi Édouard se prêta à cette combinaison (2). Aldred comptait sur la débonnaireté du successeur de son choix (3) : Wulstan, l'idéal du moine anglo-saxon, n'avait donné jusqu'alors que les preuves d'une extrême simplicité : mais il prit dans le sentiment de ses nouveaux devoirs le courage de résister à l'archevêque d'York ; il sut rester indépendant et n'admit personne au partage de son autorité : mais il ne put réparer les dommages matériels, et douze domaines appartenant à son église passèrent à l'église d'York. Cette mutation de propriété serait-elle provisoire ou définitive ? L'avantage était-il personnel ou général, et devait-il s'étendre aux successeurs d'Aldred ? C'est la question que Wulstan posa en 1070 devant la première assemblée tenue à Winchester. Aldred était mort ; son successeur n'était pas encore désigné ; l'église d'York n'ayant pas de représentant, l'affaire fut renvoyée. On la reprit l'année suivante : Thomas était depuis plus d'un an en possession de son siége. Un concile fut tenu à *Pedreda*, sous la présidence de Lanfranc : un grand nombre d'évêques, d'abbés, de comtes et de grands personnages (4), le roi lui-même, y assistèrent. Thomas plaida la cause de son église ; et, s'il faut en juger par les termes dont se sert Florent de Worcester, il ne se contenta pas d'affirmer le droit de propriété de son église ; il prétendit sans doute à une suprématie effective d'York sur Worcester ; il s'était formé autour de lui un parti qui voulait faire de l'église de Worcester la ser-

---

1. *Chron. de Jean Bromton*, p. 952.
2. Stubbs. *Act. Pont. Cant.* (p. 1702. Twysden.)
3. Simplicitate Wulstani suas putabat rapinas obumbrare, et possessiones quamplures suâ potentiâ per totam vitam suam retentas a Wigornensi Ecclesiâ ad Eboracensem transferre. (*Bromton*. Twysden, p. 952.)
4. Florentius Wigornensis, éd. Francfort, 1601, p. 637.

vante de l'église d'York (1). Peut-être ces prétentions contribuè-
rent-elles plus encore que la légitimité de ses droits au triomphe
de Wulstan. A ce moment déjà, Lanfranc avait conçu son plan de
suprématie ; le premier acte devait en être de ramener à un même
niveau toutes les églises de l'Angleterre : les revendications de
l'église d'York tournèrent contre elle ; et, avec l'assentiment du
roi, Lanfranc proclama la liberté de l'église de Worcester. Elle
redevint libre, « de cette liberté que ses premiers fondateurs
Ethelred, Osher, Kenred, Æhtelbald, Offa, Athelstan... lui avaient
accordée (2). » Les douze domaines enlevés par Aldred à Worcester lui furent rendus. A la mort d'Aldred, le roi Guillaume
s'en était emparé ; il les avait donnés à Thomas, et Lanfranc les
fit restituer en 1071 (3).

York replacé au rang que la nouvelle politique lui assignait,
l'autorité du primat s'étendit indistinctement à tous les siéges de
l'Angleterre ; elle se fit sentir à tous dans une égale mesure. Il y
eut des prélats récalcitrants ; nous apprenons par une lettre de
Lanfranc lui-même (4) que l'évêque Herebert reçut souvent avec
un mépris affecté les ordres du primat, et témoigna bruyamment
de son dédain. Menaces ou mépris affecté, rien n'arrêta Lanfranc ;
il n'en affirma que plus nettement ses droits. Ajournant la satisfaction de l'outrage (5), il intime à Herebert l'ordre de cesser
toute persécution contre le clerc Bérard, il lui reproche sévèrement les désordres de sa vie, et lui défend de garder plus longtemps auprès de lui le moine Hermann dont la vie est un sujet de
scandales. « Il faut que ce moine vive suivant la règle dans un couvent où la règle soit observée, ou qu'il quitte le royaume : il a le
choix (6). » Dans la même lettre, il affirme et définit la suprématie de Cantorbéry ; ce n'est pas un fait nouveau dans l'histoire de
l'Église ; il le fait remarquer avec soin : Herebert n'a qu'à lire
les décrets des conciles de Nicée, de Tolède, et les livres « authen-

---

1. Ecclesiam deprimere et Eboracenşi Ecclesiæ subjicere, ancillamque
facere. (Florent., *ibid.*)

2. (*Ibid.*)

3. Eas (xii villas) molimine Lanfranci ei (Thomæ) rex abstulit. (Stubbs.
Act. Pont. Cant., p. 1709.)

4. *Epist.*, 23.

5. De his alio tempore atque loco sermo erit. *Epist.*, 23.

6. *Epist.*, 23.

tiques » des Pères « reconnus par l'Église. » « Il faut avoir perdu la raison (1) » pour soutenir qu'un évêque peut se croire dans son diocèse indépendant de toute primauté, quand « il est bien établi que la Grande-Bretagne tout entière n'est qu'une seule paroisse de notre seule Église. »

Cette expression « *Britannicam insulam* » indique bien la portée des prétentions du primat : il ne négligea rien pour en faire une réalité. L'Irlande qui, au moins jusqu'au temps de Bède, avait eu son organisation religieuse indépendante et comme insulaire (2), se tourna vers l'Angleterre, et reconnut l'autorité de Cantorbéry. L'archevêque de Dublin, Dunan, étant mort en 1074 (3), les clercs et le peuple de l'Église de Dublin élurent pour lui succéder l'Irlandais Patrik ; ils s'adressèrent à Lanfranc pour obtenir sa confirmation. Ce fut sans doute Patrik lui-même qui porta cette lettre à Lanfranc ; le choix fut approuvé, et le nouvel évêque, sacré à Londres, fit profession d'obéissance devant Lanfranc (4). Patrik gouverna pendant dix ans l'Église de Dublin ; il mourut en 1084 (5). — Les relations avec l'Écosse nous sont mal connues ; une lettre de Lanfranc à Marguerite, qu'il appelle reine d'Écosse (6), témoigne plutôt de la piété de cette princesse que de l'autorité du prélat sur l'Église de cette région : elle nous fournit cependant la preuve que Lanfranc agit de ce côté.

Il importe d'établir que cette suprématie ne fut pas seulement l'effet d'un stérile désir de domination, et qu'en rendant possible une administration commune et le rétablissement de l'ordre dans les esprits, dans les croyances et dans les mœurs, elle se légitima par ses bienfaits.

Au premier rang se plaçaient les questions de dogme : on ne peut douter que la dissidence sur le mystère eucharistique ne condamnât le clergé anglais ; cela seul eût suffi à faire deux clergés hostiles dans un pays homogène : on l'a vu par l'âpreté de la lutte

1. Nec sobrius quisquam putaverit. *Ep.*, 23.
2. Beda. *Hist. Ecclesiast.*, III, 4.
3. *Rerum Hibernicarum scriptores*, III, p. 636, II, p. 309.
4. *Chron saxon.* Gibson, p. 178.
5. *Rerum Hibernic. Script.*, III, p. 646.
6. *Epist.* 61.

en France même. Cependant, on cherche vainement dans les actes des conciles les traces de cette réforme dogmatique : quand il est question de l'Eucharistie, c'est seulement comme en 1074, pour défendre l'usage de l'eau pure ou de la bière dans la consécration. La question essentielle semble réservée. Sans doute il n'était pas nécessaire de revenir sur ce sujet, en présence d'un clergé dont les convictions étaient établies et qui avait été fortifié sur le continent dans la croyance au dogme. C'est seulement dans une lettre à l'évéque irlandais Domnald (1) que l'on trouve un indice ; encore est-il peu important. Domnald avait consulté Lanfranc pour savoir si les enfants, avant l'âge de raison, étaient dans l'obligation de recevoir l'Eucharistie. Nous ignorons la date exacte de cette lettre ; il y aurait cependant intérêt à la déterminer avec précision ; car dans sa réponse Lanfranc dit, en parlant du clergé anglais, « *nos Anglos,* » et il affirme que sur ces questions eucharistiques le clergé anglais et le clergé du continent (*transmarinas Ecclesias*) sont d'un avis semblable. Donc, à ce moment, l'élimination de tous les dissidents est complète, et la même croyance est unanimement acceptée. Il ne s'agit, il est vrai, que de la communion des enfants ; mais au cours de la lettre il rappelle, pour la combattre d'un mot, l'hérésie : « Saint Augustin, dit-il, ne songe pas à nier la vérité de la chair et du sang du Christ : ce qui a été et ce qui est encore l'erreur de la plupart des schismatiques. » Cependant, plus large dans l'application de la doctrine, il ne croit pas à la nécessité de la communion pour les enfants, le fait même de la communion matérielle n'étant rien à ses yeux sans cette communion toute spirituelle, accord intime et voulu entre la créature et le Créateur. « Voici comment il faut comprendre, dit-il, la parole de Dieu : tout fidèle dont l'intelligence est assez développée pour mesurer la grandeur du mystère (*mysterii capax*) ne doit pas se contenter de recevoir de ses lèvres la chair et le sang du Christ ; il doit aussi manger cette chair et boire ce sang par amour et tendresse de cœur... Il doit suivre les traces du Christ, entrer avec lui en communion de souffrances, dans la mesure où la faiblesse humaine peut le supporter et où la grâce divine daigne les lui dispenser : c'est là vraiment manger, et d'une façon salutaire, la chair du Christ et

____

1. *Ep.* 33.

boire son sang. » Les occasions de rétablir la vraie doctrine eucharistique ne durent pas manquer à Lanfranc dans le cours de son long épiscopat ; et Mathieu de Westminster fait sans doute allusion à ce fait quand il dit de lui en termes trop vagues : « Il condamna les hérésies et fortifia la foi (1). »

Les écrivains postérieurs à la conquête traitent l'archevêque Œlfrik avec une rigueur significative ; on a même pu, avec quelque vraisemblance (2), accuser Osbern et Malmesbury d'avoir à dessein fait l'obscurité autour de cet éminent personnage, représentant d'une doctrine réprouvée. Malmesbury est converti à la foi nouvelle, Osbern partage ses affections entre Lanfranc et Anselme. Il semble même que ces auteurs aient eu recours, pour égarer les recherches précises, à des expédients : Malmesbury place Œlfrik à une époque de beaucoup antérieure à l'époque vraie (3); il le repousse dans le passé, comme pour le rendre moins dangereux. Les livres et les homélies du prélat, écrits en langue vulgaire, inintelligibles pour les nouveaux venus, inutiles au peuple qui ne lisait pas, furent sans doute relégués au fond de ces bibliothèques où les moines les classaient, comme au XIIIe siècle les moines de Glastonbury : *Item, duo Anglica, vetusta et inutilia. — Item, sermones Anglici, vetusti, inutiles* (4). — Soit artifice, soit naïveté de sa foi, Osbern servait la révolution théologique par le récit d'utiles miracles ; sous le pontificat de l'archevêque Odon de Cantorbéry, deux clercs qui avaient douté de la présence réelle furent confondus à la prière du prélat : « Quand il rompit le pain vivant,.... on vit tomber sur les moines des gouttes de sang (5)..... » Osbern rapporte aussi à l'époque de Dunstan des faits semblables. Ainsi, la réforme représentée par Lanfranc perd peu à peu son air de nouveauté ; elle remonte dans le passé ; et s'il se rencontre dans l'ancienne Église anglaise un prélat comme Œlfrik, c'est un homme qui a erré ; avant et après lui, on ressaisit la chaîne interrompue des vérités.

1. **Hæreses condemnans fidem roboravit.** Math. de Westminster, éd. 1601, p. 231.
2. V. H. Soames. *The Anglo Saxon Church.* (p. 193 et seq.)
3. *Anglia sacra*, II, p. 33.
4. Wright, I, p. 108.
5. *A. Sacra*, II, p. 82 et 83.

C'est à Lanfranc que s'adressaient, comme à leur guide, toutes les Églises d'Angleterre. Il ne s'agit pas toujours de fixer le dogme : souvent, les évêques suffragants le consultent sur une question morale ; on peut citer la lettre de Thomas d'York sur l'inconduite de certains maris (1), pleine de révélations curieuses sur les mœurs du temps et les rapports de Lanfranc avec l'Irlande et avec l'Écosse. Lanfranc entreprit de bonne heure cette propagande morale en dehors même des limites de l'Angleterre : lorsque l'évêque Patrik reprit le chemin de l'Irlande, il fut sans doute porteur de la lettre adressée au roi Gothrik, dont nous avons le texte (2). Les prescriptions de Lanfranc sont relatives aux mariages : souvent, les maris abandonnaient, puis reprenaient leur femme, faisaient même entre eux dé honteux échanges, épousaient une sœur ou une parente de leur femme morte ; la passion et le caprice dominaient. A deux reprises différentes, Lanfranc intervient ; il écrit au roi Gothrik, au roi Terdelvak (3), pour les rappeler à l'observation des préceptes évangéliques. Le désordre était au même degré en Écosse ; la barbarie y apparaît même plus complète ; souvent, le mari, après avoir chassé sa femme, la vendait comme esclave (4) : au début même de son pontificat, Grégoire VII signalait à Lanfranc ces actes odieux et l'invitait à sévir contre les coupables, qu'ils fussent Anglais ou Écossais, pour arracher jusqu'à la racine du mal. Ce fut sans doute l'origine des rapports de Lanfranc et de la reine Marguerite : la seule lettre qui en conserve le souvenir (5) fait allusion à trois moines envoyés par Lanfranc près de la reine, destinés sans doute à diriger les efforts pieux de Marguerite et à éclairer son zèle. Dans le nord de l'Angleterre, les mœurs se ressentaient du voisinage de l'Écosse, et Thomas d'York consulte Lanfranc sur la sévérité qu'il convient d'appliquer à de semblables fautes (6). Lanfranc ne sépare jamais dans ses instructions la réforme morale du rétablissement de la discipline ecclésiastique qui en est le soutien : dans ses lettres aux rois d'Irlande, il recom-

1. *Epist.*, 10.
2. *Epist.*, 37.
3. *Epist.*, 37 et 38.
4. Lettre de Grégoire VII. Mansi. *Concilia.*, XX, p. 274.
5. *Epist.*, 61.
6. *Epist.*, 10.

mande de fréquentes réunions d'évêques et de gens d'Église de tout
rang ; il conseille aux rois de relever par leur présence la solennité
de ces assemblées et d'y appeler les grands ; la simonie est condamnée ; la consécration d'un évêque ne pourra se faire par le
ministère d'un seul évêque ; enfin, quelques prescriptions relatives
au baptême des enfants complètent cet ensemble de règlements
de tout genre.

On a conservé quelques lettres de Lanfranc à l'archevêque de
Rouen, Jean. Elles témoignent d'une tentative pour établir entre
les deux Églises des rapports nouveaux dans leur histoire. Malgré
les formules de respect que Lanfranc prodigue à l'archevêque de
Rouen (1), l'Église primatiale d'Angleterre reste de tout point indépendante de l'Église métropolitaine du duché ; mais ces lettres
montrent sur les questions de liturgie et de hiérarchie l'application
de règles communes dans les deux Églises. Elles nous apprennent
aussi que l'autorité de l'ancien moine du Bec n'était pas décisive
en Angleterre seulement ; même d'Angleterre, Lanfranc est encore
le trait d'union entre Rome et la Normandie. Tandis que l'archevêque Jean le consultait sur les ornements, le détail des cérémonies, les attributions du diacre et du sous-diacre (2), les archidiacres de l'Église de Bayeux (3) lui faisaient demander son avis,
par l'entremise de l'évêque de Coutances, sur un point de juridiction criminelle. Pour la Normandie plus encore que pour l'Angleterre, il resta moine avant tout ; la Normandie ne l'avait connu
qu'avec ce caractère ; de toute l'Église normande, nul n'avait
représenté avec plus d'éclat la dignité de la vie monastique et les
talents de toute nature qu'abritait alors le cloître. Aux yeux de ses
frères d'outre-Manche, il personnifiait la conquête dans ce qu'elle
avait de résultats excellents pour la cause de l'Église, et l'importance de son personnage politique ajoutait encore au respect qu'il
inspirait. Aussi son voyage de 1077 (4) fut-il un véritable triomphe.
M. Crispin attribue ce voyage à la nécessité de traiter avec Guillaume, alors en Normandie, de graves affaires séculières et ecclé-

1. *Epist.*, 13, 14, 15, 16, 17.
2. *Epist.*, 13.
3. *Ep.*, 62.
4. Crispin. *Vita*, 8. — *Chronicon Beccense.*

siastiques (1); Lanfranc céda peut-être aussi au désir de revoir, tout-puissant, l'asile de sa vie obscure. Herluin vivait encore ; la nouvelle église, dont Lanfranc avait posé la seconde pierre, était terminée. L'abbé souhaitait que la dédicace en fût faite par le prélat dont il avait vu naître la fortune : son vœu fut exaucé. Mais Lanfranc déposa en rentrant au Bec les insignes de sa grandeur ; quand il fut en vue du monastère, il tira de son doigt l'anneau épiscopal, et ne le reprit, pendant tout son séjour, qu'à l'occasion des messes solennelles. Il reprit dans le chœur son ancienne place de prieur, disant qu'il n'en avait jamais abandonné le titre ni oublié les fonctions. Le monachisme normand s'admirait avec raison dans cet homme que l'Église d'Angleterre reconnaissait pour son réformateur et son chef, et le roi Guillaume pour son ministre toujours écouté.

1. *Vita.*, 8. — *Chron. Beccense.*

CHAPITRE IX

Relations de Lanfranc et d'Alexandre II. — Relations avec Hildebrand avant 1073. — La question
du pallium. — Lanfranc et Grégoire VII. — Le denier de Saint-Pierre et la question de la
suprématie pontificale. — Politique de Guillaume envers le clergé. — Séparation des plaids
ecclésiastiques et des tribunaux civils. — Vice-royauté de Lanfranc en Angleterre. — Son
rôle dans l'affaire d'Eudes. — Personnage prépondérant de Lanfranc à la mort de Guillaume
le Conquérant. — Caractère de son influence sur Guillaume-le-Roux. — Sa mort.

Mathieu Paris a bien compris le personnage de Lanfranc, et distingué les deux influences auxquelles toute sa vie politique est soumise, quand il a écrit : « *Papali animatus et armatus favore
et Regali* (1). » Le pape et le roi : tels sont, en effet, les deux
pouvoirs dont il procède, tel est le double principe de sa force ; et,
en toute occasion, la double inspiration qu'il subit. Nous avons vu,
dans le court exposé de son œuvre, les effets de cette politique à
double aspect ; mais il convient de l'étudier de plus près, pour expliquer en partie l'une par l'autre, au début surtout, cette faveur
auprès du pape et auprès du roi.

Ce fut un heureux hasard pour Guillaume, que le siége pontifical
fût occupé en 1066 par l'ancien disciple de Lanfranc, Alexandre II.
Devenu pape, Alexandre écrivait à Lanfranc pour lui recommander
son neveu qu'il envoyait suivre ses leçons : la lettre n'est pas datée ;
(il est probable que Lanfranc était encore prieur au Bec) ; mais
elle témoigne des sentiments d'admiration et de reconnaissance
de l'élève pour son maître (2). Nous avons dit ailleurs comment
ces rapports furent utiles à la fois au roi et au prieur, et l'association qui s'établit alors entre ces deux hommes. L'influence papale
se retrouve aussi dans le choix que fit Guillaume de Lanfranc pour

1. *Liber de abbatibus S. Alb.*, p. 29.
2. Spiritus sic te utriusque disciplinæ fonte replevit ut in uno fere omnibus sis excellentiâ dissimilis, et in altero virtutum merito laudabilis. *Epist.
Alexand.*, 70.

la dignité d'archevêque de Cantorbéry. Sans doute le roi ne consulta pas directement le Saint-Siége, mais dans ce choix fait spontanément, et qui était si complétement d'accord avec le désir du pape, se résume cette alliance des deux pouvoirs, dont la révolution ecclésiastique opérée dans la suite manifesta les effets.

Il est hors de doute que la papauté s'associa bientôt sans réserve à toutes les rigueurs administratives du nouveau gouvernement, comme elle soutint les rigueurs canoniques de ses prélats. Les légats du pape avaient donné le signal de ces dégradations en masse dans les assemblées de l'année 1070, et il n'est guère probable que ces mesures aient provoqué à Rome la surprise dont parle l'illustre historien français de la conquête (1). C'était le prix de l'alliance et le début inévitable d'un ordre de choses nouveau. Quand Lanfranc eut pris possession du siége de Cantorbéry, il avait besoin, pour continuer, en lui donnant un nouveau caractère, l'œuvre des légats, de l'appui publiquement manifesté de la cour romaine. Aussi n'entreprit-il aucune réforme importante avant son voyage à Rome de l'année 1071. Il se fit accompagner par deux évêques, les seuls dont le choix n'eût pas reçu tout d'abord l'approbation du Saint-Siége : Thomas d'York et Rémy de Lincoln (2). C'est en effet seulement à propos du choix des nouveaux prélats, et non des rigueurs déployées contre les anciens, que la cour romaine laissa paraître quelque surprise. Encore les deux prélats pour la consécration desquels il fallut intercéder avaient-ils été choisis directement par Guillaume, antérieurement à l'arrivée de Lanfranc. Thomas était fils d'un prêtre, et les canons défendaient que le fils

1. M. A. Thierry cite pour appuyer son jugement une phrase d'O. Vital (livre IV) qui ne parle pas de la papauté et de l'impression produite à Rome par les événements de l'année 1070. La phrase d'O. Vital, qui n'est autre chose que la reproduction des jugements d'Ingulph (*Hist.*, éd. 1596, page 512), n'engage que le moine de Saint-Évroul. Il ne dit en aucune façon que Rome se plaignit ; il constate qu'un grand nombre d'abbés furent chassés de leur abbaye *injustement, sans motifs canoniques ;* nul n'y contredit. Mais les intérêts de la politique présente de la cour romaine la mettaient au dessus des règles canoniques ordinaires ; et la proscription générale, et presque sans exception, portée par Rome contre le clergé anglo-saxon, dispensait évidemment de griefs particuliers contre tel ou tel.

2. Eadmer, p. 6. — O. Vital, IV, 2.

d'un prêtre fût ordonné, quand ce vice originel n'était pas effacé en
sa personne par le caractère sacré du moine (1). Le nombre des fils
de prêtres perdus dans les rangs du clergé était alors considérable,
et le scrupule, nouveau à la cour de Rome. Cette rigueur était
d'autant plus inopportune que Thomas se recommandait par une
vie exemplaire, des talents distingués et un caractère auquel la
violence répugnait. Rome pouvait avec plus de raison repousser
l'évêque de Lincoln. Abbé de Fécamp, il avait promis à Guillaume
un vaisseau et vingt chevaliers en échange de la promesse d'un
évêché (2). Le fait de la simonie n'était pas douteux ; c'est peut-
être le seul que l'histoire puisse reprocher à Guillaume ; mais à la
veille de sa campagne contre les simoniaques, il était naturel que
Rome s'en émût et ne dissimulât pas son étonnement. Toutefois, le
procédé était plus condamnable que le choix même de la personne : on n'avait relevé aucun grief contre Rémy, et son administration ne l'exposa jamais plus tard à de sérieuses critiques.
C'est à la suite de Lanfranc que les deux prélats se présentèrent à
Rome. Un tel protecteur n'était pas inutile ; car si l'on ne parve-
nait à déplacer ou à agrandir le débat, la justification était impossible (3). Le but avoué du voyage de Lanfranc était la remise du
pallium (4) ; le but réel, la nécessité de concerter ses efforts avec
Rome et de faire approuver le plan de sa double réforme. La réception que fit le pape à son ancien maître du Bec fut pour l'entourage pontifical un sujet de surprise (5) : à son arrivée dans la salle
des audiences, le pape se leva de son trône et alla au-devant du
prélat. Les paroles les plus flatteuses accompagnèrent cette marque
de respect : « Cet honneur ne s'adresse pas à l'archevêque, mais
au professeur ; il vous était dû ; car c'est à votre zèle que je dois
tout ce que je sais. » Puis, reprenant sa place sur son trône, le pape

1. Quòd sacri canones filios presbyterorum, quos religionis ordo non
ornat, a sacrorum ordinum promotione removeant. Eadmer, p. 7.

2. Quòd, factâ conventione, illum a Willelmo, pòst rege facto, emerit,
officio videlicet quod ei in excidium Angliæ properanti, multifariâ conten-
tione ac multiplicibus impensis, deservierat. (Eadmer, p. 7.)

3. Ad hæc, illi nullam, quâ excusari possint, probabilem causam haben-
tes. Eadmer, 7.

4. Hic Romam pro debito sibi pallio iens. Eadmer, p. 6.

5. Quod Romanam scientibus consuetudinem forte mirum videatur.
Eadmer, p. 6.

reçut de Lanfranc les hommages dus au successeur de saint Pierre ;
mais il le releva aussitôt pour l'embrasser.

Cependant, s'il faut en croire un écrivain de grande autorité, les
deux évêques, peut-être Lanfranc lui-même, n'auraient pas attendu
sans préparer l'opinion, le jugement du pape sur leurs droits.
O. Vital rapporte qu'ils prodiguèrent aux Romains les présents
avec l'or anglais, et que par leurs largesses, leur éloquence, leur
double science, ils firent l'étonnement des « gens du Latium (1). » S'il
se fût agi dans ce passage de Thomas et de Rémy seuls, on ne son-
gerait peut-être pas à protester ; mais le reproche étendu à Lanfranc arrête et déconcerte. Sans repousser de parti pris l'affirmation d'O. Vital, nous avons quelque raison de tenir sur ce point son
témoignage pour suspect. Eadmer, qui a raconté dans le détail cet
épisode, ne fait pas la moindre allusion à cette tentative de corruption. Veut-on expliquer son silence par sa piété partagée entre
Lanfranc et saint Anselme ? Rien ne l'empêchait de s'exprimer en
toute liberté sur les deux évêques, et, ce détail excepté, il ne s'en
fait pas faute. — A cette raison de douter, ajoutons un autre motif
de défiance : le passage d'O. Vital renferme une grave erreur de
date qui modifie entièrement le caractère du fait. A l'en croire, ce
n'est pas en 1071, sous le pontificat d'Alexandre II (2), mais plus
tard, sous le pontificat de Grégoire VII, que le voyage de Lanfranc
eut lieu. Il supprime du même coup la scène de la réception, la
renonciation des deux évêques à leur mitre et à leur crosse, leur
investiture nouvelle par le pape, la délégation de plein pouvoir
faite à Lanfranc.

Cette erreur considérable, qui dénature le caractère de ce fait,
tient l'esprit en garde contre l'assertion qui suit. On ne saurait
non plus négliger la considération suivante : de tous les écrivains qui ont raconté, à diverses époques, le fait du voyage à
Rome, aucun n'a suivi la version d'O. Vital ; tous se sont attachés
au récit d'Eadmer. On peut lire les *Chroniques* de Raoul de Di-

1. De divitiis Anglicis larga munera cupidis Romanis ubertim dederunt,
suâque sic largitate, cum facundiâ, geminâque scientiâ mirabiles Latinis visi
sunt. (O. Vital, IV, 12.)
2. Romam abierunt et a Domno Gregorio Papâ senatuque romano hono-
rificentissimè suscepti sunt. (O. Vital. (*Ibid.*)

cet (1) et de Bromton (2), les *Imaginationes* de Gervaise (3), et son *Histoire des archevêques de Cantorbéry* (4), enfin Henri de Knyghton (5), sans trouver la moindre allusion à cette tentative de corruption. L'ennemi sans pitié de Lanfranc, le moine de Thorn, qui l'accuse quelque part de simonie, ne fait pas allusion à ce fait et ne songe pas à relever l'imputation d'O. Vital. Nous n'abusons pas du droit de la critique en écartant une assertion mal établie.

D'ailleurs, l'habileté et le crédit de Lanfranc pouvaient le dispenser de recourir à ces dangereux moyens de succès. Sur son avis sans doute, les deux évêques accusés renoncèrent à tout système de défense : ils déposèrent devant le pape leurs bâtons et leurs anneaux et s'en remirent à sa miséricorde (6). L'affaire était de la plus haute importance : il ne s'agissait de rien moins que d'un désaveu infligé au roi Guillaume, et peut-être de la rupture d'une alliance encore nécessaire. Le résultat de six années d'accord était sacrifié d'un seul coup. Il est probable que l'hésitation d'Alexandre ne fut qu'apparente ; cette scène, concertée peut-être entre Lanfranc et lui, n'avait dans leur pensée d'autre effet que de satisfaire, par un semblant d'équité, aux réclamations des Saxons dépossédés. Lanfranc, en effet, reporta la question sur son véritable terrain ; et, sans songer à les justifier des accusations formulées contre eux, il opposa les raisons politiques à la condamnation religieuse. C'est trop dire pourtant, et, si le texte d'Eadmer nous permet de remarquer quel était l'ordre d'importance des arguments de Lanfranc, nous y voyons aussi que les raisons politiques n'y furent pas seules invoquées. Il les représente d'abord comme clercs instruits ; puis, il les déclare nécessaires au nouveau roi pour l'établissement d'un ordre de choses nouveau (7). Il paraît évident qu'il

1. Twysden, p. 483 et 484.
2. P. 970.
3. P. 1327.
4. P. 1653.
5. P. 2348.
6. Redditis baculis et annulis cum curâ pontificali, ad petendam misericordiam conversi sunt. Eadmer, 7.
7. Lanfrancus... eos multârum rerum scientiâ fultos, novo Regi in novis regni dispositionibus pernecessarios, multis præstare, oratoriâ facultate ostendit. (Eadmer, p. 7.)
Nous respectons la ponctuation donnée par Selden. Il semble pourtant

y avait eu entente préalable entre le pape et son ancien maître. Tout se passa en une seule séance; d'après le texte d'Eadmer, qui est le seul complet, on voit que dans cette séance tout fut arrangé pour l'effet. Les insignes sont déposés aux pieds du pape, Lanfranc intervient (1), donne ses raisons; le pape se décide aussitôt, et Lanfranc, par une habileté qui révèle la pensée de la primauté, remet lui-même les insignes aux deux évêques, qui les reçoivent de sa main, et qui sont rendus, grâce à lui et par lui, à la vie épiscopale (2). Cette séance avait été préparée pour affirmer solennellement le maintien de l'alliance entre la papauté et le pouvoir royal d'Angleterre. Le pape fit une déclaration qui semble étudiée jusque dans la forme : « C'est à vous de voir, dit-il ; vous êtes le père de cette patrie ; aussi appartient-il à votre prudence d'examiner ce qu'il convient de faire. Vous avez devant vous les bâtons pastoraux qu'ils viennent de rendre, prenez-les et disposez-en suivant que, d'après vous, l'exigera l'intérêt chrétien dans ce pays » (3). Ainsi Lanfranc sortait de cette audience plus grand et mieux armé contre les difficultés de la lutte avec le clergé saxon. Il était constitué en quelque sorte juge souverain des mérites de tous, Saxons ou Normands; il pouvait décider de leurs titres. Les faveurs particulières du souverain pontife ajoutèrent encore à cette puissance d'opinion qu'il rapportait de Rome. Le pape lui donna deux pallium, entre autres celui dont il se servait pour dire la messe (4).

Il est probable qu'à son retour Lanfranc porta lui-même au roi Guillaume la lettre du pape Alexandre qui nous est parvenue et qui se rapporte à l'année 1071. Cette lettre rappelle au roi quel est, dans l'ordre purement religieux, le prix de cette alliance

que le sens exige, ou tout au moins autorise, la suppression de la virgule après *præstare*. Ce changement, qui est peut-être un retour au texte primitif, confirmerait notre assertion. Elle est d'ailleurs suffisamment confirmée par les mots : *Multis præstare*, même séparés de ce qui suit.

1. Quorum precibus sese Lanfrancus medium injiciens. Eadmer, 7.

2. At ille, susceptis eis (virgis pastoralibus) illicò in præsentiâ Papæ revestivit præfatos viros, quemque suâ. (*Ibid.*)

3. Tu videris, inquit; pater es patriæ illius, ac per hoc industria tua consideret quid expediat. Virgæ pastorales quos reddiderunt, ecce hic sunt ; accipe illas atque dispensa prout utilius Christianitati regionis illius agnoscere poteris. Eadmer, 7.

4. Gervaise, p. 1327.

scellée de nouveau : il ne faudrait pas voir des phrases banales
dans les recommandations qui forment la première page de cette
lettre ; elles exigent une coopération active à la réforme religieuse
en retour de cette coopération de la papauté à l'établissement politique. Si Lanfranc avait eu besoin d'un protecteur auprès de Guillaume, il l'eût trouvé dans le pape. Il l'accrédite auprès du roi en
qualité de ministre ecclésiastique (1) ; et, bien que devant Thomas
il ait réservé en apparence la question de la suprématie, il la
résout en quelque sorte par la délégation de pouvoirs toute spéciale
qu'il fait à Lanfranc. L'archevêque de Cantorbéry, investi d'une
autorité quasi-pontificale, ne répond de ses actes que devant le
pape, et en toute circonstance paraît agir en son nom (2). Le bon
sens et la modération d'Alexandre évitèrent d'éveiller par des
prétentions hors de propos les susceptibilités de Guillaume ; la réclamation du denier de saint Pierre, justifiée par les précédents de
l'Église anglaise, fut bien accueillie ; et, comme Alexandre ne
sortit jamais de son rôle purement spirituel, Lanfranc put être en
même temps et sans effort l'homme du pape et celui du roi. Les
deux personnages se concilient naturellement, mais cet équilibre
doit être rompu sous le nouveau pontificat.

Toutefois, à la mort d'Alexandre II, l'avénement d'Hildebrand
au trône pontifical parut tout d'abord ne devoir rien changer aux
relations de l'Angleterre et du Saint-Siége. L'homme et sa politique étaient connus : Hildebrand avait contribué à la conquête ;
il connaissait Lanfranc et tenait Guillaume en haute estime. Lanfranc et Hildebrand s'étaient déjà trouvés en présence dans les
conciles où fut traitée l'affaire de Bérenger. Il est hors de doute
que, dans ses différents voyages à Rome, Lanfranc fut en rapports
réguliers avec le tout-puissant archidiacre, et qu'il fut toujours
traité par lui avec une flatteuse distinction. Dans la première année
de son pontificat, Lanfranc envoya à Rome des messagers chargés
de demander au pape l'envoi du pallium. Une tradition consacrée

---

1. Ad hæc igitur perficienda et aliarum virtutum incrementa perficienda.
Lettre d'Alexandre II, 83.

2. In causis autem pertractandis et definiendis ita sibi nostræ et apostolicæ auctoritatis vicem dedimus, ut quidquid in eis, justitiâ dictante, de-
terminaverit, quasi in nostrâ præsentiâ definitum, deinceps firmum et indis-
solutum teneatur. (*Ibid*)

par les siècles voulait que le pallium fût toujours remis directement au prélat qui en était honoré. En s'épargnant les fatigues d'un voyage à Rome (1), Lanfranc réussissait encore à rehausser par l'exception d'une faveur sans précédent sa dignité d'archevêque. Hildebrand fut chargé de lui répondre, et sans doute c'est à son instigation qu'Alexandre refusa. Le pape, qui saluait en Lanfranc son maître, eût peut-être cédé à ses instances; mais Hildebrand lui déclara qu'une visite au Saint-Siége était indispensable pour mériter l'honneur du pallium, et qu'il trouverait ainsi l'occasion de se concerter avec le pape sur la politique à suivre et les dispositions canoniques à prendre. La rigueur du refus était adoucie par l'expression flatteuse de l'estime accordée à sa personne (2) ; mais la papauté, fortifiée par Hildebrand, maintenait avec fermeté sa prérogative. L'affaire de la suprématie venait d'être terminée ; Lanfranc avait écrit au pape Alexandre une lettre qui exposait les résultats de l'assemblée de Winchester (3). En même temps, il informait Hildebrand de cette communication directe faite au pape, il le priait de lire sa lettre et de juger sa cause « avec sa haute compétence (4). » Il s'agissait en effet d'obtenir de la papauté la reconnaissance de la situation nouvelle de l'Église de Cantorbéry et la confirmation de son privilége. La précaution de Lanfranc de s'adresser à l'archidiacre en même temps qu'au pape témoigne assez de l'importance du premier : il reconnaît déjà en lui l'homme en qui se résument la gloire et la puissance de l'Église (5). Le ton de sa lettre est d'une affectueuse déférence (6). Hildebrand à son

1. Honorem hunc absque vestrâ fatigatione impenderemus. *Epist Hildeb. ad Lanf.*

2. Rite non potuimus satisfacere, valdè doluimus ; neque id ægrè ferat prudentia vestra, quoniam si alicui archiepiscoporum vestris temporibus absenti hoc concessum fuisse vidissemus, profectò religioni vestræ promptissimâ charitate honorem hunc absque vestrâ fatigatione impenderemus. (*Epist. Hildeb. ad Lanf.*)

3. V. *Lettre de Lanfranc à Hildeb.*

4. Cujus negotii gestionem breviter ex ordine scriptam D. N. Papæ transmisi, quam volo et rogo a vobis competenti diligentiâ legi. (*Epist. Lanf.*)

5. (Deus)... Vitam vestram ad honorem et firmamentum sanctæ Ecclesiæ prolixam in hoc sæculo faciat. (*Ibid.*)

6. Explicare litteris mens mea non potest quantâ dilectione vestræ sinceritati connectitur, quantâque dulcedine gratiarum vestrarum, quas mihi

tour traite Lanfranc avec distinction ; cette réciprocité d'égards est significative. En effet, après la décision relative à la suprématie, Lanfranc représentait l'Église d'Angleterre tout entière ; il en résumait l'esprit, comme il pouvait en personnifier les menaces d'indépendance.

L'histoire n'a pas conservé d'autres preuves des rapports de ces deux personnages avant l'avénement d'Hildebrand.

Devenu pape, l'ancien avocat de Guillaume dans le collége des cardinaux, n'oublia pas ce pays, qu'il regardait comme une conquête nouvelle de la chrétienté. Mais le sentiment que trahit dans le début chacun de ses actes, c'est la volonté de faire prédominer, là comme ailleurs, l'autorité pontificale : l'année même de son avénement, sa lettre à Lanfranc à propos de l'abbé Baudouin en est la preuve. L'évêque Herfast, créature de Guillaume, était entré en lutte avec l'abbé de Saint-Edmond, Baudouin ; et, par une série d'empiétements familiers aux évêques envers les abbés, il avait attaqué les priviléges de l'abbaye, au mépris de la charte constitutive de ces droits. L'abbaye de Saint-Edmond comptait dans son histoire plus d'un souvenir glorieux : le roi Suénon avait, disait-on, payé de la vie son dédain pour le roi martyr et les vexations qu'il avait fait subir à sa ville (1). Son fils Kanut, rendu plus prudent par cette mort miraculeuse, établit sur les terres du saint un institut de moines, nomma un abbé, *Unius*, fit don à l'abbaye de riches domaines et confirma par une charte ses priviléges. Pour ne citer que le plus remarquable, l'abbaye devait recevoir en dépôt, après le couronnement, la couronne royale ; ce précieux gage ne pouvait être réclamé par le roi qu'à la condition d'en payer le prix (2). La plupart de ces priviléges et libertés étaient encore revendiqués et exercés par l'abbaye au temps de Henri de Knyghton(3). Il était naturel qu'Herfast s'attaquât à cette puissance ; ces luttes de l'évêque et de l'abbé résultaient comme une conséquence inévitable de la nature de pouvoirs, égaux en

tam præsenti quàm absenti benignitas vestra semper exhibuit, indesinenter reminiscitur. (*Epist. Lanfranci.*)

1. Bromton, p. 892, anno 1014.
2. (*Ibid.*)
3. Terris et possessionibus et libertatibus quibus adhuc gaudent. H. de Knyghton, p. 2324.

fait, hiérarchisés en droit, représentant des principes divers. La paix n'était le plus souvent que l'effet de l'abdication de l'un des rivaux : un exact équilibre était presque impossible à tenir. Herfast trouva en Baudouin un adversaire résolu et habile. Comme Herfast, parvenu de la conquête (1), Baudouin pouvait compter sur le roi, au même titre que son rival ; seul il pouvait compter sur le pape. Nommé à peu près à la même époque qu'Herfast, il avait eu la prudence de faire, vers la fin de 1069 (2), le voyage de Rome. Alexandre II lui remit l'anneau et le bâton pastoral, et l'abbé revint à Saint-Edmond avec une nouvelle consécration de ses priviléges (3). Grégoire VII trouvait donc dans le fait de cette reconnaissance un prétexte pour intervenir. Sa lettre à Lanfranc est un mélange de hauteur impérieuse et de ménagements inusités sous sa plume : après lui avoir demandé dès le début « de quel front, dans quelle pensée il a souffert qu'Herfast se jouât ainsi de la sainte Eglise romaine ? (4) » il rappelle à Lanfranc « qu'il ne doute pas plus de Lanfranc que de lui-même (5) ; » il lui délègue une part de son autorité, et lui donne mission de réduire en son nom la fougue insolente d'Herfast. C'est la cause même du Saint-Siège qui est en jeu, et les tentatives d'Herfast sont une menace pour la cour de Rome elle-même : il s'agit du respect dû au Saint-Siège, et Rome ne marchandera jamais son appui à ceux qui viennent à elle et lui demandent conseil et secours (6). Lanfranc doit d'ailleurs réclamer l'appui de Guillaume « roi cher entre tous et fils unique de la sainte Église romaine. » Si Herfast persiste dans sa folie, l'affaire ne peut se terminer qu'à Rome : l'évêque et l'abbé devront comparaître devant le pape et se soumettre à sa sentence.

La lettre du pape Grégoire est de la fin du mois de novembre 1073. On voudrait savoir si la lettre de Lanfranc à Herfast relative à l'excommunication portée par l'évêque contre quelques clercs de l'abbé Baudouin est antérieure ou postérieure. Elle ne porte pas

---

1. Eximiæ vir religionis... abbas Balduinus, genere Gallus. Simeo Dunel., p. 223.
2. Ou les premiers mois de 1070. Bromton, p. 967.
3. *Epistola Gregor. VII ad Lanf.* Migne. Patrologie. CXLVIII.
4. (*Ibid.*)
5. De vobis non aliter quàm de nobis dubitamus. (*Ibid.*)
6. *Epistola Gregor. ad Lanf. passim.*

de date, et les indications qu'elle renferme ne permettent pas d'en déterminer une avec certitude. Lanfranc fait allusion à l'absence de Guillaume, alors en Normandie ; il rappelle qu'avant son départ le roi avait promis de régler lui-même l'affaire en litige (1), mais on ne saurait dire combien de temps s'était écoulé depuis le départ de Guillaume. O. Vital nous apprend que le roi quitta l'Angleterre de 1071 à 1072 (2) ; en 1703, il fit une expédition dans le Maine (3) ; en 1074, il assistait au concile de Rouen ; il revint en Angleterre sans doute vers la fin de 1074, rappelé par le soulèvement de Raoul de Gaël. L'indication fournie par la lettre de Lanfranc laisse donc la date incertaine entre les limites extrêmes de 1072 et de 1074. Il est probable pourtant que la lettre de l'archevêque est antérieure à celle du pape : on s'expliquerait mal, dans l'hypothèse contraire, l'absence de toute allusion à la lettre pontificale et ce parti pris de silence sur les instructions reçues de Rome. Si la lettre de Grégoire VII est postérieure, l'intervalle qui sépare les deux lettres est fort court, et il ne faudrait pas voir dans l'envoi de la première une preuve de l'inefficacité des admonestations de l'archevêque. Baudouin avait pu porter plainte en même temps au roi et au pape, et il est tout naturel qu'au moment où un nouveau pouvoir s'établissait, la réponse pontificale, arrivant en retard, trouvât une situation en partie déjà réglée ; cela n'implique en rien l'impuissance de répression de Guillaume et de Lanfranc.

On ne peut séparer ces deux noms dans l'étude des rapports de la papauté et de l'Angleterre ; à vrai dire, les rapports personnels de Lanfranc et de Grégoire VII sont dominés par la conduite du roi lui-même ; le langage du prélat est l'écho du langage de Guillaume, et sa conduite s'inspire scrupuleusement de la sienne. L'originalité du personnage perd beaucoup à ce jugement, mais son sens politique y gagne. Guillaume, qui devait tant à Rome, regretta le pape Alexandre ; mais il se félicita de l'avénement d'Hildebrand, son allié, et il adressa au nouveau pape une lettre qui ne nous est

---

1. Præcepit (rex) ut querimonia... sopita maneret, quoadùsque ipsemet ipsam causam audiret... sed quia, priusquàm id fieret, mare transivit... (*Epist. Lanf.*, 19.)

2. O. Vital, IV, 8.

3. O. Vital, IV, 12.

pas parvenue (1). La réponse de Grégoire, datée de 1074, montre tout le prix qu'il attachait à l'alliance du conquérant, surtout au milieu des dangers qui avaient assailli le nouveau règne (2) ; il se plaisait à compter sur l'appui de ce roi, qu'il déclarait aimer entre tous (3). Il intéresse son honneur à la réforme de l'Église, à la défense des libertés et priviléges ecclésiastiques. Rien ne fait présager à cette date que ces rapports seront un jour altérés. La lettre à la reine Mathilde qui accompagne la réponse de Grégoire VII à Guillaume n'ajoute rien à la connaissance des deux personnages. A peu près à la même époque (4), peut-être quelques mois avant d'écrire à Guillaume lui-même, Grégoire s'était adressé directement à Lanfranc ; il lui avait envoyé un messager confident de ses pensées intimes, chargé de développer au primat ses projets de réforme (5). On trouve dans cette courte lettre l'expression de cette même gravité recueillie au début du règne, en présence de l'immensité de la tâche et des résistances qui menacent d'en compromettre le succès. Il a reçu le pouvoir comme un fardeau ; plus le poids en est accablant, plus il a besoin d'être soutenu par l'affection et le courage des forts. Il faut ou se résigner à la sévérité des jugements divins, ou se dresser contre la foule des méchants et provoquer contre soi leur fureur. Ces ennemis, il les retrouve partout : sur le trône, où princes et puissants de ce monde ont oublié la loi de Dieu ; dans le clergé, où les évêques et ceux qui ont charge d'âmes se laissent aller aux faiblesses de la chair et perdent tout par leur exemple : « Vous, notre frère, dit-il à Lanfranc, vous n'avez pas besoin d'être encouragé ; cependant, nous n'écoutons que les inspirations de notre sollicitude, et nous vous invitons à couper jusqu'à la racine les vices les plus odieux (6). » Dans

1. Per litteras tuas obnixè et humiliter precaris. (*Lettres de Grég.*, I, 70.)

2. Statum verò nostrum, quem te scire suppliciter oras, sic accipe : Navem inviti ascendimus, quæ per undosum pelagus violentiâ ventorum et impetu turbinum... in incerto dejicitur. (*Ibid.*)

3. Inter reges te solum habemus quem præ aliis diligere suprascripta credimus. (*Ibid.*)

4. On place généralement cette lettre vers 1073.

5 ...Præsentiam tibi portitor indicabit, cui, respectu tuæ dilectionis, etiam nonnulla nostris adhuc familiaribus occulta aperuimus. *Epistola. Gregor. ad Lanf.*

6. *Epistola Greg. ad Lanf.* (*Ibid.*)

cette même lettre, il lui signale les scandales de l'Écosse et lui remet le soin de punir. Comme on le voit, Grégoire estime en Lanfranc un des agents les plus sûrs de sa réforme ; mais, si l'on peut employer le mot alliance entre deux pouvoirs inégaux, c'est seulement d'une alliance canonique qu'il s'agit; les questions politiques, imprudemment débattues plus tard par le pape, sont encore réservées.

Il n'est peut-être pas impossible de fixer avec une exactitude relative la date critique dans les relations de Grégoire VII et de Guillaume. L'examen des rares lettres qui nous restent fournit quelques indices et nous permet de restreindre le champ de l'hypothèse.

La lettre de Grégoire VII à Guillaume, au sujet de la nécessité de donner un coadjuteur ou un remplaçant à l'archevêque de Rouen (1), est de l'année 1078, et du 7 avril. Le ton de la lettre permet d'affirmer que rien n'a été changé encore au caractère de leurs rapports (2). Grégoire VII annonce à Guillaume l'arrivée du sous-diacre de l'Église romaine, Hubert, qui avait donné au pape et au roi des preuves de son dévouement (3). Hubert était chargé de s'assurer de l'état de l'archevêque de Rouen et de statuer sur la nécessité de son remplacement.

La lettre de Grégoire VII à Guillaume qui commence par ces mots : « *Notum esse tibi credo, excellentissime fili,* » est de la fin de février 1080 (4). Dès les premières lignes on ne peut s'empêcher de reconnaître un changement significatif. Le ton n'est plus celui d'une affectueuse protection : on sent l'effort tenté pour excuser une maladresse. La demande de soumission au Saint-Siége est évidemment antérieure. C'est donc entre 1078 et 1080 qu'il faut placer cet acte d'une importance capitale.

Nous savons d'autre part (une lettre de Guillaume nous l'apprend) (5), que le légat chargé de cette délicate mission n'était autre que le sous-diacre Hubert, et la lettre de Grégoire à Lan-

---

1. *Ep. Greg.*, V, 19.
2. Quia verò inter reges, tum more honestatis quâ nites, tum liberali prudentiâ quâ muniris, te speciali dilectione amplectimur... (*Ibid.*)
3. Quem experimento nobis et tibi fidelem didicimus. (*Ibid.*)
4. *Epist.*, VII, 23.
5. *Epist. Guillel. ad Gregor.* Selden's Spicileg., p. 164.

franc, du 24 mars 1079, est évidemment postérieure à la démarche d'Hubert : c'est donc aux derniers mois de l'année 1078 qu'il faut rapporter les premières ouvertures.

Les prétentions de Grégoire VII étaient de deux ordres : il réclamait plus d'exactitude dans le paiement du denier de saint Pierre : il exigeait un acte de solennelle soumission à la papauté. Guillaume sépara les deux objets, et concilia habilement dans sa réponse le respect des droits du passé,et son indépendance comme souverain temporel.

Alexandre II avait réclamé, lui aussi, le paiement du denier (1); Guillaume avait mis de l'empressement à l'acquitter. A la mort du pape Alexandre, le paiement du denier avait été suspendu : on ignore pour quel motif.

C'est vers la première moitié du VIIIe siècle qu'un roi de Wessex, Inas, donna le premier l'exemple d'offrir au Saint-Siége un don gratuit. Plus d'un siècle plus tard, après que le fils d'Egbert, Ethelwolf eut offert le tribut au pape Léon IV, l'usage de cette pieuse redevance s'étendit à la Grande-Bretagne tout entière, et, sous le nom de denier de saint Pierre, prit un caractère d'obligation qui l'imposa au respect des rois de toute race. Dans les lois ecclésiastiques d'Édouard le Vieux et de Guthurn, roi des Danois en Est-Anglie, on trouve, au titre VI, une mention précise de cette redevance (2). On la voit encore dans les lois ecclésiastiques d'Edgard, en 967 (3); et dans celles de Kanut, qui, sous le nom de *Romseoh* (4), confirme l'usage établi par ses prédécesseurs. Il n'est presque pas de promulgation de nouvelles lois ecclésiastiques où le denier de saint Pierre n'ait sa place marquée; dans la confirmation des lois d'Édouard le Confesseur par Guillaume, on remarque une mention spéciale de cette redevance (5). Le Conquérant n'avait jamais songé à contester la légitimité d'un tribut, justifié par son antiquité seule ; si le paiement fut irrégulier pendant quelque temps, sans doute les embarras du

1. *Epist. Alexand.*, 139.
2. Dacus si debitum Romæ nummum retinuerit..... (Labbe, IX, 513.) Ces lois sont des premières années du Xe siècle : 905 ou 906.
3. Labbe, IX, p. 682.
4. *Id.*, p. 927.
5. Selden's Spicileg., p. 179.

gouvernement, les révoltes multipliées et les longues ab-
sences de Guillaume pendant la période qui suivit la mort
d'Alexandre (1), en furent les seules causes. Mais s'il ne refusait pas
le tribut, Guillaume n'en admettait pas le principe avec toutes les
conséquences que la politique romaine pouvait en tirer. Pour lui,
le denier était un don volontaire (*eleemosyna*), et non une reconnaissance de soumission. Dans la pensée de Grégoire, le tribut
impliquait l'idée de dépendance réelle. C'est dans cet esprit que
le légat Hubert fut chargé de présenter les réclamations pontificales. Au moment où, malgré les embarras de sa lutte avec l'Allemagne, l'ambition de Grégoire VII semblait croître avec ses
périls, il réclamait de Guillaume l'obéissance due par les princes
de la terre au vicaire de Jésus-Christ, leur souverain spirituel et
temporel à la fois. Guillaume dégagea les deux questions (2),
et tint au pape un langage dont la fermeté respectueuse suffit à
contenir jusqu'à la fin de son règne les excès des prétentions pontificales. Il s'excusa du retard apporté au paiement du denier, justifia
ce retard par son absence, promit de remettre l'arriéré au légat
Hubert, et de faire envoyer le reste, quand le moment serait venu,
par des messagers de Lanfranc. Quant aux prétentions du pape à
la tutelle de l'Angleterre, il les écarta d'un mot : « Je n'ai jamais
voulu faire acte de soumission, et je ne le veux pas ; je ne l'ai
jamais promis et je sais que mes prédécesseurs n'ont jamais fait
leur soumission aux tiens (3). » La fin de la lettre est également
ferme et digne : « Priez pour nous et pour notre royaume ; car
nous avons aimé vos prédécesseurs ; et notre désir est de vous
aimer sincèrement, plus que tous les autres, et de vous écouter
avec obéissance. »

Avant de recevoir la lettre même de Guillaume, Grégoire avait
été informé par son légat de l'invincible résistance que lui opposait le Conquérant. Il ne put dissimuler son dépit ; on ne saurait
guère trouver d'autre raison à l'irritation mal déguisée dont sa
lettre à Lanfranc, en date du mois de mars 1079, porté témoi-

---

1. Tribus ferè annis, in Galliis me agente, negligenter collecta est.
Lettre de Guil. à Grég. VII.
2. Unum admisi, alterum non admisi. (*Ibid.*)
3. Fidelitatem facere nolui, nec volo, quia nec ego promisi, nec anteces-
sores meos antecessoribus tuis id fecisse comperio. (*Ibid.*)

gnage. Bien que nous sachions par la réponse du primat que la
lettre du pape lui fut remise par le légat Hubert, il est évident
qu'elle ne fut pas apportée par le légat à son arrivée ; elle est
postérieure à la réponse faite oralement par Guillaume à Hubert.
Elle fut envoyée par le pape à Hubert pendant son séjour en
Angleterre, et remise par Hubert à Lanfranc. Les termes mêmes
dont se sert Lanfranc à ce sujet nous confirment dans cette opinion (1). D'ailleurs la lettre du pape est datée de Rome du mois de
mars 1079 ; le légat avait dû quitter Rome vers la fin d'avril de
l'année précédente, puisque la lettre pontificale relative à l'archevêché de Rouen est du 7 avril 1078 ; la réponse de Lanfranc
nous prouve qu'il y était encore vers les mois de mai-juillet 1079 (2).

On peut donc voir dans la lettre du pape à Lanfranc comme le
contre-coup de la réponse faite oralement par Guillaume. Au moment où le roi se dérobait, il était prudent de rappeler au chef de
son clergé la double dépendance de l'Épiscopat, plus soumis
encore au Saint-Siége qu'au souverain temporel. Depuis la mort
d'Alexandre, les voyages de Lanfranc à Rome, si fréquents autrefois, avaient complétement cessé ; Grégoire VII l'avait remarqué,
non sans un secret dépit ; sa lettre du mois de mars 1079, n'a d'autre
objet que de rappeler l'archevêque à ses devoirs. Mais dès les
premières lignes, l'irritation de Grégoire, qui ne recule pas devant
la menace (3), se détourne sur son véritable objet : le nom de
Lanfranc en cache un autre ; le primat n'a peut-être même qu'un
seul tort : il craint le roi (4) ; sa négligence, que le pape accuse aussi,

1. Per Hubertum, sacri vestri Palatii subdiaconum *porrectas. Epist.
Lanf.*, 8.
2. Il avait eu en effet le temps de recevoir et de remettre à Lanfranc la
lettre du pape du 24 mars 1079.
3. Nisi apostolica mansuetudo, nec non et amoris pignus antiquum nos
hucùsque detinuisset, profectò nos hoc graviter ferre jamdudum tibi cons-
titisset. Grég. *Lettres*, VI, 30.
4. Sicut certissimè compertum habemus, adventum tuum vel metus regis,
ejus scilicet quem inter cæteros illius dignitatis specialius semper dilexi-
mus, vel maximè tua culpa nobis negavit. (*Ibid.*)
Malgré les mots « *maximè tua culpa* », il est évident, quand on lit le
texte complet de la lettre, que la grande préoccupation de Grégoire est
trahie par les mots : « *Metus regis* », dont les deux tiers de la lettre sont le
développement : « Non debuit aliquis aut mundanæ potestatis terror aut
cujusquàm personæ superstitiosus amor a conspectu nostro retrahere.
(*Ibid.*)

n'est blâmée qu'en second lieu. Les expressions dirigées contre Guillaume sont pleines d'amertume : c'est à ses yeux un révolté (1). Il appartient à Lanfranc de le ramener à l'obéissance légitime. La question ainsi posée, le voyage de Lanfranc à Rome ou son abstention, prenait tout à coup un caractère de gravité inattendu ; l'autorité du roi sur son clergé avait été maladroitement intéressée au débat par un homme qui ne comptait pour rien le droit des rois, et l'échec du pape compromettait du même coup sa propre influence sur les affaires temporelles de l'Angleterre. Guillaume n'avait encore fait connaître son sentiment que par l'entremise du légat ; sa lettre, décisive dans ce débat, est postérieure à la lettre de Grégoire à Lanfranc et à la réponse de l'archevêque. Lanfranc déguise un refus sous les formes de l'obéissance sans réserve ; on dirait même qu'il se venge par l'ironie. Qu'est-ce donc que l'absence du corps ? la distance des lieux ? « Mon esprit, en tout et pour tout, est soumis à vos préceptes (2), suivant les prescriptions canoniques. Si, avec la grâce de Dieu, il m'était donné de vous entretenir, présent devant vous, on verrait que mon amour pour vous n'a fait que grandir ; on verrait aussi, aux faits mieux qu'aux paroles, que c'est vous (laissez-moi vous le dire) dont l'affection pour nous a connu plus d'une défaillance. » Un aveu de Lanfranc est précieux à recueillir : il déclare avoir uni ses efforts à ceux du légat pour faire agréer au roi la proposition du pape (3) : « *Suasi, sed non persuasi.* » On voudrait savoir dans quelle mesure il appuya ces prétentions dont il dut comprendre tout d'abord le néant. Laissant d'ailleurs au roi le soin d'expliquer sa volonté, il annonce la lettre à Guillaume dont nous avons le texte (4).

Ce fut la fin des relations directes de Lanfranc et de Grégoire. Le pape comprit qu'avec un clergé fortement discipliné comme l'était le clergé anglo-normand, c'était à la royauté elle-même et non à l'épiscopat qu'il fallait s'adresser. Les relations avec Guil-

---

1. Illum verò si contrà apostolicam sedem novus arrogantiæ tumor nunc erigit, sive contrà nos ulla libido seu procacitas jactat. (*Ibid.*)

2. *Epist. Lanf.*, 8.

3. Verba legationis vestræ cum præfato legato vestro, prout melius potui, Domino meo regi suggessi. (*Ibid.*)

4. Ipsemet vobis tàm verbis quàm litteris innotescit. (*Ibid.*)

laume continuèrent ; elles prirent dès lors un caractère nouveau, de défiance de la part du roi, d'humilité de la part du pape. C'est sans doute au début de cette seconde période qu'il convient de rapporter la mesure étonnante de nouveauté, que prit Guillaume contre la cour romaine. Eadmer nous apprend qu'il n'autorisait son clergé à recevoir des lettres du Saint-Siége qu'après en avoir pris lui-même connaissance (1). La première partie du texte d'Eadmer, relative à la reconnaissance du vrai pape (2), fait sans doute allusion à des dispositions postérieures.

Pendant la lutte du pape et de l'empereur, quelques semaines avant que le synode de Brixen (3) ne donnât à Grégoire VII un rival en la personne de Clément III, Grégoire s'adressa de nouveau à l'Angleterre, que le schisme ne semblait pas devoir atteindre. Deux lettres se succèdent à deux semaines d'intervalle (avril et mai) ; rien ne subsiste, dans la forme, de l'irritation des années précédentes : le pape cherche encore à ramener le roi à l'obéissance due au Saint-Siége ; mais il essaye de l'attirer par l'affection, la reconnaissance et l'espoir d'une protection signalée d'en haut. On ne sait rien de l'accueil fait à ces propositions par le roi Guillaume ; dans la lutte entre l'empereur et le pape, il fut neutre ; c'était chose grave pour la papauté ; quelques lignes de Lanfranc nous apprennent que le droit du pape n'était pas évident, même aux yeux des gens d'Église ; tout en blâmant son correspondant inconnu d'exalter sans motif Clément III et de rabaisser celui qu'il appelle Hildebrand (4), il écrit cette phrase : « Je crois pourtant que l'empereur n'a pas entrepris, sans de grandes raisons, une affaire de cette importance, et qu'il n'a pu remporter une telle victoire sans un secours signalé de Dieu (5). » Il s'agit sans doute des succès qui marquèrent pour Henri IV l'année 1081, quand il descendit en Italie avec l'antipape Clément, culbuta les troupes de Mathilde, et alla camper sous les murs de Rome. L'Angleterre

1. Non pati volebat quemquam ejus (Pontificis) litteras, si primitus sibi ostensæ non fuissent, ullo pacto recipere. Eadmer, p. 6.

2. ...In omni dominatione suâ constitutum urbis pontificem, pro apostolico, nisi se jubente, recipere. (*Ibid.*)

3. Juillet 1080.

4. *Epist. Lanf.*, 49.

5. *Ibid.*

n'en resta pas moins fidèle à Grégoire VII ; mais le pape intercéda vainement aussi en faveur de l'évêque Eudes, frère du roi, incarcéré par ordre du Conquérant (1). Lanfranc et Grégoire VII se trouvèrent sur ce point en désaccord absolu : l'archevêque avait conseillé la mesure que le pape désavouait.

Aussi faut-il réduire singulièrement la part faite à l'influence du pape sur Lanfranc ; il est aisé de la déterminer exactement. Lanfranc est l'homme du pape, pour tout ce qui regarde les choses de la religion dégagée de tout rapport avec la politique ; il se soumet à l'autorité apostolique, en reçoit le mot d'ordre pour les réformes, et rapporte à Rome, comme à son principe, tout ce qui intéresse la foi, les mœurs, les rites, la hiérarchie. A cela se limite son obéissance : pour le reste, il est l'homme du roi, et du roi seul. Est-ce netteté d'esprit et prudence à ne pas confondre ce double domaine du spirituel et du temporel ? ou, comme le lui reprochait Grégoire VII, « crainte superstitieuse » de cet homme à qui tout cédait ? Dans ce dernier reproche, il y a plus de dépit que de justice ; Lanfranc était l'auxiliaire du roi ; se laissa-t-il aveuglément dominer par lui ? Il l'éclaira et le dirigea souvent. Il est plus vrai de dire qu'ils marchèrent dans la même voie, se prêtant le mutuel appui de leur puissance et de leurs conseils.

Nous avons étudié plus haut, sous un de ses aspects, la politique de Guillaume vis-à-vis de son clergé. De nos jours, on se représente d'une façon nécessairement incomplète ce que devaient être alors les rapports du clergé et d'un chef d'État. De toutes les questions qui se posaient autrefois, il en reste une seule à laquelle les gouvernements ne peuvent se soustraire : la nécessité de fixer les limites des deux pouvoirs et leurs rapports. Quant à la discipline, aux mœurs, à la croyance, l'État les admet tels qu'ils sont réglés par le pouvoir compétent, sans la préoccupation de réagir sur eux et de les transformer. Dans les siècles de foi, au contraire, le chef de l'Etat, qui est en même temps un croyant, qui subit, comme pénitent, les arrêts de l'Église, ne peut rester indifférent à l'état moral du clergé. De là naissait un ensemble de rapports peu à peu disparus ; de là, pour les princes, des conditions de gouvernement que nous ne connaissons plus. Dans certains cas, le prince se présente

1. Grég. *Lettres,* XI, 2.

à nous comme une sorte d'évêque laïque, convoquant les conciles avec l'assentiment du pape, y prenant part et les inspirant. S'il y a, de nos jours encore, un ensemble de rapports entre l'Église et l'État, il n'y a plus, à vrai dire, de politique religieuse dans le sens moral du mot. Il faut donc faire deux parts dans le rôle de Guillaume ; nous avons vu la première, en montrant son zèle pour la réforme religieuse et son action dans les conciles : là, il marche à la suite de Lanfranc ; il nous reste à étudier les rapports administratifs : ici, il ne subit aucune influence et Lanfranc obéit.

La préoccupation constante de Guillaume fut de constituer un clergé soumis absolument à son autorité. Ce n'est pas seulement en Angleterre qu'il crut à la nécessité de cette soumission ; l'obéissance de la part des gens d'Église n'était pas, à ses yeux, un moyen de gouvernement nécessité par la conquête : il l'exigea en Normandie comme en Angleterre, et il y avait en cela sagesse autant que despotisme. Le langage d'Eadmer est, à ce sujet, d'une précision significative : « *Scientibus cunctis, unde, qui, ad quid assumpti fuerint* (1). » Cette volonté de ne pas laisser l'autorité flottante surprit le clergé saxon, qui, de mémoire d'homme, n'avait pas connu un pouvoir fort. Il est naturel qu'il ait vu les effets de la haine du vainqueur dans un système si nouveau pour lui. Le clergé saxon n'avait pas encore été éliminé quand Guillaume fit à l'Angleterre la première application de ses principes : c'est en effet en 1070 que fut prise la grande mesure d'inféodation des biens ecclésiastiques : « Les évêchés même et les abbayes, qui tenaient des baronnies, et qui jusque-là n'avaient subi aucune prestation séculière, furent grevés par Guillaume du service militaire. De sa seule volonté, il enrôla chaque évêché, chaque abbaye avec le nombre de soldats qui devaient être fournis en temps de guerre, à lui et à ses successeurs. Ces actes d'enrôlement, ces témoignages de la servitude ecclésiastique furent déposés au trésor royal (2). » Il n'entre pas dans notre sujet d'étudier dans ses causes et dans ses

1. Episcopos, abbates et alios principes per totam terram instituit, de quibus indignum judicaretur, si per omnia suis legibus, postpositâ omni aliâ consideratione, non obedirent, et si ullus eorum, pro quâvis terreni honoris potentiâ, caput contrà eum levare auderet : scientibus cunctis... Eadmer, p. 6.
2. M. Paris, I. *Gr. Chron.*, trad. Huillard-Bréholles.

effets cette grande transformation à laquelle Lanfranc resta complétement étranger, qui est antérieure à sa nomination comme archevêque, et à laquelle son approbation ou son désaveu n'eussent assurément rien changé. Nous rappelons le fait pour marquer le caractère de la dépendance régulière dans laquelle Guillaume voulut toujours tenir son clergé.

Il semble pourtant qu'un acte important de sa politique soit en désaccord formel avec les principes tant de fois manifestés. Vers la fin de son règne, en 1085, sans doute (1), Guillaume promulgua une charte qui prononçait la séparation des plaids ecclésiastiques et des tribunaux civils, et qui créait pour les causes religieuses une juridiction particulière. Jusqu'alors, dans la cour du Hundred, qui était la juridiction intermédiaire entre le Hall-mote et la Cour du comté, l'ealdorman président était assisté des principaux ecclésiastiques et francs tenanciers du Hundred. L'Hundred-mote jugeait les causes civiles et les délits. L'autorité de ses décisions, à laquelle la grossièreté du temps ajoutait encore, était souveraine en matière de transactions, de contrats, de marchés, d'échanges. Les actes écrits étant réservés pour les choses d'une importance capitale, les décisions en tenaient lieu. La cour du comté, qui s'assemblait deux fois l'an, formait une juridiction supérieure ; le comte et l'évêque la présidaient avec une autorité égale (2) ; le shériff et le plus noble des Thanes royaux les assistaient. Les causes religieuses et les causes civiles étaient portées sans distinction devant ce tribunal ; l'appel des causes religieuses relatives aux droits et immunités de l'Église venait même en premier lieu. La charte de Guillaume établit un ordre de choses tout nouveau.

Défense était faite pour l'avenir à tout évêque ou archidiacre de tenir leurs plaids, d'après les lois épiscopales, dans la cour du comté, et de porter au jugement des séculiers les choses qui touchaient au gouvernement des âmes. L'évêque devait avoir sa cour particulière, avec sa procédure et ses lois propres ; il désignait luimême le lieu de ses séances et jugeait d'après les canons et les lois épiscopales, non d'après les lois de l'Hundred. Tout un ensemble de prescriptions précises et sévères assurait l'exercice régu-

---

1. Spelman, II, 15.
2. V. Lingard. *Hist. d'Angl.*, ch. VII.

lier de la juridiction nouvelle. Tout homme appelé à comparaître, devant la justice épiscopale devait se rendre au lieu fixé par l'évêque : s'il ne tenait aucun compte de cette convocation, l'appel était renouvelé jusqu'à trois fois. Alors, il était excommunié ; au besoin même, le roi ou le vicomte prêtaient main-forte à l'évêque. Il était défendu au vicomte, aux officiers royaux de tout ordre et à tout laïque, de conduire un homme en jugement au mépris des droits de l'évêque.

La lecture de cette charte produit d'abord une impression de surprise ; on hésite à reconnaître dans le souverain qui semble favoriser l'émancipation du clergé l'homme qu'Eadmer nous représente si jaloux des droits de la couronne, surveillant les rapports de Rome et de ses évêques ; on dirait d'une contradiction formelle. Mais peut-être a-t-on jugé des intentions du conquérant par les effets inattendus de l'institution nouvelle plutôt que par les raisons inévitables qui le déterminèrent à l'établir. En séparant les tribunaux ecclésiastiques et les cours de Comté ou de Hundred, Guillaume rendait à l'Église le service de la laisser tout entière au gouvernement des choses de la religion et de la conscience ; sur son terrain propre elle devenait souveraine maîtresse, et le pouvoir séculier lui-même ne refusait pas l'appui de la force dont il disposait pour assurer l'exécution de ses arrêts. L'évêque ou l'archidiacre, juges des causes où la doctrine et la morale étaient engagées, où les priviléges de l'Église devaient être défendus, méritaient de trouver dans le pouvoir politique l'aide que tout gouvernement doit à tout ce qui représente une idée juste ou un intérêt légitime. Il était d'une politique à la fois ferme et vraiment respectueuse pour l'Église de contenir dans les limites du domaine spirituel l'action de ses représentants. A le bien prendre, cette charte est peut-être l'expression la plus complète des desseins de Guillaume sur son clergé. On a voulu y voir un acte de condescendance pieuse et un accroissement imprudent du pouvoir politique de l'Église. C'est une vue fausse des choses. Les gens d'Église siégeant dans l'Hundred-mote à côté de l'ealdorman, l'évêque partageant à pouvoir égal les fonctions présidentielles avec le comte dans le shire-mote, étaient sans aucun doute de plus importants personnages, que l'évêque ou l'archidiacre juges souverains dans leur cour particulière. Dans la juridiction antérieure à la réforme de Guillaume, il est hors de doute que les gens d'Église étaient juges souverains pour tous les débats ecclésiastiques ; leur influence s'étendait aussi au règlement des intérêts civils ; naturellement, et en vertu des attributions qu'un antique usage leur reconnaissait, ils étaient juges de l'Église et juges du monde, et ils gagnaient à la confusion de ces deux personnages une autorité que leur caractère sacré seul ne leur eût pas value. Guillaume fit descendre l'évêque du tribunal où il rendait des arrêts pour les choses temporelles : le peuple ne vit plus l'homme d'Église siéger à côté du comte et partager son autorité. Assurément ce dut être aux yeux des contemporains un amoindrissement, non une augmentation de pouvoir. L'erreur commune sur ce point est aisée à expliquer ; l'évêque tout-puissant dans sa cour ecclésiastique, ne tarda pas, sous des princes moins attentifs, à dépasser les limites que la ferme raison de Guillaume avait tracées. Comme on l'a fait remarquer (1), peu à peu des maximes et des principes nouveaux commencèrent à prévaloir dans ce tribunal ; les canonistes, au lieu de se renfermer dans les choses sacrées, étendirent leurs règles aux choses civiles et criminelles : les conventions, les contrats, les testaments, les héritages, en un mot tous les actes qui, en modifiant les rapports entre les hommes, intéressent souvent leur conscience, furent prévus et réglés par les lois canoniques, comme les poursuites et les peines contre le meurtre ; ainsi l'autorité dont Guillaume avait armé le pouvoir nouveau fut employée à renverser les barrières qu'il avait voulu élever. On peut se demander sans doute si dans un temps où la religion était si forte sur les âmes, le fait de constituer un tribunal où l'influence ecclésiastique ne fût pas balancée, n'était pas le plus sûr moyen d'ajouter à la puissance du clergé. Ce serait la condamnation de Guillaume, car le résultat eût trahi ses desseins. Quand il semble immoler à l'autorité épiscopale tout autre pouvoir (2), il convient d'avoir présent à l'esprit le texte

---

1. *Reeve's History of English Law.*, vol. I, ch. II.
2. Hoc etiam defendo et meâ auctoritate interdico, ne ullus vicecomes aut præpositus seu minister regis, nec aliquis laïcus homo, de legibus quæ ad episcopum pertinent se intromittat, nec aliquis laïcus homo alium hominem sine justitiâ episcopi ad judicium adducat. (Charta Willelmi. *Rymer*. *Fœdera*, I. p. 3.)

d'Eadmer, si expressif dans sa brièveté : « Le roi, dit-il, ne permit jamais à un de ses évêques de poursuivre publiquement, sans son ordre, un de ses barons ou de ses officiers sous le coup d'une accusation d'inceste, d'adultère ou de quelque autre accusation capitale ; il ne leur permit pas non plus de les excommunier, ni de les soumettre aux rigueurs d'une peine ecclésiastique (1). » Ainsi, même pour ces violations de la loi morale qui sont la matière même des jugements et des arrêts de l'Église, Guillaume suspendait son action, et, par un excès d'autorité, soumettait à ses convenances politiques un pouvoir qui, dans le domaine de la conscience, veut ne connaître aucune entrave.

Ces dispositions du Conquérant et ce caractère général de sa politique envers l'Église ne sont pas inutiles à rappeler pour apprécier le rôle de Lanfranc. L'archevêque de Cantorbéry, qui avait pris incontestablement sur l'esprit de Guillaume un certain empire, ne paraît pas avoir jamais compromis son crédit par une résistance à des volontés qu'il savait sans doute inflexibles. Peut-être sa raison était-elle satisfaite par l'ordonnance de cet ordre nouveau et de la soumission du clergé dans les choses purement temporelles ; on ne découvre aucune trace de conflit entre l'archevêque et Guillaume, et on ne peut nier que sur des questions de ce caractère et de cette importance il ait été consulté. Eadmer, parlant du crédit d'Anselme et de Lanfranc, nous apprend que dans les questions religieuses, il les consultait toujours, et de préférence à tout autre conseiller (2). C'étaient ses deux guides ; mais l'influence d'Anselme se fit sentir surtout en Normandie ; dans l'île, Lanfranc resta le principal, peut-être l'unique inspirateur. Cependant l'homme qui avait lutté avec tant d'énergie pour l'établissement de la primauté et qui l'imposa à tout le clergé anglais, subit, sans paraître gêné par elle, la surveillance étroite

1. Nulli nihilominûs episcoporum suorum concessum iri permittebat, ut aliquem de baronibus suis seu ministris sive incesto sive adulterio sive aliquo capitali crimine denotatum, publicè nisi ejus præcepto implacitaret, aut excommunicaret aut ullâ Ecclesiastici rigoris pœnâ constringeret. (Eadmer, p. 6.)

2. Anselmum et Lanfrancum... præ se magni semper habebat, et eos in omnibus quæ sibi, quantùm officii eorum referebat, agenda erant, dulciori præ cæteris studio audiebat. (Eadmer, p. 13.)

du roi, même en matière religieuse. Il ne pouvait prendre une
décision, dans une assemblée d'évêques, sans que Guillaume n'en
eût été averti à l'avance et n'eût consacré de son autorité royale
ses actes d'archevêque (1).

Cependant il s'était élevé à un degré de puissance qui eût donné
de l'autorité à sa parole et qui aurait pu faire naître de graves conflits
s'il eût désavoué le système du roi : primat d'Angleterre, il était
en réalité le premier ministre de Guillaume ; quand celui-ci passait
en Normandie, il confiait à Lanfranc comme une sorte de vice-
royauté (2). Le maintien de l'ordre public, la surveillance des
vaincus, les mesures de défense contre les envahisseurs : il devait
veiller à tout. Eudes, évêque de Bayeux, frère du roi, Geoffroy,
évêque de Coutances, le comte Guillaume de Garenne, qui
avaient, en cas de mouvements militaires, le commandement des
forces royales, étaient soumis en fait à l'autorité de Lanfranc ;
celui-ci, correspondant directement avec le roi, avait la responsabilité et les soucis du gouvernement. Lorsque, en 1074, le témé-
raire Roger de Hereford se révolta et entraîna un grand nombre de
barons normands, plusieurs évêques et abbés, Lanfranc était seul
en Angleterre. Le moment était critique : on a conservé la lettre
de l'archevêque au roi après les premiers succès des armées
royales ; sous le dédain, peut-être affecté, pour un adversaire hors
de combat, on retrouve comme les traces de l'émotion causée par
un péril imminent : « Nous aurions grand plaisir à vous voir,
comme un ange de Dieu ; mais nous ne voulons pas que vous
passiez la mer maintenant ; ce serait pour nous une trop grande
humiliation si vous étiez forcé de revenir près de nous pour en finir
avec de tels parjures et de tels brigands » (3). Lanfranc tint tête au
péril, et, lorsque la place de Norwick fut prise, il écrivit de nouveau pour annoncer la pacification générale : « Gloire à Dieu au

---

1. Primatem... si coacto generali Episcoporum concilio præsideret, non
sinebat quicquam statuere aut prohibere, nisi quæ suæ voluntati accom-
modata et a se primo essent ordinata. (Eadmer, p. 6.)

2. Quandò gloriosus rex Willelmus morabatur in Normanniâ, Lanfrancus erat princeps et custos Angliæ, subjectis sibi omnibus principibus, et
juvantibus in his quæ ad defensionem et dispositionem vel pacem pertine-
bant regni, secundum leges patriæ. (M. Crispin. *Vita*. 15.

3. *Lettre* 34.

plus haut des cieux : par sa miséricorde, votre royaume est purgé de cette ordure des Bretons... Le bruit des armes a cessé en Angleterre » (1). On a conservé trois lettres de Lanfranc à Roger de Hereford (2) ; les deux premières n'offrent qu'un médiocre intérêt : elles témoignent de la sollicitude de l'archevêque pour le fils de son ancien ami, Guillaume, fils d'Osbern, et des craintes que paraît lui inspirer son caractère aventureux. La troisième a été écrite après la révolte, mais avant la condamnation : Roger avait fait demander à Lanfranc de lever l'excommunication portée contre lui. Lanfranc nous apprend par sa réponse que l'excommunication avait été prononcée par l'ordre du roi, et qu'il ne pouvait la lever que si Roger fléchissait sa colère (3). Roger avait parlé de son projet de se rendre auprès de Lanfranc, celui-ci l'en détourne : « Je craindrais, dit-il, de m'exposer par là à la colère du roi » (4). C'était pourtant le moment de sa plus grande puissance : le roi était encore en Normandie (5).

On voit ce qu'étaient, sous un prince aussi absolu que Guillaume, la liberté d'action et l'influence de l'homme qui passait pour jouir du plus grand crédit. Dans le drame sanglant qui fut comme le dénoûment de cette crise insurrectionnelle, la mort de Waltheof, l'intercession de Lanfranc ne profita qu'à la mémoire de la victime. Waltheof, abandonné par ceux qui l'avaient entraîné dans leur révolte, par Raoul de Gaël, qui s'était enfui en Danemark, alla trouver Lanfranc, lui fit l'aveu de ses fautes, et se soumit à une pénitence imposée par le prélat (6). On ne sait quelle fut l'attitude de Lanfranc pendant le jugement ; elle fut certainement favorable à l'accusé, car après l'exécution il ne craignit pas de défendre sa mémoire ; et le parti saxon, qui voulut faire de Waltheof un mar-

---

1. *Lettre* 35.
2. *Lettres* 39, 40, 41.
3. Ab hoc vinculo anathematis absolvere te non possum, nisi misericordiam domini mei regis requiras. *Lettre,* 41.
4. Nisi regalem iram pro hâc re me incursurum metuerem. (*Ibid.*)
5. Legato et litteris pœnitudinem tuam et humilitatem et preces ei intimabo. (*Ibid.*)
6. *Chron. de Bromton,* p. 974. Walteff ad Lanfrancum accedens, reatum suum sibi confessus est et, pœnitentiâ acceptâ, regem in Normanniâ petiit.

tyr, trouva dans les témoignages du primat un secours inespéré (1). Il n'hésita pas à le proclamer innocent (2), et il déclara qu'il avait racheté toutes ses fautes par la pénitence, en vrai chrétien ; s'estimant heureux lui-même s'il jouissait après sa mort du repos que goûtait Waltheof (3).

Quelques années après, dans un conflit qui menaçait de mettre aux prises le pouvoir royal et le pouvoir d'un évêque, l'habileté de Lanfranc permit au roi de conserver jusqu'aux apparences du droit. En 1082 (4), le bruit se répandit, sur la foi de quelque sortilége, que le successeur d'Hildebrand au trône pontifical serait un homme du nom d'Eudes. L'évêque de Bayeux, auquel la puissance et les richesses qu'il avait acquises en Angleterre ne suffisaient plus, se fit l'application de cette prophétie : dès lors il mit tout en œuvre pour gagner les voix des cardinaux et la faveur du peuple romain ; ce fut du moins l'opinion de ses contemporains. Peut-être n'avait-il d'autres projets que d'étaler son faste au concile convoqué pour l'année suivante. On peut également expliquer par ce simple dessein, auquel son caractère ne répugnait pas (5), tous ses préparatifs et ses démarches. Il envoya bon nombre de ses gens à Rome, y fit acheter un palais, gagna par ses présents l'amitié des chefs de la noblesse romaine (6). Sans quitter l'Angleterre, il avait comme acheté la papauté : « Il bourrait d'argent et de lettres les poches » de tous ceux qui partaient pour Rome (7).

On comprendrait mal les raisons qui avaient décidé Guillaume à s'opposer à ces projets, s'il se fût agi seulement d'une candidature à la papauté ; peut-être ne se fût-il pas inquiété d'une tentative à laquelle ni son royaume ni son autorité ne pouvaient rien perdre.

---

1. Cujus memoriam voluerunt in terrà delere; sed creditur vere illum cum sanctis in cœlo gaudere, prædicto Lanfranco, piæ memoriæ archipræsule (a quo confessione factà pœnitentiam acceperat) fideliter attestante. Florent. Wigorn, p. 639.

2. Impositi criminis, supradictæ scilicet conjurationis, illum immunem affirmabat esse. (*Ibid.*)

3. Seque felicem fore si post exitum vitæ, illius potiretur requie. (*Ibid.*)

4. D'ap. O. Vital, VII, 8.

5. Guillaume disait de lui à son lit de mort : « Levis est et ambitiosus... nunquàm mutabitur a lenociniis et noxiis vanitatibus. (O. Vital, VII, 16.)

6. O. Vital, VII, 8.

7. Penè papatum Romanum absens a civibus mercatus fuerat; peras peregrinorum epistolis et nummis infarciens. (Malmesb., liv. 3.)

Mais l'appel que fit Eudes à tous les esprits aventureux de l'Angleterre, les forces considérables dont il disposa bientôt (1) éveillèrent les craintes du roi. Il était en Normandie quand il fut instruit de ses projets (2) ; il s'en émut aussitôt, et, comme Eudes allait quitter l'Angleterre et se préparait à passer en Normandie en grand appareil, Guillaume l'arrêta à l'île de Wight. Le principal grief du roi, s'il faut en croire les paroles mêmes qu'O. Vital lui prête en cette occasion, c'est la levée de troupes faite en Angleterre par l'évêque de Bayeux (3). A un moment où le royaume avait encore à craindre les Danois et les Irlandais, où il fallait réduire les Manceaux et les Angevins, où Guillaume avait à compter avec son propre fils Robert, révolté contre lui (4), le seul fait de proposer à des hommes amis des hasards et des expéditions lointaines l'occasion de quitter le pays qui avait besoin de leurs épées, pouvait passer à ses yeux comme un commencement de rébellion. Cette sorte d'embauchage des soldats du roi fut le vrai crime d'Eudes, et, s'il est permis de distinguer dans le discours refait par O. Vital ce qui fut la vraie pensée du roi et ce que l'imagination de l'historien y a ajouté, les reproches d'impiété et de rapines sacriléges adressés à l'évêque de Bayeux, développés à plaisir par le moine, doivent être mis en seconde ligne.

Le roi avait convoqué sa cour : c'était, par l'importance du personnage, un procès sans précédent. Frère du roi, évêque de Bayeux, comte de Kent, Eudes avait été pendant les premières années de la conquête le premier personnage après le roi ; il avait partagé avec le fils d'Osbern seul, jusqu'à l'arrivée de Lanfranc, cette autorité presque sans limite (5). Tous les barons normands tremblaient devant lui (6), et quand Guillaume donna l'ordre de l'arrêter, per-

1. Hugonem, Cestrensium comitem, magnamque cohortem præcipuorum militum ascivit, ut secum in Italiam proficiscerentur obsecravit. (O. Vital, VII, 8.)

2. Apparatum hujusmodi prudens rex Guillelmus edidicit, sed non approbavit, regnoque suo, multisque aliis valde nociturum æstimavit. (*Ibid.*)

3. Militesque meos qui contrà Danos et Hibernenses et alios hostes mihi minus infestos Angliam tutari debuerant, seduxit... (O. Vital, VII, 8) ...Frivolâ spe milites mihi surripuit... (*Ibid.*)

4. Quia Normanni leves et extera videre cupidi sunt. (O. Vital, VII, 8.)

5. O. Vital, VII, 8.

6. (*Ibid.*)

sonne n'osa lever la main sur un homme que protégeaient à la fois le prestige de sa longue puissance et son caractère sacré. Le roi fut obligé de donner l'exemple; il saisit lui-même l'évêque et le fit enfermer dans la citadelle de Rouen, où il resta jusqu'à la fin du règne. Malgré ses raisons de craindre, Guillaume avait hésité à sévir; au moment de faire arrêter son frère, des scrupules l'assaillirent : il craignait de faire arrêter un homme d'Église, un évêque. Ce fut Lanfranc lui-même qui rassura sa conscience et l'engagea à se montrer sans pitié. Lanfranc avait eu à se plaindre du comte de Kent, et le souvenir des revendications des biens de son Église ne fut pas sans influence sur le caractère de ses avis. C'est lui qui donna à Guillaume le conseil de se montrer rigoureux : « Que ne le mettez-vous en prison ? » Et comme le roi objectait que c'était un homme d'Église : « Ce n'est pas l'évêque de Bayeux que vous ferez enfermer, mais le comte de Kent » (1). O. Vital ne rapporte pas ce propos, mais on trouve dans son récit la trace de cette même influence ; il prête en effet à Guillaume, au moment où il saisit son frère, les paroles mêmes de Lanfranc : « Je suis clerc et ministre de Dieu, s'écriait Eudes; nul n'a le droit de condamner un évêque sans un jugement du pape. » — « Ce n'est ni au clerc ni à l'évêque, dit le roi avec beaucoup de sens, que je fais un procès : c'est à mon comte... » (2).

On peut conclure de cet exemple que Lanfranc était mêlé directement ou par une influence cachée à la plupart des événements politiques du royaume. Depuis son arrivée en Angleterre, sa vie était partagée entre les devoirs de l'administration et de la réforme de son Église et les graves soucis de la politique. On trouve dans ses lettres les traces des préoccupations qui durent agiter son âme; sa quatrième lettre à l'archevêque Jean, postérieure aux grands troubles de l'année 1074, fut écrite dans une heure de fatigue, de découragement et de doute. Il parle de la condition misérable de sa vie, exposée aux haines, aux jugements iniques : « Je vois, dit-il, tant de malheurs dans l'avenir au prix des malheurs présents, que j'ai bien rarement la liberté de dicter ou d'écrire » (3). Il se dit

1. M. Paris. *Grande Chron.*, I.
2. Providus rex aït : « Ego non clericum nec antistitem damno, sed comitem meum. O. Vital, VII, 8.
3. *Lettre* 16.

placé par un jugement de Dieu dans un poste d'épreuve ; il paraît même faire allusion à la difficulté de sa double tâche, spirituelle et temporelle : « *Tam ex propriis quam ex alienis negotiis.* » Ailleurs, il confie à l'abbé Réginald, de Poitiers, les inquiétudes de sa vie (1).

Tant que Guillaume vécut, Lanfranc eut confiance, pour maintenir l'édifice nouveau, dans la puissance et la sagesse de l'homme qui l'avait élevé ; mais il se prit plus d'une fois à songer aux maux qui attendaient le royaume sous un nouveau prince. Déjà les révoltes des fils de Guillaume avaient fait présager les sanglantes funérailles réservées au maître de ces puissants États. Aussi la mort inattendue de Guillaume fut-elle pour l'archevêque de Cantorbéry un terrible coup : il perdait l'ami dont il avait parfois tempéré la rudesse par la grâce de son esprit, l'ami redouté peut-être, mais nécessaire, dont il subit l'influence dans la plupart des circonstances décisives, dont il dirigea souvent l'action dans l'ordre des choses purement ecclésiastiques. Ce fut pour Lanfranc un deuil véritable. Quand on lui annonça la fatale nouvelle, il s'évanouit ; et Eadmer, qui était auprès de lui, raconte qu'on craignit un plus grand malheur (2).

Guillaume était mort au comble de la puissance, mais rempli des pressentiments du désordre que le bruit de sa mort allait déchaîner. Il avait réglé sa succession ; mais craignant qu'une révolte soudaine des vaincus n'accueillît la nouvelle de leur délivrance, il écrivit à Lanfranc pour lui recommander son successeur et lui confier le soin de le couronner, d'établir son pouvoir. La lettre fut remise à Guillaume le Roux (3) et portée à Lanfranc par Robert Blouet dans la suite évêque de Lincoln. Ainsi, entre les deux règnes, Lanfranc restait, par la volonté du roi défunt, comme le dépositaire de l'autorité, le plus sûr garant de l'ordre et le véritable héritier de ses pensées de gouvernement. Lanfranc ne s'était pas trompé : en perdant Guillaume, il perdait celui qui avait fait sa force. L'autorité qu'il conserve sous le nouveau roi est une auto-

1. *Lettre* 50,

2. Quantus mæror Lanfrancum ex morte ejus perculerit, quis dicere posset ? Quandò nos, qui circà illum nuntiatâ morte illius eramus, statim eum præ cordis angustiâ mori timeremus. (Eadmer, p. 13.)

3. O. Vital, VII, 16.

rité d'emprunt et comme une délégation du Conquérant. Malgré l'importance du rôle qn'il va jouer au début du règne suivant , sa grande époque est terminée.

A son lit de mort le Conquérant avait béni son fils Guillaume, et lui avait assigné pour lot l'Angleterre (1). Plus que son frère Robert, Guillaume était resté fidèle au roi (2) ; ce n'est pourtant pas sans défiance que le mourant avait décidé par son choix des destinées de l'Angleterre : « Je n'ose remettre ce royaume à personne ; je le remets à Dieu seul (3). » Sa dernière lettre fut pour le primat. Afin de prévenir le trouble qui suivrait inévitablement la nouvelle de sa mort, il fit partir son fils pour l'Angleterre (4); quand le prince arriva à Wissant, le vieux roi était mort : Guillaume n'en continua pas moins son voyage ; il se rendit aussitôt auprès de l'archevêque. Il était reconnu que sa protection était indispensable pour le succès : chef religieux, et, par intervalle, chef politique du royaume, il disposait de la double puissance : seul il pouvait faire un roi d'Angleterre (5). Guillaume pouvait d'autant plus compter sur le dévouement du primat , qu'il avait été en partie élevé par lui et armé chevalier de ses mains du vivant même de son père. Vital et Florent de Worcester ne disent rien des sentiments de Lanfranc vis-à-vis de son royal protégé ; il semble qu'il lui ait accordé sans hésiter le secours de son ministère et de son crédit. Eadmer laisse deviner au contraire quelque hésitation de la part de Lanfranc. Malgré les dernières volontés du Conquérant, Lanfranc redoutait-il pour le nouveau royaume les excès d'un prince dont la cupidité n'était compensée par aucun talent et qui n'avait hérité de son père que sa passion de l'or et ses terribles colères ? On peut le croire ; car, d'après Eadmer, Lanfranc mit peu d'empressement à couronner Guillaume ; et ce prince comprenant que son retard pouvait lui être fatal (6) ne négligea rien pour décider l'arche-

1. O Vital, VII, 16. — Florent. Wigorn, p. 642.
2. Mihi pro posse suo per omnia libenter obedivit. O. Vital, VII, 15.
3. Nulli audeo tradere, nisi Deo soli. O. Vital, VII, 15
4. Telle est la version d'O. Vital. — Suivant Mat. Paris, Guillaume le Roux aurait abandonné son père pour s'assurer de la couronne d'Angleterre.
5. Sine cujus (Lanfranci) assensu in regnum adscisci nullàtenus poterat. Eadmer, p. 13.
6. Eadmer, p. 13.

vêque. Il promit de gouverner avec équité et miséricorde; de faire
bonne justice ; de respecter en tout la paix, la liberté, la sécurité des
Églises, de défendre contre tous leurs ennemis leurs intérêts. Il
s'engagea personnellement envers Lanfranc, et lui promit de
prendre en toute occasion ses conseils et de les suivre (1). Après
avoir lié par ces engagements le roi qu'il redoutait, Lanfranc le
couronna. La cérémonie eut lieu le 27 septembre, jour de
SS. Cosme et Damien, dans l'Église de Westminster. Le premier
acte du nouveau roi fut de distribuer aux Églises la plus grande
partie de l'or qu'il trouva dans les coffres de son père à Winchester (2) : exemple unique dans sa vie de libéralités envers
l'Église.

Il ne put s'abandonner sur le champ à ses instincts : avant de
piller l'Angleterre, il dut la défendre.

Lanfranc avait rendu à Guillaume le service de fixer avec son
droit l'opinion des barons encore indécis. Un certain nombre
d'entre eux aurait voulu que les deux pays fussent gouvernés par
le même prince ; et en Angleterre, comme en Normandie, ces
sentiments s'étaient plus d'une fois fait jour. C'était de leur part
orgueil de conquérants autant que cupidité : on le voit par les
paroles qu'O. Vital prête aux principaux d'entre eux en Normandie (3). C'était aussi prudence politique : par leurs domaines en
deux pays différents, les barons normands se trouvaient appelés à
subir la loi de deux princes; et la lutte entre eux était tôt ou tard
inévitable.

D'ailleurs, malgré la désignation faite par le Conquérant à son
lit de mort, les droits de Guillaume le Roux étaient contestés; tous
ceux qui espéraient gagner quelque chose à l'agitation des deux
États parlèrent bien haut du droit d'aînesse de Robert, de son caractère plus traitable (4); ils le disaient destiné à réparer le désastre
de la séparation du royaume et du duché.

La mort de Guillaume avait délivré l'aristocratie normande d'un
joug de près de quarante ans : elle se sentit plus libre, les ambi-

1. Necnon præceptis atque consiliis ejus per omnia et in omnibus obtemperaturum. Eadmer, p. 14.
   2. Florent. Wigorn, p. 642.
   3. O. Vital, VIII, 2.
   4. *Ibid.*

tions individuelles se firent jour et la turbulence féodale, longtemps contenue, éclata de nouveau (1) : on savait Robert mou et débonnaire (2). L'homme qui personnifiait cet esprit de turbulence, de cupidité, l'évêque de Bayeux, rendu a la liberté, était l'âme du complot formé contre Guillaume le Roux. Les barons se partagèrent en deux camps; mais le plus grand nombre se rangea du parti de Robert (3). Le roi d'Angleterre fut presque abandonné ; il dut faire appel aux Saxons, et leur offrir comme une revanche de la conquête. Lanfranc resta fidèle au roi qu'il avait couronné; l'intérêt du royaume à la fortune duquel il avait lié la sienne, son propre intérêt lui en faisaient une loi. Le parti de la révolte avait pour chef l'ennemi personnel de Lanfranc; Eudes savait que lors de son arrestation, huit ans auparavant, le Primat avait levé tous les scrupules de Guillaume; et dans la guerre où se décida le sort des deux princes rivaux, autour de Rochester, Eudes s'attaquait de préférence aux domaines de l'archevêque (4).

Le récit de ces hostilités est inutile à la connaissance de notre personnage; il n'y prit aucune part, et il laissa décider par les armes un conflit qu'il avait été impuissant à prévenir.

Libre de tout danger extérieur et confirmé dans la possession de son royaume, le nouveau roi ne garda pas longtemps le souvenir de ses engagements. En recevant le pouvoir, il n'avait pas vu de grands devoirs à remplir, et une œuvre encore inachevée à compléter; c'était à ses yeux une facilité de plus pour abuser de la vie. Jeune, porté aux plaisirs (5), il avait autour de lui tout un cortége de ces complices qui vivent des passions des grands : sa cupidité ne vit dans l'Angleterre qu'une proie, et les richesses de l'Eglise ne furent pas longtemps respectées. Le Conquérant avait justifié par la hauteur de ses vues politiques et par ses services le despotisme de ses moyens de gouvernement; et dans ce jugement d'un de ses panégyristes, la forme seule est bizarre : « Et toi aussi, terre

---

1. Tunc in Normanniâ facta est nimia rerum mutatio... et potentibus impunè flagrans ambitio. (O. Vital, VIII.)
2. *Ibid.*
3. Florent. Wigorn, p. 642. — M. Paris, p. 14.
4. M. Paris, p. 14.
5. O. Vital, VIII, 8.

des Anglais, tu l'aimerais, ce roi, n'était ta folie et ta perversité (1) ». On vit mieux, après sa mort, tout ce que la rigueur des moyens cachait de sagesse dans le gouvernement, d'amour de l'ordre public. Le règne de son fils servit encore à rehausser la gloire du sien ; et on apprit à distinguer le despotisme d'un fondateur d'empire des fureurs d'un tyran cupide et débauché. Guillaume le Conquérant avait protégé l'Église ; il l'avait aimée. Son fils la mit au pillage ; la superstition seule marqua pendant quelque temps un terme à ses violences. Il semble que Lanfranc ait été jusqu'à sa mort un embarras pour le nouveau roi : il le gêna plutôt qu'il ne le contint ; déjà avant la mort de l'archevêque, Guillaume avait porté la main sur les libertés et les richesses des Églises. Lanfranc essaya de timides remontrances (2) : elles furent reçues avec colère : « Eh ! quel est l'homme qui peut tenir toutes ses promesses (3). »

De ce jour le crédit de Lanfranc déclina : Guillaume vit en lui un censeur de sa conduite ; la présence de l'homme qui avait suivi dans tout son développement la politique de son père lui imposait quelque contrainte ; quoiqu'il en eût, il ne se sentait pas libre (4), et la mort débarrassa le roi d'une surveillance importune, l'archevêque d'un spectacle plein de tristesse, la ruine de vingt ans d'efforts.

Lanfranc mourut dans la troisième année du règne de Guillaume le Roux, le 28 mai 1089. Il avait, dit-on, demandé à Dieu d'être enlevé par une de ces maladies rapides qui laissent intactes jusqu'au dernier moment les facultés de l'esprit et qui permettent au mourant d'exprimer encore ses volontés (5). Une fièvre violente l'emporta. On l'ensevelit au pied du crucifix dans l'église de la Trinité qu'il avait construite (6).

L'obituaire des archevêques de Cantorbéry fait à Lanfranc une

1. Guil. de Poitiers.
2. *Super quo quum a Lanfranco modestè redargueretur, et ei sponsio fidei non servatæ opponeretur....* (Eadmer, p. 14.)
3. *Ibid.*
4. Après la mort de Lanfranc, « *confestim rex foras expressit quòd in suo pectore, illo vivente, confotum habuit.* (Eadmer, p. 14.)
5. Knyghton, p. 2363. (*Valetudines nec memoriam turbent nec loquelam implicent.*)
6. O. Vital, VIII, 8.

place à part (1). Tandis qu'il est muet sur saint Anselme, il règle avec un soin minutieux les cérémonies qui doivent solenniser l'anniversaire de sa mort. L'homme qui avait rendu au siège de Cantorbéry son importance, qui l'avait mis hors de pair, et qui avait gouverné spirituellement l'Angleterre pendant dix-neuf ans, fut honoré par son Église comme un autre fondateur. Il reçut presque les mêmes honneurs qu'Augustin. L'anniversaire de sa mort devait être fêté à son jour, lors même qu'il se rencontrerait dans l'octave de la Pentecôte. Le matin, au chapitre, la célébration de l'anniversaire était annoncée; les cloches devaient sonner à toute volée; le lendemain, tous les moines ordonnés prêtres devaient célébrer une messe pour le repos de son âme; la messe se célébrait avec les ornements blancs, comme pour les fêtes. Le même jour le trésorier donnait quarante sous d'or pour nourrir les pauvres. Le service du réfectoire était celui des jours de fête, comme pour un apôtre (2); et l'Église restait parée, comme pour la fête de Saint-Augustin de Cantorbéry, jusqu'à la fin des offices.

La mort de Lanfranc emprunta aux conjonctures politiques une gravité toute nouvelle. L'Église de Cantorbéry perdait son pasteur, l'Église d'Angleterre voyait disparaître le dernier homme qui pût retarder encore son asservissement. Lanfranc mort, Guillaume se jeta sur l'Église (3), il en fit son bien, il en trafiqua (4) : les dignités furent aux enchères. On peut lire dans Eadmer, Vital, Mathieu Paris le récit de ces désordres : l'Église primatiale devint comme la ferme du roi; il retint les revenus pendant quatre ans; cet esclavage eut duré pendant tout le règne, sans le hasard d'une maladie qui livra aux remords et aux terreurs supertitieuses l'âme faible du roi. Le 6 mars 1093, le disciple, l'ami de Lanfranc, Anselme lui succédait sur le siège primatial de Cantorbéry.

C'est une mauvaise façon de juger les hommes que de les mettre en parallèle avec les représentants d'une époque diverse de la leur. Si les conditions, le lieu, et le temps de l'activité humaine sont changés, comment prétendre que cette activité se fût exercée

1. Dies obituales archiep. Cant. *A. Sacra*, I, 55.
2. Dies obituales...
3. Ecclesiam... invasit. (Eadmer, p. 14.)
4. Fecit ergo Ecclesiam Christi venalem. (Eadmer, p. 14.)

dans le même sens? Comment imaginer les modes possibles de sa manifestation? On entre alors dans le monde des hypothèses, où on s'expose à trouver l'erreur à chaque pas; et quand il s'agit de juger un homme, l'erreur est en même temps l'injustice.

Nous écarterons donc par système tous les sujets de comparaison qui pourraient s'offrir à nous. Il en est deux dont l'esprit est naturellement occupé; quand on raconte la vie de l'homme qui fonda la suprématie de Cantorbéry, qui favorisa et dirigea la politique de Guillaume envers l'Église, les noms de saint Anselme et de Thomas Becket s'imposent en quelque sorte au souvenir de l'historien. Saint Anselme fut le successeur immédiat de Lanfranc, et Thomas Becket, le cinquième primat d'Angleterre depuis la conquête. L'un et l'autre eurent à soutenir contre la puissance politique de rudes conflits, et le successeur de l'homme que la royauté avait élevé si haut, mérita la gloire pour avoir su, à moins d'un siècle de distance, devenir le martyr de la royauté.

Mais si nous écartons toute idée de parallèle, est-il également légitime d'épargner au fondateur de l'ordre religieux né de la conquête, la responsabilité des conséquences de sa politique, et de ne lui demander aucun compte des embarras inévitables où ses successeurs devaient se débattre? Il serait peut-être plus juste de rechercher dans quelle mesure Lanfranc aurait pu fonder une politique religieuse différente de celle qu'il institua. Transporté en pays ennemi, lié au pouvoir politique par le besoin d'être défendu, rapproché de lui par la communauté des préjugés et de la défiance contre la race vaincue, Lanfranc ne pouvait prendre vis-à-vis de la royauté une attitude réservée ou défensive; car les pouvoirs, même les plus différents dans leur principe, comme l'Église et l'État, doivent remettre au jour où leur commune existence n'est plus en péril la revendication de leurs droits, et la lutte pour la domination.

D'ailleurs, peut-être nous plaçons-nous sur un mauvais terrain pour juger l'œuvre de Lanfranc : nous sommes surtout préoccupés en songeant au siècle qui a suivi sa mort, de la façon dont il régla les rapports des deux puissances. Est-il certain que ce fut son premier souci? Nous croyons avoir établi que Lanfranc fut, avant tout, l'homme de la réforme religieuse qui marque le XIe siècle. L'essentiel devait être à ses yeux que, libre dans l'accomplissement de son œuvre intérieure, même sous l'autorité constante d'un prince fort, l'Église pût accomplir avec dignité et sécurité sa double mission intellectuelle et morale. On peut se convaincre, à voir les vingt années de son pontificat, que ce fut son œuvre principale ; le reste vint comme par surcroît : ce fut, en quelque sorte, le prix de l'autorité qu'il exerça sur Guillaume et de l'estime affectueuse qu'il sut lui inspirer.

Alors même que Lanfranc aurait pu garder vis-à-vis du roi une tout autre attitude, nous ne songerions pas à invoquer pour l'absoudre les qualités personnelles de Guillaume. Quand on inaugure un ordre de choses, c'est folie de compter, pour en assurer la durée, sur la sagesse incertaine des princes et sur une série d'événements favorables ou contraires dont l'avenir tient le secret. Mais, s'il était permis à Lanfranc de prévoir les folies de Guillaume le Roux, il ne lui était pas également possible de fortifier contre elles l'indépendance du monde spirituel ; car ces garanties contre l'avenir eussent paru autant d'injures dans le présent, et le Conquérant ne les eût pas tolérées.

Pour être équitable, il faut d'ailleurs songer que, dans cet ordre particulier de choses, Lanfranc n'innova rien. Nous avons cherché à établir que Guillaume appliqua à l'Angleterre le régime de la politique religieuse déjà éprouvée en Normandie. Dans la politique de Guillaume, après 1070, pas un acte n'était de nature à étonner l'ancien abbé de Caen ; il se contenta pour sa part de porter en Angleterre les traditions de moralité, de science et de soumission à un pouvoir protecteur qu'il avait vues, depuis trente années, en honneur en Normandie. Ainsi, la responsabilité de Lanfranc devant l'avenir est diminuée de tout ce qui manqua à sa propre indépendance et à l'originalité de ses conceptions. N'oublions pas cependant la dignité de son attitude en présence de Guillaume le Roux ; s'il ne put pas s'en faire écouter, il eut du moins le mérite de le contenir par sa seule présence. La mort lui épargna peut-être de plus graves embarras ; peut-être lui ravit-elle aussi une gloire plus haute, en lui refusant l'occasion de faire preuve de qualités que nul n'est en droit de lui contester et dont sa vie tout entière se porte garant.

Tel fut le rôle de cet homme, dont la religion, les lettres, la politique se disputèrent la vie, et que trois pays différents peuvent réclamer comme leur. Il exerça de son temps une influence considérable, et son nom, aujourd'hui ignoré du plus grand nombre, eut du retentissement dans toute la chrétienté. Pourquoi sa gloire, au lieu d'aller en grandissant, s'est-elle peu à peu effacée? Il ne lui manquait rien pour être aimable : « Cordis benignitas, indus-« triæ probitas, animi puritas » (1). Tous ceux qui l'entourèrent témoignent de cette grandeur d'âme qui faisait le fond de son caractère et qui chez lui, comme chez la plupart des natures supérieures, s'alliait sans peine à la fermeté. Il n'y a qu'à voir le ton de son chroniqueur Crispin quand il parle de ses vertus, et l'émotion avec laquelle il retrace le souvenir déjà loîntain de sa mort. Les miracles ne manquèrent même pas à son tombeau : saint Anselme ayant voulu faire agrandir la partie de l'église où reposait son corps, on raconte qu'un clerc détacha un morceau de la chasuble de Lanfranc : il s'en échappa aussitôt un parfum délicieux (2).

Et pourtant celui que le pape Alexandre appelait dans une lettre à Guillaume : « Unum ex primis Romanæ Ecclesiæ filiis » ne fut jamais compté parmi les saints. Nous n'en sommes pas surpris. Il lui manqua toujours ce caractère sans lequel il n'y a pas de vrais grands hommes, sans lequel il n'y eut jamais au moyen âge de grand saint. Homme de science, de goût et d'étude, il ne s'adressa jamais au grand nombre; il fut toujours ignoré du peuple, qui seul consacre les grandes réputations. Bien différent d'un saint Bernard, par exemple, qui se trouva mêlé aux plus grands événements de son temps, remplit le monde de sa parole et souleva les masses populaires, Lanfranc n'agit que sur les lettrés. Professeur, il se répandit tout entier dans un enseignement intime, et, quel qu'ait été à certains moments le nombre de ses auditeurs, il ne s'adressa jamais au grand public. Disert, d'un goût sûr, ami du beau langage et des formes élégantes, il ne semble pas avoir trouvé ces accents de profonde éloquence qui gravent à jamais une impression dans l'esprit d'un peuple. Plus tard, homme politique, auxiliaire de la royauté, il ne s'adressa jamais à son nouveau peuple que pour le contenir. Ame profondément religieuse, mais toujours tem-

1. *Vita*, XV.
2. *Ibid.*, XV.

pérée par le bon sens, il se défendit de ces excès de la dévotion, de ces raffinements d'austérité dont le spectacle frappait si vivement les imaginations populaires. Homme d'esprit, il était trop au-dessus du vulgaire pour qu'un accord intime s'établît entre eux, et son cœur n'eut jamais ces élans de charité qui le font se répandre sur tout ce qui est faible, malheureux, délaissé.

Comme écrivain, il lui manqua un style plus fortement marqué de son empreinte; il trouva l'élégance et une correction déjà remarquable pour son temps; mais, à l'exception du traité *Pro Corpore* où il mit toute son âme, on sent rarement dans ses écrits l'accent d'une personnalité puissante. Comme professeur, il parut incomparable, et il ne nous appartient pas de réduire sur ce point sa renommée : il ne semble pourtant avoir renouvelé aucune des sciences auxquelles il toucha; et, orateur, théologien, grammairien, légiste distingué, on hésite à fonder sa réputation sur ses mérites particuliers comme théologien, comme légiste ou comme orateur. En politique, il lui manqua l'initiative plus encore que l'indépendance; car il sut, quand il y vit son devoir, résister au Conquérant ; mais il se borna presque toujours à transmettre un mouvement dont le principe était hors de lui.

Aussi ne convient-il pas de grossir démesurément son importance et de le placer au premier rang; mais, ces réserves faites, la justice veut qu'on le compte au nombre de ceux qui, par leur science, leur amour du vrai, leur intelligence des besoins de leur temps et leur ardeur à les servir, s'élèvent bien au-dessus du vulgaire et méritent de vivre dans le souvenir d'une postérité éclairée.

INDEX BIBLIOGRAPHIQUE

DES

PRINCIPAUX OUVRAGES CONSULTÉS

Lanfrancus. — *Opera omnia quæ reperiri potuerunt evulgavit Luc. Dacherius.* — Lut. Paris., Billaine, 1648, in-fol.

Beati Lanfranci *Archiepiscopi Cantuariensis, opera quæ exstant omnia, nunc primùm in Angliá e codicibus manuscriptis auctius et emendatius edidit J.-A. Giles.* — Oxonii, Parker, 1844-45, 2 vol. in-8º.

J.-A. Giles (Caxton Society). — *Anecdota Bedæ, Lanfranci,* .....inedited tracts, letters, poems, etc. — London, 1851, in-12.

J. Mabillon. — *Annales ordinis S. Benedicti* (ad an. 1157). — Lutet. Paris., Car. Robustel, 1703-1739, 6 vol., in-fol.

Acta sanctorum ordinis S. Benedicti in sæculorum classes distributa (sex priora ordinis sæcula, ann. 500-1100) collegit D. Lucas D'Achery; ediderunt D. Mabillon et D. Ruinart. — Lutet. Paris., Billaine, 1668-1701, 9 vol. in-fol.

Bollandus. — *Acta sanctorum quotquot toto orbe coluntur, collegit, digessit, notis illustr.* Joan. Bollandus; *operam et studium contulit* Godefr. Henschenius, etc. — Antuerpiæ, Tongarloæ et Brusselis, 1643-1858, 56 vol. in-fol.

Histoire littéraire de la France, etc., par des Religieux Bénédictins de la congrégation de Saint-Maur. — Paris, 1733.

G. Tiraboschi. — *Storia della letteratura italiana antica et moderna.* — Modena, 1787-1794, 9 tom. en 16 vol., gr. in-4º.

De claris archigymnasii Bononiensis professoribus a sæculo XI usque ad sæculum XIV, partes duæ auct. M. Fattorini. — Bononiæ, 1769, 2 part. in-fol.

Wenck. — *Magister Vacarius, primus Juris Romani in Angliá professor.* — Lipsiæ, 1820, 1 vol. in-8º.

WHARTON (Henri). — *Anglia sacra, sive collectio historiar. de archie-*
piscopis et episcopis Angliæ, a primâ fidei christ. Susceptione ad
ann. 1540. —Londini, 1691, 2 vol. in-fol.

TWYSDEN (Rog.). — *Historiæ anglicanæ Scriptores X ex variis manu-*
script. nunc primùm in lucem editi; adjectis var. lectionibus, glos-
sario, indiceque copioso. — Londini, 1652, 1 Tome, en 2 vol. in-fol.

SPELMAN (Henr.). — *Concilia magnæ Britanniæ et Hiberniæ, nunc*
edita cum illustrationibus Dav. Wilkins. — Londini, 1737, 4 vol.
in-fol.

DUGDALE (William). — *Monasticon Anglicanum sive pandectæ cæno-*
biorum benedictor., Cluniacensium, etc., a primordiis ad eorum
usque dissolutionem; auctor. Rog. Dodsworth et Guil. Dugdale. —
Londini, 1655-61-73, 3 vol. in-fol.

GIBSON (Edm.). — *Chronicon Saxonicum, seu annales Rerum in Angliâ*
gestarum a Christo nato ad ann. 1154 deducti; Saxonicè et lat. —
Oxonii, 1692, in-4°.

EADMERI, *Monachi Cantuarensis, historiæ novorum sive sui sæculi*
libri sex; in lucem emisit Joan. Seldenus, *et notas porrò adjecit et*
spicilegium. — Londini, 1623, 1 vol. in-fol.

Scriptores rerum Gestarum Wilhelmi Conquestoris, in unum collecti ab
J.-A. Giles. — Lond., 1845, in-8°.

RYMER (Th.). — *Fædera, conventiones, litteræ, etc. inter reges Angliæ*
et alios quosvis imperatores, reges..... ab anno 1101 ad nostra usque
tempora habita aut tractata. — Londini, 1704-35, 20 vol. in-fol.

SAVILIUS (Henr.). — *Rerum anglicarum Scriptores post Bedam præcipui,*
in lucem editi ab H. Savilio, etc. — Londini, 1596, in-fol.

CAMDEN (Guill.). — *Anglica, Normannica, Hibernica, Cambrica; a vete-*
ribus scripta; ex quibus Asser menevensis, Anonymus de vitâ Gu-
lielmi Conquestoris, Thomas Walsingham, Thomas de la More, Gul.
Gemiticensis, Girald. Cambrensis, plerique nunc primùm in lucem
editi ex biblioth. Gul. Camdeni. — Francofurti, 1602-1603, in-fol.

Fasti ævi Saxonnici, or Lists of Heads of Religious Houses in England,
previous to the Normand conquest. Gray Birch.— London, 1873.

TURNER'S (Sharon.) — *History of the Anglo-Saxons, from their first*
appearance above the Elbe, to the death of Egberth. — London, 1808,
2 vol. in-4°.

HENRY'S (Rob.) — *History of Great Britain.* — London, 1771, 6 vol.
in-4°.

BARONII (Cæsaris). — *Annales Ecclesiastici, a Christo nato ad ann. 1198.*
— Romæ, 1588-93, 12 vol. in-fol.

DUCHESNE (André). — *Historiæ Normannorum scriptores antiqui, res ab illis gestas explicantes, ab ann.* 838 *ad an.* 1220. — Lutet. Paris., 1619, in-fol.

LABBEI (Phil.) et GABR. COSSARTII. — *Sacrosancta concilia ad. reg. edit. exacta, cum duobus apparat.* — Lutet. Paris., 1671-72, 17 tom. 18 vol. in-fol.

MANSI (J.-Dom.). — *Sacros. conciliorum nova et amplissima collectio, editio novissima, etc.* — Florentiæ et Venetiis, 1757-98, 31 vol. in-fol.

BESSIN (Guill.). — *Concilia Rotomagensis provinciæ : accedunt diœcesanæ synodi, pontificum epistolæ....., etc.* — Rotomagi, 1717, in-folio.

LINGARD (John). — *The Antiquities of the Saxon Church.* — Newcastle, 1845, 2 vol. in-8º.

PARIS (Matth.). — *Historia major Angliæ, juxta exemplar Londinense,* 1640 *verbatim recusa.....* — Londini, 1684, in-fol.

Grande Chronique de Mathieu Paris, traduite en français par A. Huillard-Bréholles. — Paris, 1840-41, 9 vol. in-8º.

Oderici Vitalis Angligenæ, cœnobii Uticensis monachi, Historiæ Ecclesiasticæ libri XIII; .....animadversiones adjecit A. Le Prevost. — Paris, 1840-55, 5 vol. in-8º.

Rerum Britannicarum medii ævi scriptores. — Londini, 1858 et seq., 55 vol.

Pontificum Romanorum, qui fuerunt inde ab exeunte sæculo IX usque ad finem sæculi XIII, vitæ ab æqualibus conscriptæ, quas ex Archivi Pontificii Bibliothecæ Vaticanæ aliarumque codd..... edid. Watterich. — Leipzig, 1862-63, 3 vol. in-8º.

Regesta pontif. Roman., ab condità Ecclesià ad ann. post Ch. MCXCVIII. edid. P. Jaffé. — Berolini, 1851, in-4º.

VERENET. — *Comment. de mutatione quam subiit hierarchia Romana auctore Gregorio VII.* — Trajecti, 1832.

JOAN. LAUNOII, *De scholis celebrioribus seu a Carlo magno seu post eumdem Carolum per occidentem instauratis liber.* — Lutet. Paris., 1672, in-8º.

DOM BOURGET. — *Histoire de l'abbaye du Bec,* dans le t. XII des Mémoires de la Société des Antiquaires de Normandie.

CHARMA. — *Mémoire sur Lanfranc,* dans les Mémoires de la Société des Antiquaires de Normandie. 2e sér., vol. 7; vol. 17 de la collection.

F. DE ROYE. — *De vitá, hæresi et prævalentiá Berengarii.* — Andegavi, 1656, in-4º.

TABLE DES CHAPITRES

CHAPITRE PREMIER. — Naissance de Lanfranc. — Sa famille. — Son éducation. — Il
étudie le droit à Bologne. — Son retour à Pavie. — Ses succès comme avocat et comme
jurisconsulte. — Fut-il, un des premiers, professeur de droit des écoles d'Italie ? — Il
quitte sa patrie et passe en France. — État de la France au commencement du
XIᵉ siècle. — Les mœurs. — Les études. — Les couvents. — La Normandie : son état
politique et social. — L'école d'Avranches. — Enseignement de Lanfranc à Avranches.
— Sa retraite. — Comment il est conduit au monastère du Bec.   7

CHAP. II. — Herluin fonde le couvent du Bec. — Arrivée de Lanfranc. — Sa vie claustrale. — Il est nommé Prieur. — Les écoles dans les couvents de l'ordre de Saint-
Benoit. — Double enseignement donné par les moines : l'école claustrale et l'école
canonique, ou cléricale. — Éducation des enfants dans le cloître. — Variété de l'enseignement : les arts libéraux. — La théologie et les « Commentaires » sur les Épîtres de
saint Paul : Caractère de cet ouvrage. — Enseignement du Droit au Bec. — Le professorat de Lanfranc : ses mérites, ses résultats. — Affluence des étudiants de toute nation
au couvent du Bec. — Les principaux élèves de Lanfranc. — La bibliothèque et les manuscrits : correction des textes. 37

CHAP. III. — Lanfranc reçoit l'ordre de quitter la Normandie. — Son entrevue avec Guillaume. — Origine de ses rapports avec le duc. — Son second voyage à Rome et sa
mission auprès du pape Nicolas II. — Succès de sa négociation. — Il devient le conseiller de Guillaume. — Lanfranc abbé de Saint-Étienne de Caen. — Importance de la
nouvelle abbaye. — Droits réciproques de l'évêque de Bayeux et de l'abbé de Saint-
Étienne : Charte du pape Alexandre II. — Origine et date du conflit entre Lanfranc
et Bérenger. — Traité « De Corpore et Sanguine Domini ». — Caractère de la réfutation de Lanfranc. — Ses conséquences. 69

CHAP. IV. — Caractère romain de la conquête. — Le clergé séculier et régulier dans les
deux pays un demi-siècle avant la conquête. — Réorganisation religieuse de la Normandie sous le règne de Guillaume. — Contraste que présente l'Angleterre. — Négociations de Guillaume et du Saint-Siége, à propos de la succession. Rôle probable de
Lanfranc. — Le clergé anglais, moines et clercs, après « Hastings ». — Rôle de Stigand. — Caractère de la politique de Guillaume de 1066 à 1070. — Appui mutuel que se
prêtent la politique du pape et celle du roi. . . . . . . , ... 99

CHAP. V. — Comment se concilient les divers témoignages sur le clergé anglo-saxon. —
Causes de désaccord inévitable entre le clergé anglo-saxon et le haut clergé normand,
personnifié par Lanfranc. — Unité de la politique de Guillaume envers le clergé des deux
côtés de la Manche. — Premières mesures de rigueur en 1070. — Les premiers choix
faits par Guillaume. — Lanfranc est appelé au siége de Cantorbéry. — Dispositions
d'esprit du nouveau prélat : ses préjugés, ses prétentions légitimes. Les choix de Lanfranc. — Affaire de Wulstan de Worcester. — Contradiction apparente des textes rela-

tifs au clergé normand appelé en Angleterre : Guitmond d'Aversa. — Distinction à établir entre ce que fit Lanfranc et ce qu'il ne put empêcher. — Ce qu'il faut penser de la proscription des saints nationaux : saint Cuthbert, saint Elphége. 419

CHAP. VI. — Origine de la question de suprématie. — Pontificat d'Augustin. — Lettre du pape Grégoire le Grand. — Droits primitifs d'York et de Cantorbéry. — Décadence d'York : ses causes. — Conséquences du pontificat de Théodore. — État de la question en 1070. — Le débat est exclusivement religieux. — Intervention de Guillaume. — Le débat devient politique et religieux. — Première décision en 1070. — Concile de Winchester (1072). — Confirmation de la suprématie de Cantorbéry : ses conséquences. . . 149

CHAP. VII. — Le monachisme en Angleterre avant la conquête. — Moines et clercs : leur rivalité nécessaire. — Tentatives faites avant la conquête pour établir la domination exclusive des moines. — Parti des évêques normands qui proposent une révolution en faveur des clercs. — Lanfranc prend parti pour les moines. — Sa politique, avant tout romaine, est d'accord avec la tradition anglo-saxonne. — Lanfranc et Dunstan : triomphe du monachisme. — Origine de l'importance de l'abbaye de Saint-Augustin. — Conflits entre l'abbé et l'archevêque de Cantorbéry avant 1066. — Causes de conflit entre l'archevêque et les moines Augustiniens. — Réformes morales et canoniques. — Nouveau caractère de la lutte en 1080. — Caractère de l'administration de Lanfranc dans son diocèse. — Revendication des biens enlevés à l'archevêché. — Conflit entre Lanfranc et Eudes. — Émancipation de l'Église de Cantorbéry. 471

CHAP. VIII. — Conciles politiques. — Conciles religieux. — Les cinq grands conciles tenus par Lanfranc. — Le célibat des clercs. — La réforme monastique. — L'abbaye de Saint-Albans. — Les livres saints corrigés par Lanfranc. — Suprématie effective de Lanfranc sur tous les diocèses de l'Angleterre. — Rétablissement de la discipline et surveillance des mœurs. — Relations avec l'Irlande et l'Écosse. — La question de la Présence réelle en Angleterre. — Voyage de Lanfranc au Bec en 1077. 498

CHAP. IX. — Relations de Lanfranc et d'Alexandre II. — Relations avec Hildebrand avant 1073. — La question du pallium. — Lanfranc et Grégoire VII. — Le denier de saint Pierre et la question de la suprématie pontificale. — Politique de Guillaume envers le clergé. — Séparation des plaids ecclésiastiques et des tribunaux civils. — Vice-royauté de Lanfranc en Angleterre. — Son rôle dans l'affaire d'Eudes. — Personnage prépondérant de Lanfranc à la mort de Guillaume le Conquérant. — Caractère de son influence sur Guillaume le Roux. — Sa mort. 225

Vu et lu à Paris en Sorbonne, le 5 avril 1877.
Par le doyen de la Faculté des Lettres de Paris,

H. WALLON.

Vu et permis d'imprimer,
Le vice-recteur de l'Académie de Paris,

A. MOURIER.

Paris. — Charles Unsinger, imprimeur, 83, rue du Bac.

www.ingramcontent.com/pod-product-compliance
Ingram Content Group UK Ltd.
Pitfield, Milton Keynes, MK11 3LW, UK
UKHW021509090726
13657UKWH00001B/120